리라이팅 클래식 007

순수이성비판, 이성을 법정에 세우다

리라이팅 클래식 007
순수이성비판, 이성을 법정에 세우다

초판 1쇄 발행 2004년 10월 30일
초판 8쇄 발행 2018년 3월 30일

지은이 진은영
펴낸이 유재건 · **펴낸곳** (주)그린비출판사 · **주소** 서울시 마포구 와우산로 180, 4층
전화 02-702-2717 · **이메일** editor@greenbee.co.kr · **신고번호** 제2017-000094호

ISBN 978-89-7682-939-5 04160   978-89-7682-928-X (세트)

Copyright ⓒ 2004 진은영
저작권자와의 협의에 따라 인지는 생략했습니다.
이 책은 저자 진은영과 (주)그린비출판사의 독점계약에 의해 출간되었으므로 무단전재와 부단복제를 금합니다.
책값은 뒤표지에 있습니다. 잘못 만들어진 책은 서점에서 바꿔 드립니다.

나를 바꾸는 책, 세상을 바꾸는 책 www.greenbee.co.kr

순수이성비판, 이성을 법정에 세우다

진은영 지음

gB
그린비

책머리에

어떤 단단한 바위 같은 사상도, 아무리 강하고 아름다운 조각도, 영원히 고요한 풍경 속에 서 있을 수는 없다. 어디선가 비난이든 비판이든 거센 비바람이 닥치기 시작하면 마모되지 않는 것은 세상에 없다. 나는 소멸하는 일이 무조건 나쁘다고 생각하지는 않지만 그렇다고 비난이나 공격으로 누군가 힘써 새겨놓은 아름다운 표정과 무늬를 너무 성급하게 지워버리는 일을 즐기는 편은 아니다. 그래서 이 책을 써나가는 동안 원칙을 한 가지 정했는데, 그 원칙을 이미 들뢰즈가 멋지게 적어놓았다는 걸 얼마 전에 발견했다.

어떤 저자에 대해 글을 쓸 때 내가 지니는 이상(理想)은 그에게 슬픔을 야기시킬 어떤 것도 쓰지 않는다는 것이다. 그리고 만일 그가 이미 죽은 저자라면, 그로 하여금 그의 무덤 속에서 울게 만드는 어떤 것도 쓰지 않는다는 것이다. 한 저자에 관해서 생각한다는 것, 그의 최상을 생각함으로써 그로 하여금 대상이기를 그만두게 하는 것, 박학과 친숙함의 이중적인 불명예를 피하는 것, 그가 줄 수 있었고 발명할 수 있었던 이러한 즐거움, 힘을, 사랑하는 삶과 정치적 삶을 약간이나마 되돌려주는 것.(들뢰즈, 『차이와 반복』)

이 책을 써나가면서 나는 칸트의 고유한 문제의식과 칸트철학의 풍요로운 가능성을 살리려고 노력했다. 오랜 시간 칸트가 가보았던 모든 사유의 샛길과 막힌 골목까지도 직접 걸어가 보고, 사유자로서 그가 겪었던 그 모든 기쁨과 슬픔·놀라움을 다시 살아보려 노력했던 훌륭한 칸트 전문가들이 많이 있다. 그들이 전할 수 있는 칸트철학 고유의 풍요로움과 그들이 지닌 칸트에 대한 극진한 애정과 비교할 때 내 사랑과 능력은 정말 보잘것없는 것이지만 칸트와 함께 하는 동안 최선을 다해 그에게 공감하고 그를 이해하려고 애썼다는 점을 밝히고 싶다.

나는 이 책이 다른 존재와의 공감능력을 지닌 시인의 칸트 읽기가 되기를 바랐다. 이 책은 칸트보다는 니체나 푸코·들뢰즈를 더 즐겨 읽고, 그들에게 쉽게 매혹당하는 감수성을 지닌 연구자의 칸트 읽기이다. 칸트철학과 관련하여 전공자들 사이의 논쟁이 분분한 부분에서 이 책은 푸코나 들뢰즈가 칸트를 생산적으로 독해하는 방식에 근접하는 해석을 채택했음을 밝힌다.

책의 1, 2부에서 나는 칸트의 선험철학 체계가 흄의 회의주의를 집요하게 의식하며 대결하는 가운데 형성되었음을 부각시키려 했다. 흄을 통해 독단론의 사슬에서 풀려났지만 또한 흄 때문에 칸트는 언제나 전쟁터에서 벗어날 수 없었을 것이다. 흄이 어떤 방식으로 끊임없이 칸트를 불편하게 하고 자극함으로써 사유의 태만함으로부터 칸트를 지켜내고 선험철학에 도달하게끔 만드는지에 주목하면서 책을 읽어주기 바란다.

3부의 1장에서는 칸트에 대한 여러 철학자들의 비판을 소개했다. 그들의 비판 의도는 칸트철학은 끝났다거나 칸트의 시대는 갔다는 선언에 있는 것이 아니다. 어떤 위대한 철학도 다른 철학에 대한 사형선고를 통해서 자신의 존재 가치를 증명하지는 않는다. 철학은 그 자체로 사유의 클리나멘(clinamen, 편위)이다. 철학사에서는 어떤 철학적 사유가 나름의 궤도를 지니고 안전권에 접어들 때면 언제나 그 궤도로부터 삐끗(!)하며 이탈하게 하는 사유의 요소가 발생한다. 이 편위의 빛나는 순간은 새로운 철학이 탄생하는 시간이다. 나는 칸트철학에 대한 여러 비판을 소개하면서 독자들이 비판 속에 내재한 새로운 철학적 탄생에 주목하기를 원했다.

3부의 2장은 들뢰즈의 『칸트의 비판철학』을 중심으로 칸트철학의 현대적 의미를 살펴본 부분이다. 들뢰즈의 책은 칸트를 이해하는 하나의 흥미로운 방식을 보여주지만 칸트철학에 대한 선이해 없이 읽어나갈 수 있을 만큼 쉬운 텍스트는 아니다. 그래서 칸트철학에 대한 현대적 이해를 소개하는 동시에 20세기의 가장 매력적인 철학자 중 한 사람인 들뢰즈의 사유를 파악하는 데 도움이 되도록 들뢰즈의 칸트 논의를 쉽게 재구성해 보려고 노력했다.

글을 쓰는 동안 나는 독일의 위대한 작가 헤르더가 칸트에 대해 썼던 구절을 가끔 떠올렸다. "나는 정말 운좋게도 한 철학자를 직접 대할 기회를 가졌다. 그는 나의 선생님이었다. 물론 그는 젊은 시절에도 젊은이다운 명랑하고 고양된 정신을 가지고 있었지만, 내가 보기에 그는 그러한 정신을 노년까지도 그대로 간직하고 있었다. 마치 사고하도록 만들어진 듯한 그의 넓은 이마……."

칸트는 여자들을 사랑했으나 그녀들이 철학이야기 하는 걸 무척 비웃었다고 한다. 그러나 내게 칸트를 가르쳐 준 사람은 두 명의 여성철학자였다. 나 역시 운좋게 그분들을 만났다. 이상화 선생님, 맑고 커다란 눈을 빛내며 칸트보다 더 열정적인 강의를 하시던 우리 선생님──우리들은 언제나 명랑하고 고양된 그 정신의 부지런함을 사랑했다. 그리고 또 한 분의 선생님, 김혜숙 선생님. 그녀는 그리스 조각 같은 이마와 단호한 눈매에서 흘러나오는 것이 분명한 치밀한 논리로 우리를 항상 감탄하게 했다. 이 두 분의 여성철학자를 만나지 않았다면 나는 칸트를 결코 알려고 하지 않았을 것이다. 칸트보다는 헤르더같이, 헤겔보다는 횔덜린같이 되고 싶었고, 또 그래서 노상 문학의 언저리만을 헤매다니던 나를 꽉 붙들어 칸트와, 그의 사유를 출생케 하거나 그의 사유를 가로질러 가는 수많은 철학자들을 가르쳐 주신 두 분께 감사드린다.

몇몇 친구들에게도 감사한다. 칸트를 보면서 혼자 해결할 수 없는 문제가 생기면 언제나 달려갈 수 있었던 든든한 선배 김상현, 칸트 전공자인 그의 신뢰할 만한 조언은 정말 큰 힘이 되었고 절대적이었다. 또 『순수이성비판』의 구석구석을 함께 토론해 주었던 이진과 이성근, 집필기간 동안 맛있는 밥을 사며 테일러식 작업반장의 역할을 자처한 K. 그리고 그린비 출판사 유재건 사장님과 편집장 김현경 씨에게도. 나는 이 두 분을 만나면서 저자들이 출판사와 편집자에게 보내는 감사의 말이 결코 형식적인 것이 아니라는 사실을 알게 되었다. 마지막으로 베어히프에게 감사한다. 그녀는 원고를 끝낸 후 또 심하게 앓고 있던 나를 일으켜 좋은 의사에게 데려가 주었다. 너무 오래 아프다 보면 삶도 치료도 지루해진다. 그럴 때마다 내 손을 잡아끌며 낯설고 참 묘한 곳으로 데려다 놓는 그녀. 그녀 때문에 몸도 마음도 지루해질 틈이 없다는 거, 정말 고마운 일이다.

2004년 10월
진은영

>>차례

순수이성비판,
이성을
법정에 세우다

책머리에 • 5

제1부 칸트와 그의 시대

1_칸트의 삶과 철학 • 18
한 철학자의 삶을 이해하기 위해 필요한 것들 18
내기 당구로 학비를 벌어야 했던 가난한 스물두 살 20
『순수이성비판』, 쉰일곱 살의 철학적 대작 24
나는 단지 내 행로를 밟아나갈 것이다 28

2_칸트의 시대, 칸트의 문제의식 • 36
근대철학자 칸트 36
반(反)율법주의자 칸트 40
칸트가 사랑한 학자들 43

제2부 『순수이성비판』에 대한 짧은 고찰

1_역사상 가장 심각한 그리고 가장 풍요로운 서문과 서론 • 58
인간 이성의 특수한 운명 58
철학의 고유한 재판소 62
선천적 종합판단은 어떻게 가능한가? 64
위대한 우리, 명령하는 자들 67

2_두 줄기로 뻗은 인식의 나무 — 감성과 오성 · 72

Overview 72

인식의 첫번째 줄기 — 감성 75
　공간론 / 시간론
인식의 두번째 줄기 — 오성 86
　생각하다와 인식하다는 완전히 다른 동사다 /
　오성의 개념을 발견하는 실마리

3_객관적 인식의 가능성 — 선험적 연역 · 102

재판을 시작하기 전에 해야 할 일 102
선험적 연역은 이성의 자격요건 심사다 106
인식의 세 가지 활동 — 각지, 재생, 재인 110
　직관에서의 각지 / 구상력에서의 재생 / 개념에서의 재인
세 가지 종합활동의 근거 — 선험적 통각 118

4_감성과 오성의 랑데부를 위하여 · 127

도식은 사랑의 메신저? 127
경험이여 원칙을 지켜라! 131
고급 인식능력으로서의 판단력 140
어느 탐험의 기록 — 현상체와 가상체 143

5_이성의 불가피한 환상을 다루는 방법 — 선험적 변증론 · 146

오류는 어디로부터 오는가? 147
오성의 내재적 사용과 초험적 사용 150
이념은 어떻게 생겨나는가? 153
이념의 종류 — 자아, 세계, 신 156
이런, 세상에! 순수한 이성도 변증적일 수 있는가? 158

6_ 이성의 세 가지 환상 · 161

순수이성의 오류추리 161

자아라는 이념 / 영혼의 실체성에 대한 칸트의 비판 / 영혼의 단순성에 대한 칸트의 반박 / 영혼의 동일성에 대한 칸트의 반박 / 외부 사물의 관념성에 대한 칸트의 반박

순수이성의 이율배반 179

'시간에는 시작점이 있고 공간에는 끝이 있다'에 대한 증명 / '시간에는 시작점이 없고 공간에도 끝이 없다'에 대한 증명

순수이성의 이상 187

이상(Ideal) / 하느님의 존재를 증명하는 여러 가지 방법들 / 존재론적 증명 / 우주론적 증명 / 자연신학적 증명 / 이념의 규제적 사용과 구성적 사용 / 선험적 방법론

제3부 칸트와 그의 멋진 친구들

1_『순수이성비판』의 철학사적 의미 · 206

프로크루스테스의 침대라는 순응성 209

독수리 같은 "그러나!" 212

가장 빛나는 별들의 부딪침 — 칸트와 니체 214

칸트, 오! 우리의 야전용 침대 221

칸트의 영화적 기억 이론에 대한 베르그손의 비판 227

칸트, 혹은 계몽의 악덕 233

2_들뢰즈와 칸트 — 능력들 간의 심연을 넘어서는 법 • 238

계몽주의의 블랙메일을 넘어서 238
문제를 발명할 자유에 관하여 241
칸트의 고유한 문제설정 — 자기입법성 245
새로 등장하는 난점의 극복 — 능력들 간의 심연을 넘어서는 방법 250
능력들 간의 심연 앞에 서기, 그 깊은 수심(水深)에 몸 담그기 254
미래의 철학, 혹은 새로운 사유의 이미지 257
능력의 선험적 사용 vs 초험적 사용 267
반복은 언제나 즐거운 것이다 — 무관심적인 기쁨을 위하여 272
들뢰즈의 철학을 간추린 하나의 詩句 — 모든 피고는 아름다워요 276

부록 • 279

『순수이성비판』을 이해하는 데 도움이 될 책들 280
『순수이성비판』 원목차 287
찾아보기 290

| 일러두기 |

1 인용문의 출처는 본문 괄호 안에 저자와 책제목으로 간략하게 표시했다. 정확한 서지사항은 이 책 뒤에 실린 『순수이성비판』을 이해하는 데 도움이 될 책들'의 말미에 따로 정리했다.
2 『순수이성비판』의 인용은 최재희가 옮긴 『순수이성비판』(박영사, 개정판)을 사용하였다. 『순수이성비판』에는 초판본(1781년)과 재판본(1787년)이 있는데, 초판본은 알파벳 A로, 재판본은 알파벳 B로 인용했다. 알파벳 뒤에 표기된 페이지 수는 『순수이성비판』원판의 쪽수를 뜻한다. 이것은 칸트의 원전을 표기하는 표준적 방식으로 최재희의 책과 다른 2차문헌이 모두 사용하는 방식이다.
3 칸트에 대한 책마다 칸트 용어에 대한 번역어가 달라서 독자들의 혼동이 예상된다. 이 책에서는 최재희 교수의 번역을 따라 a priori는 '선천적'으로, transzendental은 '선험적'으로, transzendent는 '초험적'으로 했다. 이와 같이 번역한 이유에 대해서는 역시 '도움이 될 책들'에서 밝혔다.
4 본문에 인용한 『순수이성비판』의 인용문은 대부분 최재희의 번역을 그대로 따랐으나 간혹 원전을 참고하여 수정한 곳도 있다. 참고한 원전은 슈미트(R. Schmidt)가 간행한 *Kritik der reinen Vernunft*(Felix Meiner, Hamburg, 1956)이다. 본문에 인용한 다른 모든 인용문도 인용한 책의 국내 번역문을 언제나 그대로 따르지는 않았다.
5 단행본에는 겹낫쇠(『 』)를, 논문이나 잡지·논설·단편·미술이나 영화 작품 등에는 홑낫쇠(「 」)를 사용했다.
6 외래어 표기는 대부분 「외래어 표기법」을 따랐으나, 이미 굳어져 익숙한 발음의 경우에는 굳어진 발음을 따랐다.

1부
칸트와 그의 시대

임마누엘 칸트(Immanuel Kant, 1724~1804)
칸트는 유머와 재치, 고상함과 섬세함, 절제와 열정을 함께 가진 드문 사람이었다. 한 칸트 연구가는 "자연은 이성이 어떤 모습인가를 알고 싶어했고, 그래서 칸트를 낳았다"고 말했다.

사람들이 철학에 성공적으로 입문하기 위해서 처음 공부해 볼 만한 철학자로 꼽는 이는 바로 칸트이다. 칸트에서 시작하세요! 그 말이 맞는지도 모른다. 내 주변에 칸트에서 시작해서 철학공부를 중도포기한 사람은 없었다. 칸트에게 매혹된다는 것은 사실 철학에 매혹된다는 것과 동의어다. 칸트, 정말 우리에게 익숙한 이름의 철학자다. 그러나 헤겔이 이미 말했듯이 익숙하다(bekannt)고 해서 잘 알고 있는(erkannt) 것은 아니다. 칸트는 제대로 알려진 철학자는 아니다. 제대로 알기에는 칸트는 너무나 어렵다. 그러나 누군가 일단 칸트를 견뎌낼 수 있다면 그는 어떤 철학의 가시밭길도 걸을 수 있으리라. 칸트는 철학의 통과의례다.

1. 칸트의 삶과 철학

한 철학자의 삶을 이해하기 위해 필요한 것들

우리가 한 사람의 삶을, 그리고 그의 사유를 이해하는 데 진정으로 필요한 것으로 무엇일까? 소크라테스는 칼리클레스라는 젊은이에게 이렇게 말한 적이 있다. "우리가 상대방의 영혼을 이해하고 그 삶의 태도가 정당한지 충분히 살펴보려면 세 가지 조건이 필요한데, 자네는 그것을 모두 갖추고 있네. 즉 지식과 호의와 솔직함이 그것이네"(플라톤, 『고르기아스』). 우리가 이해하려는 사람이 만일 철학자라면, 더구나 칸트와 같이 위대한 철학자라면 이 말은 더욱 타당하다. 『순수이성비판』을 단 한 번이라도 펼쳐본 사람이라면 칸트라는 철학자를 이해하기 위해서 아주 많은 사전 지식이 필요하다고 느낄 것이다. 그러나 우리에게 부족한 것은 지식이 아니다. 우리가 낯선 영혼을 이해하기 위해 정말 그렇게 많은 사전 정보가 필요하다면 이미 그 정보로 인해서 그 영혼은 우리에게 더 이상 낯설지 않을 것이다. 따라서 그 영혼을 이해하려던 시도 자체가 부질없이 되고 만다. 우리가 우리의 한 부분처럼 익숙해져 전혀 놀라울 것도, 새로울 것도 없는 존재를 이해하려고 왜 그토록 수고로이 움직이겠는가? 무엇을 알기 위해서 좀더 많은 것이 필요하다고 느끼는 감정은 소크라테스가 마지막 조건으로 꼽았던 솔직함의 부족에서 비롯된다. 소크라테스는 말한다. 흉금을 털어놓고 솔직하게 말하는 면이 부족한 사람은 필요 이상으로 소심하고 모든 문제를 어렵게 생각하는 법이라고.

  지식에 관해서라면 우리는 칸트가 자신의 철학을 이해시키기 위해 그의 학생들에게 기대했던 것보다 훨씬 많은 것들을 알고 있다. 그러므로 칸트를 끝까지 읽기 위해 우리에게 가장 필요한 것은 솔직함이다. 한 철학자의 견고한 사유체계가 우리의 사유체계 속에 쉽게 녹아들기를 거부하고 있다는 것을 인정해야 한다. 우리는 이 거장의 글을 읽는 내내 우리를 밀쳐내는 굉장한 저항을 느낀다. 그러나 어떠랴! 고분고분하지 않은 글을 쓰는 것은 우리 모두의 꿈이기도 한 것을. 그러므로 누군가 칸트를 읽을 수 없다면 그것은 단 한 가지 이유에서이다. 그는 이 철학자에게 호감이 부족한 것이다. 매혹된 영혼에게 저항은 아무런 문제가 되지 않는다.

  하지만 칸트에게 매혹되기란 쉬운 일이 아니다. 그에게는 니체(F. W. Nietzsche)처럼 영혼을 송두리째 흔들어놓는 위대한 문체도, 스피노자(B. Spinoza)처럼 건조한 문체를 단박에 잊게 만드는 드라마틱한 삶의 여정들——암살자의 단도에 찢겨나간 망토라든가, 정치적 견해를 밝히기 위해 목숨을 걸고 써내려 간 대자보라든가, 혁명가의 복장을 한 초상화 같은 것들——도 없다. 성실하고 진지하긴 하지만 특별히 아름답다고까지는 할 수 없는 문체, 지나칠 정도로 단조롭고 규칙적인 생활습관, 소심함과 약간의 비겁함, 159센티미터의 볼품없는 왜소한 체구, 게다가 우리가 전혀 예상치 못한 돈욕심 따위들. 우리는 그의 삶에서 이런 것들을 찾아낼 수 있을 뿐이다.

그런데도 이 사람의 삶에 누군가 매혹되었다면? 혹시 그는 우리가 칸트의 삶에서 미처 보지 못했던, 그 어떤 내면의 드라마를 칸트에게서 발견해낸 것은 아닐까? 릴케가 로댕의 삶에서 찾아냈던 것 같은, 관찰자의 따스한 눈길 아래서만 부풀어 오르는 그런 내면의 삶 말이다—나는 그런 내적 드라마의 팽창을 위해 지금부터 칸트의 삶을 묘사하는 데 릴케가 로댕을 위해 사용했던 여러 구절들을 그대로 빌려다 쓸 작정이다.

내기 당구로 학비를 벌어야 했던 가난한 스물두 살

칸트는 1724년 4월 22일 프로이센의 쾨니히스베르크에서 태어났다. 그의 아버지 요한은 마구사(馬具師)로, 말을 훈련시키고 모는 데 사용하는 장비 일체를 만들어주는 수공업자였다. 이 젊은 마구사의 아내 안나는 아주 얌전하고 신앙심이 깊은 여자였다. 그녀는 가난했지만 제법 교양이 있는 사람이었던 것 같다. 그녀는 당시 유행하던 기독교 교파인 경건주의파 신앙을 가졌고, 경건주의파 신학자로서 대학의 신학교수이기도 한 슐츠(F. A. Schultz)라는 이와 교제했다. 우리에게는 안나의 이런 신앙심과 교우관계가 중요하다. 왜냐하면 안

나가 그녀의 여덟 살짜리 아들을 바로 슐츠가 교장으로 있던 경건주의파 학교에 입학시켰기 때문이다.

안나는 아들을 꼬마 마넬이라고 불렀는데, 이 꼬마 마넬은 학교에 입학한 후 어머니의 기대를 크게 충족시키지는 못했던 것 같다. 그는 지나치게 엄격한 학교 분위기를 싫어했고 교과에도 특별한 흥미를 느끼지 못했다. 마넬은 산만했으며 등교길에 책가방을 던져놓고 한참 놀다가 빈손으로 수업에 들어가는 개구쟁이였다. 그러나 라틴어 수업만은 좋아했으며 그 때문에 문헌학을 공부해 볼까 하는 결심을 잠시 하기도 했다. 그는 고상한 어머니 덕분에 고등교육을 받을 수는 있었지만 편하게 공부할 수 있는 형편은 아니었다. 마넬이 열세 살이 되던 해 크리스마스 이브, 안나는 땅에 묻혔다. 스물두 살에 아버지 요한마저 세상을 뜨자 그는 사실상 외톨이가 되었다. 물론 형제자매는 아홉 명이나 되었지만 그들 중 누구도 그의 공부를 도와줄 처지는 아니었다. 그래서 그는 내기당구를 쳐서 학비를 벌었다.

가난한 스물두 살, 칸트는 열심히 공부했다. 그의 철학이 조금씩 모양새를 갖추면서 준비되고 있던 그 시절, 그는 뉴턴(I. Newton)과 라이프니츠(G. W. Leibniz) 같은 이들의 책 속을 배회하며 사색했다. 고독한 작업의 몇 해가 지나고 나서 마침내 칸트는 떨리는 마음으로 자신의 작품을 가지고 처음 세상으로 나섰다. 그가 쓴 최초의 글은 「활력의 참된 측정에 관한 사상들」(1746년에 쓰고, 1749년에 출간)이었다. 그러나 칸트를 기다리고 있는 것은 조롱뿐이었다. 시인인 레싱(G. E. Lessing)은 장난기 가득한 시를 써서 그를 비웃었다.

칸트는 힘든 일을 하고자 하네
온 세상을 가르치려 하네
살아 있는 힘들을 측정하려 하나
자기 자신의 힘만은 측정하지 않네.

　　사람들의 놀림을 뒤로 한 채 실패작인 원고를 손에 꼭 쥐고 칸트는 다시 외톨이로 돌아왔다. 여전히 가난만이 그와 함께 했다. 스물두 살 때부터 서른한 살에 박사학위를 받을 때까지 그는 가정교사로 일했다. 이 아르바이트 때문에 그는 한 장교의 집에 입주했는데, 쾨니히스베르크에서 남서쪽으로 120킬로미터쯤 떨어진 그곳이 칸트가 일생 동안 가본 고향에서 가장 먼 장소였다. 박사학위를 받고 교수자격을 취득하고도 가난은 그의 곁을 떠나지 않았다. 가정교사 일자리가 주당 16시간을 맡은 시간강사의 고된 일상으로 바뀌었을 뿐. 때로는 주당 20시간까지도 강의를 해야 했고 이 때문에 한동안은 아무것도 쓸 수 없었다. 피로에 지쳐 빈번하게 틀리는 발음과 작은 목소리, 약간은 곱사등이인 체구, 아무의 눈길도 끌지 못하는 평범함, 이런 것들 때문에 그는 마흔 살이 훌쩍 넘도록 변변한 교수직 하나 얻지 못한다. 물론 교수직을 얻고자 두 번이나 도전했지만 결과는 다 실패였다. 기회가 찾아오긴 했다. 마흔 살에 그는 시문학 교수직을 제안받는다.

　　만일 그가 곤궁한 삶에 굴복했다면 우리는 아마 철학의 거장 한 사람을 잃고 아주 어설프기 짝이 없는 시인 한 사람을 얻었을 것이다. 그러나 베를린에 있는 황제에게 문안서신을 작성하고 국가 경축일에는 신통치 않은 시 구절들이나 끄적거리는 지루한 직업을 선택하기에는 칸트는 빈곤한 삶과 너무 친했다. 그는 마흔여섯의 나이로 쾨니히스베르크 대학에서 자신이 바라던 철학교수직을 얻기까지 스스로를 초심자라고 생각하면서, 배우는 사람의 겸손한 자세로 이런 삶의 길들을 좇아갔다. 그가 무엇을 추구하는지 아는 이는 없었다. 그에게는 신뢰를 나눌 만한 사람이 없었고 친구도 몇 되지 않았다. 매일 오후 네 시에 쾨니히스베르크의 산책로를 따라 산책하는 그의 모습이 목격되었을 뿐이다. 그 산책이 너무나 규칙적이어서 사람들이 그의 발걸음 소리에 시계를 맞추었다는 일화는 아주 유명하다.

그러나 산책은 종종 "자기 내면으로의 침잠, 자신에게 닥쳐오는 어마어마한 과제로의 침잠을 위한 하나의 구실에 불과했을 것이다. 활동적인 사람들이 모두 그렇듯이 그에게도 엄청난 작업이 자기 앞에 있다는 느낌이 있었다. 그것이 바로 그의 능력을 배가시키고 집중케 하는 원동력이었다. 그리고 의심이 생기거나 불확실성이 다가올 때, 성장하는 이가 느끼는 엄청난 초조감이 그에게 닥칠 때, 또 일찍 죽지나 않을까 하는 공포와 일상의 궁핍에서 비롯되는 위협이 있을 때, 그 모든 것은 그의 내부에서 고요하면서 꿋꿋한 저항과 반항을, 강직함과 확신을, 아직 활짝 펼쳐지지 않은 위대한 승리의 깃발들을 발견하게 되었다"(릴케, 『릴케의 로댕』). 그러나 꿋꿋하고 확신에 찬 자신의 음성을 듣기 위해서 그는 매일 네 시 정각 산책로 사이를 무수히 거닐며 헤매야 했다.

『순수이성비판』, 쉰일곱 살의 철학적 대작

칸트가 대학에서 논리학과 형이상학을 가르치면서 보낸 수십 년 동안의 교수생활에서 우리의 시선을 끌 만한 특별한 사건은 거의 없다. 이 시기 칸트의 단조로운 생활 패턴에 대해 사람들은 희화화된 어조로 다음과 같이 묘사하곤 한다.

오전 4시 55분 "일어나실 시간입니다"라는 시종의 말에 벌떡 일어난다. 수십 년 동안 단 한 번도 늦잠을 잔 적이 없다.
5시 아침식사는 하지 않는다. 잠에서 깨려고 따끈한 홍차 두 잔을 마신다. 잠옷, 덧신, 수면용 모자를 쓴 채 작업을 시작한다.
7시~9시 정장으로 갈아입고 강의를 한다.
9시~12시 45분 다시 실내복으로 옷을 갈아입고 중요한 집필작업을 한다.
12시 45분 다시 정장 차림으로!
오후 1시~4시 친구들을 점심식사에 초대한다. 하루 중 단 한 번의 식사시간. 흰 살의 대구를 즐겨 먹었으며, 그 요리에 색깔이 무척 잘 어울리는 레드 와인 '메독'을 곁들였다.
4시 이후 산책. 언제나 똑같은 시간에 똑같은 코스를 걸었다. 산책이 끝나면 아주 가벼운 책들을 읽고.
10시 정각에 잠자리에 든다.

푸트리히(Putrih)가 그린 칸트, 1798년

칸트는 그가 몹시 존경했던 루소만큼이나 산책을 즐겼다. 다비드 르 브르통(David Le Breton)은 산책에 대해 말하길 "걷는다는 것은 자신을 세계로 열어놓는 것이다. …… 발로 걸어가는 인간은 모든 감각기관의 모공을 활짝 열어주는 능동적 형식의 명상으로 빠져든다. …… 숲이나 길, 혹은 오솔길에 몸을 맡기고 걷는다고 해서 무질서한 세상이 지워주는 늘어만 가는 의무들을 면제받는 것은 아니지만 그 덕분에 숨을 가다듬고 전신의 감각들을 예리하게 갈고 호기심을 새로이 할 수 있는 기회를 얻게 된다"(브르통, 『걷기 예찬』). 철학자들에게 산책의 전통은 오래된 것이다. 고대철학자 아리스토텔레스와 그의 제자들은 항상 걸으면서 철학적 대화를 나누기를 좋아한 나머지 소요학파(Peripatetic School)라는 별칭을 얻을 정도였다.

이 일과표를 보고 나면 '이 사람, 참 고루할 만큼 엄격하고 답답한 사람이군' 하는 느낌이 들 것이다. 그러나 이런 외면적 묘사가 한 사람의 철학자를 이해하는 데 무슨 도움을 줄 수 있을까? 만일 카메라가 이런 방식으로 어느 위대한 시인의 삶을 쫓아간다고 해보자. 정해진 시간도 없이 아무 때나 일어나 몇 줄 끄적거리다 한두 시간씩 하염없이 창가를 바라보는 모습, 혹은 팔베개를 하고 침대에 벌러덩 누워 천장을 멍청하게 응시하는 모습, 아주 가끔씩 썼던 것들을 지우개로 지우고 다시 넋을 놓고 앉아 있거나 책을 뒤적거리는 것들 말고는 그의 일상에는 아무것도 존재하지 않을 것이다. 그러나 바로 그 순간, 어떤 알 수 없는 내면의 폭풍우 속에서는 그의 위대함이 조용하게 자라나고 있었을지도 모른다.

세상 사람들에게 놀림거리가 될 만큼 규칙적이고 꾸준한 연구생활에도 불구하고 교수직을 맡고 난 후 칸트에게는 이렇다 할 만한 저작이 없었다. 11년 동안을 침묵 속에서 보내고 난 후 쉰일곱 살이 되던 1781년, 그는 한 권의 책을 들고 세상으로 나왔다. 『순수이성비판』(Kritik der reinen Vernunft)이라는 이 저작은 십여 년이 넘는 세월 동안 이루어진 철학적 숙고의 결과이다.

여전히 무명의 존재로서 그는 이 기간 동안 대가로 성숙했으며, 끊임없는 작업과 사색과 노력 끝에 자신의 고유한 사유수단들을 제약 없이 지배할 수 있게 되었다. 훗날 사람들이 그를 두고 논쟁을 벌이고 작품에 대해 이의를 제기했을 때, 혹은 더 가혹하게 완전히 침묵

했을 때조차도, 그의 전체발전이 방해받지 않은 이 고요함 속에서 이루어졌다는 사실은 아마도 그에게 저 끄떡없는 확고함을 주었을 것이다.

사람들이 그를 의심하기 시작했을 때 그는 제 자신을 전혀 의심하지 않았다. 그런 것은 모두 그의 뒷전에 있었다. 그의 운명은 더 이상 대중의 갈채나 비판에 좌우되지 않았으며, 사람들이 그의 운명을 조롱과 악의로 무산시킬 수 있다고 생각했을 때 그것은 이미 결정되어 있었다. 바로 그의 평범함 때문에 그가 성장하고 있던 시절에는 다른 사람의 소리가 그에게 들려온 적이 없었다. 그를 착각에 빠지게 했을 칭찬의 말도 그를 방황하게 했을 비난의 말도 없었다. 그의 작품은 순수한 상태에서 오로지 자기 자신과 함께, 위대하고 영원한 자연과 함께 자라났다. 그에게 말을 건 것은 그의 일뿐이었다. 일은 아침에 깨어날 때 그에게 말을 걸었고, 저녁에는 연주를 마치고 내려놓은 악기처럼 (그의 산책 속에서) 여음을 울렸다.

그렇게 태어났기 때문에, 그렇게 다 자란 상태로 세상에 태어났기 때문에 그의 작품은 정복될 수 없었다. 그의 작품은 아직 자신의 존재를 인정받아야 하는 자라나는 존재가 아니라 철저히 관철된 현실로서, 이미 존재하는 현실로서 나타났기에, 사람들은 이제 그것을 그 자체로 고려하지 않을 수 없었다. 마치 자신의 제국에 도시 하나를 건설해야 한다는 말을 들은 왕이 그런 특전을 허락해도 좋을지 숙고하고 망설이다가 결국 그 터를 직접 둘러보기 위해 나서는 것처럼, 그리고 그곳에 간 왕이 완성되어 서 있는 거대하고 튼튼한 도시를, 영원에서부터 존재했던 양, 성벽이며 탑들이며 성문들을 완전히 갖추고 있는 도시를 발견하는 것처럼, 사람들은 마침내 부르는 소리를 듣고 가서는 그의 작품이 완성되어 있는 것을 보았다.

나는 릴케가 로댕에게 바친 이 구절들만큼 칸트의 삶과 그의 위대한 철학적 저작인『순수이성비판』을 적절하게 표현한 것을 결코 찾을 수 없다. 숱한 비난에도 불구하고 그의『순수이성비판』은 영원에서부터 존재했던 성채처럼, 결코 무너지지 않는 거대하고 튼튼한 도시처럼 이미 거기에 서 있었다. 그리고 칸트는 그 사실을 충분히 깨닫고 있었다. 그는 한 편지에서 확신에 차서 썼다. "일군의 전혀 익숙지 않은 개념들과 더욱 진기한 …… 새로운 언어들로 말미암아 틀림없이 야기될 처음의 무감각함은 곧 사라질 것이다."

나는 단지 내 행로를 밟아나갈 것이다

칸트의 언급처럼『순수이성비판』은 우리뿐만 아니라 동시대인들에게도 익숙지 않은 개념들이 마구 등장하는 아주 난해한 책이었음에 틀림없다. 그래서 출간된 직후에는 반응 자체를 찾아볼 수가 없었다. 그리고 나서 시간이 조금 흐른 뒤에 감당할 수 없는 비난이 쏟아졌다. 비난의 요지는 내용에 대한 찬성과 반대를 떠나서 도무지 이해할 수가 없다는 것이었다. 시인 하이네는『순수이성비판』의 "색깔 없고 무미건조하게 포장된 문체"를 조롱했다. 그밖의 것에 대해서는 조롱조차 할 수 없었다. 이 위대한 철학적 저술을 이해할 수 없었던 것은 시인뿐만이 아니었다. 베를린 학술아카데미가 공모한 논문상에서 젊은 칸트를 2등에 머무르게 했던 저 총명한 유태인 계몽주의자 멘델스존(M. Mendelssohn)도 마찬가지였다. 그는 『순수이성비판』이 "신경을 쇠약하게 만드는 작품"이라고 화를 내며 책을 덮었다. 칸트와 가장 가까운 친구조차도 『순수이성비판』은 순전히 상형문자로 이루어져 있는 것 같다며 유감을 표시했다.

그러나 칸트의 확신처럼 『순수이성비판』이 출간되고 나서 몇 년 후에는 실제로 분위기가 바뀌었다. 그의 철학은 독일 지성계를 장악해 버렸다. 그 다음에는 가까운 외국의 지성들을 완전히 매혹시켜 버렸고 칸트는 어느새 독일에서 가장 존경받는 철학자가 되어 있었다. 젊은 실러뿐만 아니라 당대의 거물 인사 괴테조차도 그를 만나보고 싶어했다. 1787년 『순수이성비판』의 재판본이 출간되고 난 후 칸트의 동시대인인 장 파울(Jean Paul)은 이렇게 말했다. "칸트는 단지 세계의 빛일 뿐 아니라 동시에 찬란하게 빛나는 전(全) 태양계이다." 훔볼트(W. Humboldt)는 자신의 책 속에 다음과 같이 적어두었다. "칸트가 파괴한 것은 다시 일어서지 않는다. 그가 확립한 것은 결코 파멸하지 않는다. 가장 중요한 것은 그가 하나의 변혁을 이룩했다는 것이며, 우리는 결코 그와 비슷한 사상을 발견할 수 없다는 것이다."

그러나 존경받는 유명인사가 된 후에도 칸트의 삶은 크게 달라지지 않았다. 물론 사교계에 진출하여 많은 레이디들에게 유머와 재치가 가득한 노신사로 인정받았다. 쾨니히스베르크에서 최고로 아름답고 고상한 귀부인에게서 존경과 사랑의 키스를 선사받기도 했다. 사교생활의 대부분은 그 유명한 일과표의 오후 1시와 4시 사이에 이루어졌다. 뒤늦게 찾아온 화려한 성공과 명성도 그의 삶을 흔들어놓지는 못했다. 그는 대인기피증을 보임으로써 사람들의 지나친 관심과 애정에 충분한 거리를 유지하려 했다. 그 때문에 괴테조차도 칸트를 만날 수 없었다──이것이 괴테를 매우 분노하게 했다고 전해진다. "나는 내가 견지하려고 하는 나의 길을 이미 그려놓았다. 나는 내 길에 들어설 것이고, 그 어느 것도 내가 이 길을 밟아 나아가는 것을 방해하지 못할 것이다." 칸트는 스물두 살의 가난한 어느 날엔가 했던 그 굳은 결심을 끝까지 지켰다.

물론 칸트는 오랜 동안의 궁핍한 생활 때문에 철학적 거장의 이미지와는 다소 어울리지 않는 일화를 전하기도 한다. 그는 친구들이 아내감을 고를 때 이성적 근거에 따를 것을 자주 충고했다고 한다. 그러나 단 한 가지의 비이성적 근거를 인정했는데, 그것은 바로 여성의 미모가 아니라 지참금이었다. 그는 지참금이 여성의 미모나 매력보다 오래 지속되며, 아주 많은 행복을 가져온다고 생각했다. 또한 그는 돈의 마력이 부부의 유대감을 훨씬 강하게 한다고 빈번히 말했다. 경제적 여유는 남편이 아내에 대해 감사하는 마음을 늘 유지할 수 있도록 한다면서.

그러나 칸트에게는 얼핏 속물적으로 보일 수도 있는 이런 면을 웃음으로 지나칠 수 있게 하는 또 다른 일면이 있었다. 그는 야망을 품고 있는 가난한 젊은 학생들을 기꺼이 도우려고 했다. 두둑한 지참금을 탐할 만큼 일생의 대부분을 가난하게 보냈던 이 늙은 철학자는 당시 가난에 허덕이던 한 젊은이를 도와주고는 매우 기뻐했다. 그 젊은이는 바로 칸트의 철학으로부터 독일이상주의 철학의 전통을 이끌어낸 또 한 사람의 위대한 철학자 피히테(J. G. Fichte)였다. 피히테가 첫 작품의 초고를 들고 찾아왔을 때 칸트는 따스하게 맞아주었다. 그날 저녁 칸트는 산책로에서 여자 친구를 만나자마자 말했다 "먹을거리가 없는 한 젊은이에게 명성과 돈을 만들어주려는데 당신이 나를 좀 도와주어야겠소, 그것도 아주 신속하게." 그리고 일이 이루어졌을 때 감정표현을 하는 법이 거의 없던 칸트는 여느 때와 달리 몹시 기뻐했다고 한다.

오직 자신이 정한 삶의 행로를 꿋꿋이 밟아 나아갔던 칸트의 생애에 닥친 최대의 시련이자 마지막 시련은 종교에 관련된 것이다. 칸트가 살던 당시 프로이센에는 유럽의 다른 어느 국가보다도 종교적인 관용이 널리 퍼져 있었다. 프랑스 문학과 철학을 사랑하던 프리드리히 2세(재위 1740~1786)는 선왕의 뜻을 이어 종교적 관용을 국법의 차원에서 보장해 놓았다. 프로이센은 유럽의 모든 종교적 망명자들을 받아주었는데, 이것은 어느 누구도 자신의 종교적 견해 때문에 불안해 할 필요가 없으며 조롱당하거나 박해받아서는 안 된다는 국법에 의거한 것이다. 프로이센의 종교적 관용을 칸트는 계몽의 정조(pathos)로 받아들이며 매우 자랑스러워 했다. 우리가 나중에 살펴보게 될 「계몽이란 무엇인가라는 물음에 대한 답변」(1784년)이라는 그의 유명한 논문에는 칸트가 지닌 이런 자부심이 잘 드러나 있다.

그러나 그 자부심은 오래 지속되지 않았다. 프리드리히 빌헬름 2세(재위 1786~1797)가 집권하면서 계몽적인 관용은 사라지고 종교적 검열이 강화되었다. 왕은 계몽주의의 색채를 짙게 띤 칸트의 작품들에 대해 강한 반감을 가지고 있었다. 칸트는 당국의 허가가 나지 않았는데도 『순전한 이성의 한계 내에서의 종교』(1793년)를 출간했다. 그리고 왕의 칙령을 통해 심한 견책을 받는다. 칸트가 성서를 왜곡하고 비방하여 교사로서의 의무를 저버렸으며, 이런 입장을 고수하여 계속 반항하면 처벌을 각오해야 할 것이라는 일종의 협박성 칙령이었다.

결국 그는 종교철학에서의 발언권을 포기하고 말았지만, 이런 식의 대응은 비겁한 것이었다. 그는 그 자신이 늘 주장하던 계몽의 성숙한 태도를 위배하고 만 셈이다. 괴로운 마음을 안고서 그는 쪽지에 다음과 같이 끄적거렸다. "자기 내심의 확신을 철회하거나 부인하는 짓은 비루하다. 그러나 어떤 경우에, 가령 이번처럼 침묵하는 것은 신민(臣民)의 의무다. 우리가 말하는 모든 것은 진실이어야만 하지만, 그렇다고 해서 모든 진실을 공공연하게 이야기하는 것이 의무는 아니다."

사람들은 칸트에게 이런 어정쩡한 자기변명 대신 절대로 소신을 굽히지 않는 용감한 철학자의 태도를 기대할 것이다. 그러나 철두철미한 혁명적 계몽철학자의 이미지를 떠올리기 전에 우리는 칙령이 선포되던 해가 1794년이었음을 잠시 기억해야 한다. 우리의 마음에 들지 않는 그 쪽지 위에 오버랩되는 것은 한 젊은이의 소심하고 비굴

한 표정이 아니라, 기력이 한없이 쇠잔해 가는 박해받는 70세 노인의 근심어린 얼굴이다.

그 일 이후 칸트는 차츰 강의활동에서 물러났다. 그는 장식과 군더더기를 싫어하는 성격 때문에 가구조차 거의 놓아두지 않은 연구실 속으로 더 깊이 숨었다. 그는 자신의 사유를 언제나 새로운 물음을 통해 끝없이 변화해 갈 수 있는 하나의 과정으로 보았다. 따라서 그가 새로이 구성하고 있는 저작들에 늘 의미를 부여했고, 자신에게 주어진 시간이 얼마 남지 않았다고 느꼈을 때 작품을 완성하고자 더욱더 힘을 집중시켰다. 칸트는 고독과 침묵 속에서 집필에 열중했다. 그리고는 가끔 고개를 들어 연구실 벽에 덩그렇게 걸려 있던 루소의 초상을 물끄러미 바라보았다.

이런 마지막 작품에의 열중은 칸트에게 주어진 마지막 날들을 더욱 재촉했을 것이다. 노(老)철학자는 결국 중병에 걸렸고, 1804년 2월의 어느 일요일 오전 생을 마감한다. 그는 바로 곁에 다가온 죽음을 똑바로 맞으려는 듯, 가장 바른 자세로 누운 채 미동도 하지 않고 죽음에 임했다고 한다. 잘 알려진 대로 그의 마지막 말은 "Es ist gut!"(좋다!)였다. 쾨니히스베르크에서 모든 성당들이 조종을 울리는 가운데 수천 명의 군중이 추모행렬을 이루었다. 후일 시민들은 『실천이성비판』의 마지막 절을 인용해 그의 곁에 묘비를 세웠다. "나의 마음을 채우고, 내가 그것에 대해 더 자주, 더 깊이 생각하면 할수록 늘 새로운 경외심과 존경심을 더해 주는 것 두 가지가 있다. 머리 위에 별이 빛나는 하늘, 그리고 내 마음속의 도덕법칙."

유진 스미스(Eugene Smith), 「경야」(the wake), 1950년
"타인의 인생을 비판하는 경우, 나는 언제나 그 종말이 어떠했는지를 본다. 나 스스로의 인생의 주요 관심사는 이 종말이 훌륭한 것, 즉 묵묵히 조용하게 죽어가는 것이다"(몽테뉴, 『수상록』). 몽테뉴적 관점에서 볼 때 칸트의 삶은 훌륭했다. 그의 마지막 말은 그 어떤 회한도 없이 삶에 최선을 다한 사람만이 할 수 있는 것이었다. "Es ist gut!"

많은 사람들이 이 위대한 철학자를 나름대로의 방식으로 회상하고 추억한다. 그러나 그 중 우리에게 가장 인상적인 것은 칸트의 강의를 듣기 위해 매일 새벽, 떨리는 가슴으로 강의실로 달려가곤 했던 한 젊은이의 회상이다. 이 젊은이는 바로 나중에 독일에서 가장 위대하고 열정적인 낭만주의 작가가 된 헤르더(J. G. Herder)였다.

나는 정말 운좋게도 한 철학자를 직접 대할 기회를 가졌다. 그는 나의 선생님이었다. 물론 그는 젊은 시절에도 젊은이다운 명랑하고 고양된 정신을 가지고 있었지만, 내가 보기에 그는 그러한 정신을 노년까지도 그대로 간직하고 있었다. 마치 사고하도록 만들어진 듯한 그의 넓은 이마에는 아무도 깨트릴 수 없는 평정과 기쁨이 자리 잡고 있었다. 그의 입술에서는 풍부한 사상이 끊임없이 흘러 나왔고, 농담과 기지와 멋진 유머가 그가 마음 먹은 대로 요리되었다. 그의 강의와 가르침은 너무나 매혹적인 즐거움이었다.

라이프니츠, 볼프, 바움가르텐, 그로티우스, 그리고 흄을 검토할 때의 정신으로, 또 물리학자 케플러와 뉴턴에 의해 발견된 자연법칙을 분석할 때의 바로 그 정신으로 그는 루소의 최근 저술들——『에밀』과 『엘로이즈』를 평가했다. 마치 새로 접하게 된 자연과학을 평가할 때처럼 그는 그 작품들의 진가를 들추어내었고, 언제나 그렇듯이 자연에 대하여, 그리고 인간의 도덕적 가치에 대하여 편견 없는 지식으로 우리를 이끌었다.

인간과 국가의 역사, 자연과 자연과학·수학의 역사 그리고 그 자신의 경험은 그의 강의와 일상생활에 활력을 불어넣는 샘물이었다. 그는 알 만한 가치가 있는 것이면 어느 것이든 무심히 넘기는 법이 없었다. 어떤 이익도, 어떤 당파적 이해관계도, 어떤 우월한 지위도, 어떤 명예욕도 진리에 대한 그의 관심과 추구를 조금이라도 누그러뜨리기에는 그 힘이 미미했다. 그는 사람들로 하여금 스스로 사고하도록 격려했고 부드럽게 강요했다. 독재는 그의 천성과 너무도 거리가 멀었던 것이다. 이 사람은——가장 깊은 감사와 존경심을 가지고 그의 이름을 대거니와——임마누엘 칸트이다.

2. 칸트의 시대, 칸트의 문제의식

근대철학자 칸트

칸트는 근대철학자(modern philosopher)의 전형이다. 그렇다면 근대철학자란 어떤 존재일까? 근대적 문제의식으로부터 자신의 사유를 시작해서 철학의 전 과정을 통해 그 문제를 해결하고자 노력한 철학자라고 규정할 수 있을 것이다. 모던하다는 용어는 요즘에도 포스트모더니즘 논의와 더불어 자주 쓰이는 말이다. 그러나 사실상 모던하다는 것만큼 모호한 표현도 없다. 그래서 칸트를 근대철학자라고 해도 그가 어떤 철학자인지 정확히 의미가 다가오지는 않을 것이다. 그러니 잠시 푸코(M. Foucault)의 생각을 참조해 보자.

푸코는 칸트에 대한 한 논문에서 "근대철학이란 2세기 전에 제기된 '계몽이란 무엇인가?'라는 질문에 대답하고자 한 철학이다"라고 표현한 적이 있다. 푸코에 따르면 철학에서 근대적(modern)이라는 것은 계몽을 문제삼는다는 것이다. 근대 이전의 사회에서 문제가 되는 것은 계몽이 아니라 신앙이었다. 중세는 근대(modern age)와 비교해 보자면 신의 찬란한 빛 속에서 모든 인간과 사물들이 있어야 할 자리가 규정되어 있는 평화로운 (물론 근대인들이 보기에는 아주 숨 막히는 평화이겠지만) 시기였다. 중세를 암흑기라고 표현하는 것은 지나가 버린 것을 평가절하함으로써 지금 닥쳐온 것을 정당화하는 일종의 수사법일 뿐이다. 편견없이 서술하자면 중세는 신과 전통, 사회적 권위가 마치 태양처럼 머리 위에서 빛나던 시기였다.

그리고 니체의 말처럼 위대한 사건이 일어났다. "Gott ist tot!" 신은 죽었다. 빛나던 태양이 사라지고 세계는 깜깜해졌다. 농노는 토지로부터, 신앙인은 교회로부터, 개인은 자신이 속한 공동체로부터 분리되고, 태고적 의존관계(전통적 사회관계)로부터 자유로워진 이들은 가늠할 수 없는 어둠 속을 헤매기 시작한다. 근대인은 자유를 얻은 것이다. 그러나 그것은 바로 어둠 속에서 헤맬 자유였다. 중세인은 교회와 영주와 공동체의 율법과 권위에 따라 모든 것을 결정했다. 이와 달리 근대인은 고개를 들어 자기를 둘러싼 어둠을 뚫어지게 바라보면서 자신에 대해 스스로 묻고 결정해야 했다.

다시 말해 중세인은 결코 물을 필요가 없었던 질문들을 근대인은 반드시 물어야 했다. 칸트는 『순수이성비판』에서 그 질문들을 세 가지로 정리했다. ①나는 무엇을 알 수 있는가? ②나는 무엇을 해야만 하는가? ③나는 무엇을 희망할 수 있는가?(B833) 내가 알 수 있는 것, 해야 하는 것, 희망할 수 있는 것을 모두 미리 결정해 주었던 "신은 죽었다". 그러므로 이 질문들에 대한 새로운 답변을 구하는 것이 "인간 이성의 모든 관심"이 되었다. 푸코에 따르면 칸트는 이 세 가지 질문을 보다 간결하게 한 마디로 표현한다. "계몽이란 무엇인가?" 계몽(Enlightenment)을 의미하는 독일어 Aufklärung은 '깨끗하게 하다, 맑게 하다, 밝게 하다, 오해 따위를 없애다' 라는 뜻의 동사 klären에서 왔다. 이런 단어의 조성에서도 알 수 있듯이 계몽은 빛을 비추는 행위에 다름 아니다. 즉 캄캄한 어둠 속을 헤매는 자가 길을 찾기 위해 빛을 밝히는 행위가 계몽인 것이다. 그 빛, 비록 성냥한 개피를 지핀 듯 자꾸 깜박거리는 작은 빛이긴 하지만 여기에는 나름대로 감동적인 데가 있다. 두렵기는 하지만 한밤중에 깨어나서 아무의 도움도 없이 홀로 모험을 떠난다는 것은 얼마나 용감하고 멋진 일인가!

이제 비유로 말하기를 그치고 계몽을 칸트의 용어로 선명하게 정의해 보자. "계몽이란 우리가 마땅히 스스로 책임져야 할 미성년의 상태로부터 벗어나는 것이다"(「계몽이란 무엇인가라는 물음에 대한 답변」). 여기서 칸트는 근대 이전의 역사 전체를 미성년이라고 규정한다. 미성년이란 "다른 사람의 지도 없이는 자신의 이성을 사용할 수 없는 상태"를 의미한다. 지금까지 인류는 교회나 봉건 영주의 율법에 따르는 예속의 상태에 머물러 있었다는 것이다. 칸트는 근대철학자로서 근대인이 미성년의 상태에서 벗어날 것을, 즉 계몽될 것을 권고한다. 그렇다면 인류는 미성년 상태에서 어떻게 벗어날 수 있을까? 그는 "미성년의 원인이 이성의 결핍에 있는 것이 아니라 다른 사람의 지도 없이도 이성을 사용할 수 있는 결단과 용기의 결핍에 있다"고 지적한다. 그리고 이런 점에서 계몽의 모토는 다음과 같다. "감히 알

노먼 록웰(Norman Rockwell), 「의사와 인형」, 1929년

걱정스런 표정으로 인형 환자를 데리고 온 천진난만한 아이. 좋은 의사는 기꺼이 아이가 데려온 인형 환자에게 청진기를 대어본다. 철학에도 이처럼 천진난만한 유년기가 있었다. 그때 미성년이었던 철학은 신과 천국의 존재에 대해 심각하게 사유했다. 『순수이성비판』은 인류의 사유가 성년에 접어들었음을 알리는 일종의 철학적 진단서이다. "저절로 그렇게 되지 않을 수 없었던 일이지만, 인간이 철학의 유년 시대에는 우선 하느님의 인식, 저승의 대망, 게다가 저승의 성질 등의 연구에서 출발했으나, 이런 연구를 오늘날의 우리는 도리어 끝맺으려고 하고 있다."(B880)

려고 하라(Sapere aude)! 너 자신의 이성을 사용할 용기를 가져라!"

우리가 칸트를 근대철학자로 규정할 때 그것은 칸트가 미성년에서 벗어나 스스로 이성을 사용할 용기를 가지려는 계몽의 정조를 가지고 철학적 작업을 수행했던 철학자라는 점을 의미한다. 특히 그의 비판서 시리즈는 그가 '계몽'이라는 근대적 문제의식을 가지고 얼마나 철저하게 해답을 모색했는지를 잘 드러내준다. 이미 우리는 칸트가 계몽의 문제의식 아래 세 가지 방식으로 물음을 제기했다는 것을 살펴보았다. 『순수이성비판』은 그 중에서도 '나는 무엇을 알 수 있는가'라는 첫번째 물음에 대한 대답으로 쓰여진 책이다. '나는 무엇을 할 수 있는가?' 이 물음에 대답하는 책이 바로 『실천이성비판』이다. '나는 무엇을 희망할 수 있는가?' 이 마지막 물음에 충실히 답하기 위해 『판단력비판』과 많은 역사, 종교철학의 저작들이 쓰여졌다. 이 세 저작은 중세적인 대기 속에 가득하던 신의 **초월적** 성분——칸트철학에서는 초험적(transzendent)이라고 표현된다——을 해독하기 위해서 인간의 **선험적**(transzendental) 요소를 강조하는 저작들이다.

반(反)율법주의자 칸트

초월성과 선험성이 어떻게 구분되는지 아직은 선명하지 않을 것이다. 일단 초월성에 대해 살펴보자. 모세는 하느님의 부르심을 받고 시나이산 꼭대기에서 십계명을 받았다. 십계명이란 인간 존재가 어떤 시간과 어떤 장소에서도 엄수해야만 하는 율법이다. 왜 하필이면 그 열 가지인가를 우리는 따져 물을 수 없다. 율법에는 어떤 질문도, 비판도 허용되지 않기 때문이다. 또한 율법에는 어떤 예외도 허용되지 않는다. 율법 앞에서 "제 상황이 이러저러해서 율법을 지키지 못했습니다"라고 변명하는 자는 어리석다. 그저 높은 곳(시나이산)에서 계시되어 우리의 비판과 질문을 넘어선 곳에 존재하는 율법은 초월적인 것 즉 칸트의 용어를 빌려 표현하자면 초험적인 것이다.

칸트는 비판과 질문을 넘어서 있는(trans) 모든 것에 비판과 질문을 던짐으로써 율법을 파괴하려 한다. 우리의 이성을 사용하기 위해서는 이성의 사용을 방해하고 우리를 미성숙의 상태에 붙잡아두는 요소들을 파괴하는 것에서 시작해야 하기 때문이다. 그는 율법이 어떤 식으로 우리에게 미성숙의 족쇄를 채우는지에 대해 이렇게 묘사한다. "'사방에서 따지지 말라'(räsonniert nicht)는 소리가 들린다. 장교는 '따지지 말고 그저 훈련하라'고 말하고, 세무원은 '따지지 말고 그저 세금을 납부하라'고만 하며, 성직자는 '따지지 말고 그저 믿기만 하라'고 외친다"(「계몽이란 무엇인가」라는 물음에 대한 답변」). 칸트가 자신의 가장 위대한 저작들에 공통적으로 붙여놓았던 '비판'(Kritik)이란 단어는 사실상 '따져 물음' 이상의 어떤 것도 아니다.

이와 같은 따져 물음(비판)의 작업을 통해 이제 칸트는 이전의 초월철학을 일소하고 선험적인 철학을 세우고자 한다. '선험적'이란 무엇인가? 우리는 선험적 철학이 비판적 작업의 결과임을 쉽게 눈치챌 수 있을 것이다. 이때 선험성을 형성하는 비판적 작업의 과정은 어떤 외적 권위에도 호소하지 않는다는 점에서 내재적(immanent)이다. **선험적인 것은 내재적인 것이다.** 낡은 율법을 파괴하려는 사람들은 흔히 보다 강력한 율법을 동원함으로써 목적을 달성하고자 한다. 칸트는 이런 방식에는 문제가 있다고 생각했다. 지금 존재하는 율법을 다른 강제적 율법으로 대체하는 것은 미성숙의 상태를 그대로 유지하는 것에 불과하다. 진정으로 미성숙에서 벗어나 인류의 성년을 맞이하기 위해서는 모든 종류의 율법과 외적 권위를 부정해야 하며, 율법 자체의 거부라는 점에서 비판은 내재적이어야만 한다. 이 내재적 비판을 정확히 표현하면 '우리가 다른 것이 아니라 바로 이성을 가지고 이성에 대해서 물음으로써 우리의 이성이 할 수 있는 일과 할 수 없는 일을 결정하는 것'이다. 여기서 무엇이 우리의 것인가? 우리의 이성이다. 무엇이 물어지는가? 우리가 지닌 이성의 능력이다. 무엇이 묻고 심판하는가? 우리의 이성 자신이다. 전(全) 과정을 통해 초월적인 요소는 전혀 없다. 이것은 우리가 우리 자신의 것을 가지고 우리 자신에 대해 묻는 것이기에 전적으로 내재적이다.

또한 **선험적인 것은 입법적이다.** 우리 자신이 아닌 다른 존재에 의해(그것이 신이든 다른 사람이든) 이미 정해진 율법을 파괴하기 위해선 스스로 법을 제정할 능력을 가지고 있어야 한다. 우리가 우리의 삶을 입법할 수 있는 능력을 가지지 못한다면 율법을 파괴한 후에 맞이하게 되는 것은 공허한 헤맴뿐이다. 따라서 칸트는 이성이 무엇인가를 입법할 수 있는 능력, 즉 외재적으로 주어진 율법 대신 내재적으로 고유한 법칙을 형성할 수 있는 능력임을 증명하려 한다. 그러나 이러한 선험성에 대한 두 가지 테제에도 불구하고 여전히 '선험적'

이란 단어의 뜻은 분명하지 않다. 여기서는 선험적인 것은 필연적으로 내재적이고 입법적이라는 점만을 분명히 해두고 넘어가자.

칸트가 사랑한 학자들

칸트가 지닌 문제의식은 시대적인 것이다. 그가 사랑하거나 존경했던 혹은 질투했던 선배나 동료학자들은 칸트와 마찬가지로 중세의 고철더미들 사이에서 무언가를 완전히 다르게 사유해야 한다는 것을 감지했다. 이들 중 칸트가 특별히 관심과 애정을 가졌던 학자들로는 라이프니츠와 로크(J. Locke), 흄, 뉴턴 등을 들 수 있다. 세 명의 철학자와 한 명의 과학자. 『순수이성비판』은 칸트가 얼마나 이들을 의식하고 이들과 대결하면서 자신의 사유를 발전시켜 나갔는지를 잘 보여준다. 그가 철학공부를 시작했던 시기에 독일의 아카데미를 휩쓸고 있었던 건 라이프니츠의 철학이었다. 그래서 그 역시 처음에는 라이프니츠 철학의 문제의식 아래에서 고민을 시작했다.

흔히 대학의 철학개론 시간에 근대철학을 배울 때 다음과 같은 도표를 사용하는 경우가 많다. 여러 가지 점에서 문제의 소지가 있는 도표이기는 하지만 아주 초보적인 수준에서 철학사를 훑어볼 때는 나름대로 도움을 주기 때문이다.

대륙 합리론(Rationalism)―데카르트―스피노자―라이프니츠
영국 경험론(Empiricism)―로크―버클리―흄

특히 독일인들은 이 계보의 뒷꼭지에 칸트의 철학을 첨가함으로써 대륙 합리론과 영국 경험론의 위대한 종합으로서 칸트철학을 평가하길 아주 좋아한다. 그러나 철학사를 이런 식으로 규정하는 것에는 거의 모든 유럽국가들이 통일국가를 이루고 난 후에도 분열되어 통일된 민족국가를 이룰 수 없었던 독일인들의 보상심리 같은 것이 들어 있다고도 할 수 있다. 그들은 철학에서만큼은 현실에서 이루기 힘들었던 종합과 통일, 제국의 꿈을 이루고 싶었던 것이다. 아무튼 칸트는 라이프니츠의 영향력 하에서 공부를 시작했고 경험론의 문제의식을 받아들였다. 그래서 그의 철학에는 합리론의 문제의식과 경험론의 문제의식이 서로 만남으로써 열리게 되는 새로운 철학적 지평이 존재한다.

대륙 합리론자들 중의 한 사람인 라이프니츠가 관심을 가진 것은 인식의 객관성 문제였다. 이것은 우리가 어떻게 세계에 대해 참되게 인식할 수 있느냐 하는 물음이다. 중세인들에게 자연과 세계는 신의 모습이 현현된 것이었다. 대지는 신의 피부며 바람은 신의 숨결이었다. 이 때문에 중세에는 어떻게 신의 존재를 확신하고 신에 대한 믿음을 가질 것인가에 관련된 사안들이 중요한 철학적 문제군(群)을 이룬다. 변신론, 신존재 증명 등등. 그러나 근대인들에게는 이런 것들이 더 이상 문제일 수 없었다. 신이 사라진 후 근대인들은 고아처럼 덩그렁히 홀로 남겨졌고 따라서 '인간 스스로가 세계를 어떻게 인식할 수 있느냐, 참된 인식의 방법과 절차는 무엇이냐'는 물음이 중요한 문제로 등장한다.

라이프니츠는 인식의 객관성 문제를 해결하기 위해 **본유관념(생득관념**, innate idea)을 상정했다. 본유관념은 인간이라면 누구나 태어날 때부터 절대적으로 가지고 있는 관념으로서 모두에게 공통적이고 보편적인 것이다. 본유관념은 다른 설명 없이도 그 자체로 우리가 이해할 수 있다는 점에서 절대적이고 단순한 개념이라고 할 수 있다. 라이프니츠가 보기에 절대적 단순개념은 미리 주어진 인식의 기본전제이어야만 한다. 단순개념이 없다면 인식에는 해결할 수 없는 커다란 문제가 발생하기 때문이다. "만일 우리가 그 자체로 파악할 수 있는 개념(단순개념)을 하나도 가지고 있지 않다면, 우리는 도대체 아무것도 파악할 수 없을 것이다. 이것은 다음의 사정과 동일하다. 나는 나에게 질문하는 사람에게 항상 그가 이해하지 못하는 개념을 가지고 대답한다. 그리고 나에게 이 개념을 설명해 줄 것을 요청하는 그 사람에게 다시금 그가 이해하지 못하는 다른 개념을 가지고 설명한다. 나는 항상 이렇게 계속할 것이다. 그러면 그는 아무것도 이해하지 못할 것이다."(라이프니츠, 『논리학에 관한 단편』)

따라서 단순개념이 본유적으로 주어져 있어야 하고 이것을 토대로 해서만 사람들은 자신만의 주관적 관념이 아닌 모두가 공유할 수 있는 객관적 지식들을 만들어 나갈 수 있다. 즉 단순개념들은 우리가 인식하고 서로 소통하기 위한 일종의 **사유의 알파벳**과 같은 것이다. 또한 우리가 지닌 단순개념들은 인간 전체가 공유하고 있을 뿐 아니라 우리 외부의 대상과 일치한다. 신이 모든 것이 일치하도록 미리 예정해 놓았기 때문이다(라이프니츠의 예정조화설). 본유관념과 예정조화설 덕택에 라이프니츠는 인식의 객관성 문제를 해결할 수 있었다. 그러나 이런 문제해결방식이 산뜻한 것은 아니다. 그것은 다른 문제를 뒤에 감추고 있었다. 칸트가 올바르게 지적했듯 예정조화는 "철학이 생각해낸 것 가운데 가장 기묘한 허구"일 수 있기 때문이다. 문제를 해결하기 위해 도입된 예정조화는 논증할 수도 반증할 수도 없다는 점에서 독단론이며, 인간의 주어진 조건 이외에 신의 존재를 끌어들인다는 점에서 너무 종교적이었다.

영국 경험론자들 중 로크와 흄은 『순수이성비판』에서 중요하게 거론되는 철학자다. 로크와 같은 영국의 경험론자는 라이프니츠보다 훨씬 모던한 사상가였다. 그는 라이프니츠와 달리 철저하게 인간적인 것들의 한계 내에서 사고하려고 노력했다. 사실상 그는 합리론의 시초였던 데카르트(René Decarte) 철학에 대한 여러 가지 불만에서 철학을 시작하였다. 그는 합리론자들이 말하는 이성의 본유관념을 중세 스콜라철학의 잔재라고 생각했기 때문에 본유관념 없이 인간이 진리를 획득할 수 있는 방식에 대해 골몰했다. 그리고 다음과 같이 결론지었다. 인간 정신에는 본유관념 따위는 없다. 인간의 정신은 아무것도 쓰여 있지 않은 석판(tabula rasa)과 같은 상태로 태어난다. 그렇다면 어떻게 지식을 획득할 수 있고 경험할 수 있는가? 그것은 바로 경험이다! 경험이라는 분필로 우리는 석판에 쓰기 시작하는 것이다.

로크가 말하는 인간 사유의 알파벳은 단순관념(simple idea)이다. 그런데 이 단순관념은 이성에 의해 주어지는 것, 즉 라이프니츠와 같은 합리론자들의 생각처럼 본유적인 것이 아니라 경험에 의해 형성되는 것이다. 예를 들어 '노랑'이나 '뜨거움' 같은 것이 단순관념들이라고 할 수 있다. 이 경험적인 단순관념들을 합성해서 우리는 보다 복잡한 복합관념(complex idea)으로 나아가며 지식의 체계를 형성할 수 있다. 우리가 보기에 경험론은 제법 재미있고 설득력있는 주장들을 펼치고 있다. 그러나 칸트는 이런 주장들을 열심히 읽기는 했지만 그것들에 매료되지는 않았다. 그는 라이프니츠 철학의 정통을 계승하고 있는 대학강단의 쟁쟁하고 명망있는 선생들에게 철학의 노하우를 배웠다. 칸트는 아주 안전한 풍토에서 합리론적 사유를 익혀나간 셈이었으며 그런 그에게 로크의 문제제기는 해명이 필요하긴 하지만 사유의 나침반을 바꾸어 놓을 만한 것은 아니었다. 하지만 아무리 고요한 인생에도 한두 번의 지진은 있는 법이다! 합리론 철학의 단단한 지반에 균열을 일으킨 대지진은 로크와 그다지 멀지 않은 곳에서 발생했다. 그 재난의 진원지는 로크의 경험론적 전통에서 공부하며 아주 참신하고 발랄한 주장을 펼친 흄이라는 젊은 철학자였다.

흄은 23세가 되던 1734년 무렵부터 『인간본성론』(1740년 출간)이라는 책을 썼는데, 이 책은 매우 충격적인 주장을 담고 있었다. 우리는 어느 것에 관해서도 객관적 인식을 가질 수 없다! 로크의 경우 경험에서 인식의 근거를 찾았을 뿐 객관적 인식 자체가 불가능하다고 본 것은 아니었다. 그러나 흄은 객관적 인식의 불가능성을 강변했다. 흄의 주장은 철학자들에게는 마치 철학의 종말처럼, 철학 자체를 벼랑으로 내모는 행위처럼 느껴지는 것이다. '인간은 아무런 객관성

살바도르 달리(Salvador Dali), 「라파엘로식 머리 폭발」, 1951년

로크를 비롯한 영국 경험론자들은 합리론자들의 본유관념을 거부했다. 태어날 때부터 모든 관념이 머릿속에 쌓여 있는 것은 아니다. 본유관념을 폭파하라! 그리고 경험의 연필로 그릴 준비를 시작하자. 우리는 빈 서판에 불과하다.

도 가질 수 없다'는, 속어도 비어도 한 마디 섞이지 않은 얌전하고 신사적인 이 문장이 어째서 그토록 과격한 것일까? 철학이란 본디 객관적 지식을 주장하는 학문들에 대해 그것들이 진정 객관성을 갖추었는지를 따져 묻는 학문이다. 특히 근대철학은 어느 시기의 철학보다도 오직 객관성에 대한 들뜬 사랑으로 다른 모든 중요한 철학적 문제들을 잊어버릴 만큼 객관성을 추구했다. 그리고 다른 것들이 제각기 지녔다고 주장하는 객관성의 정도를 평가하며 객관성의 심판관을 자처해 오던 터였다. 우리는 신 없이도 혹은 신이 아주 조금만 도와주면 객관적 진리에 접근할 수 있다. 이것이 근대철학의 프라이드였다. 이런 점을 고려해 볼 때, 흄의 주장은 근대철학에게는 사형선고와 다름이 없었다.

칸트는 그 충격을 이렇게 표현했다. "나는 흄으로 인해 독단의 잠에서 깨어났다!" 잠에서 깨어나긴 했지만 거기는 철학자가 있기에는 너무 추운 방이었다. 따라서 칸트는 어떻게든 사유의 부싯돌을 가지고 새로운 불을 피워야 했다. 어떻게 독단론을 피해가면서도 경험론의 아포리아(aporia, 막다른 골목)에 부딪치지 않을 것인가? 칸트는 먼저 상황을 정리해 보았다. 라이프니츠는 말했다. '우리는 전부 다 알 수 있다.' 이건 과도한 자신감이다. 흄은 말했다. '우리는 아무것도 알 수 없다.' 이건 과도한 절망이다. 그렇다면 나는 이렇게 물어야겠다. "나는 **무엇을** 알 수 있는가?" 우리가 무엇을 알 수 있는지 그리고 또 무엇을 알 수 없는지 따져 묻자. 그리하여 이성의 능력을 검토하고 인식의 한계를 확실히 밝히자. 이로써 그는 이른바 선험철학이라는 새로운 철학의 흐름을 만들게 된다.

라이프니츠, 로크, 흄——일군의 철학자들과 더불어 **한 사람의 위대한 과학자**가 있다. 뉴턴은 우리가 칸트철학을 이해하기 위해 주목해야 할 마지막 한 사람이다. "이제껏 자연과 자연의 법칙은 어둠 속에 묻혀 있었다. '뉴턴이 있으라' 신이 이르시니 모든 것은 이제 밝게 드러나게 되었다"라는 포프의 시구는 그 당시 뉴턴이 누렸던 인기와 사랑을 정확히 보여준다. 그는 무엇 때문에 그토록 사랑 받았을까? 그것은 바로 뉴턴이 18세기를 물리학의 시대로 만든 장본인이었기 때문이다.

17세기는 수학의 시대였으며 뉴턴이 등장하기 전 수학은 인간이성의 자랑거리였다. 많은 사상가들의 저술 속에 수학에 대한 찬사와 애정고백이 심심치 않게 등장한다. 퐁트넬(B. Fontenelle)과 같은 이에 따르면 "기하학 정신은 꼭 기하학에만 해당되는 것이 아니라 다른 여러 분야에도 적용될 수 있다. 윤리학, 정치학, 비평, 혹은 심지어 웅변술에 관한 책이 기하학적 정신으로 쓰여진다면, 그만큼 그 책은 아름답고 완전할 것이다."(퐁트넬, 『수학과 물리학의 유용론』)

17세기 사상가들은 수학의 명징한 아름다움에 매혹된 나머지 수학적 방식을 통해 자신들의 사유체계를 전개해 나가려 한다. 이 수학적 방식은 특히 철학자들 사이에서 선풍적인 인기를 끌었다. 퐁트넬의 말 속에서 이미 눈치챌 수 있듯이 이 수학적 방식이란 기하학의 연역적인 방식을 뜻한다. 기하학자가 공리 몇 개에서 시작해 무수한 정리들을 이끌어내듯이 철학자들도 하나의 원리를 세우고 그 원리로

칸트가 사랑한 학자들

맨위 왼쪽부터 시계방향으로 영국 경험주의자 로크, 독일 합리론자 라이프니츠. 칸트가 말년까지 존경과 사랑을 아끼지 않았던 프랑스 계몽주의자 루소. 칸트에게는 엄밀한 학의 모범으로 생각되었던 물리학자 뉴턴. 특히 루소에 대한 칸트의 애정과 매혹은 대단한 것이어서 칸트는 다음과 같이 말할 정도였다. "나는 루소의 표현의 아름다움이 나를 더 이상 완전히 혼란스럽게 하지 않을 때까지 루소를 읽어야 하고 그때서야 비로소 나는 그를 이성적으로 서술할 수 있다."

부터 모든 것을 도출할 수 있는 엄격한 연역의 체계를 세우는 것을 학문의 목표로 삼는다. 그러나 이런 방식이 100년쯤 유행한 뒤에는 수학의 한계가 점차 드러났다.

　수학이 신학에 대항하여 이성의 놀라운 모범을 이룬 것은 사실이지만 수학이 이성의 내용을 모두 드러내주는 것은 아니라는 깨달음이 확산되자 철학자들은 수학의 권위로부터 해방되려 한다. 물론 이러한 해방의 욕구가 수학의 권위를 시험하거나 파괴하려는 방향으로 나아가지는 않았다. 단지 그들은 이렇게 물었을 뿐이다. "수학의 놀라운 발전에도 불구하고 어째서 자연에 관한 우리의 지식은 이렇게 보잘것없단 말인가?"

　"수학과 같은 추상과학은 너무 오랫동안 가장 탁월한 사람들의 마음을 빼앗아왔다. 말과 개념들은 끝없이 부풀어왔지만, 사실에 관한 지식은 여전히 제자리에 머물러 있다. …… 그런데 철학의 진정한 보고는 바로 이 사실에 있다. …… 불행하게도 합리론적 철학은 새로운 사실들을 모으는 대신에 이미 알려진 사실들을 비교하고 결합하는 일만 한다." 계몽철학자 디드로(D. Diderot)의 이 날카로운 지적처럼 이성이 가진 풍부한 내용을 드러내기 위해서는 사실에 대한 지식이 필요하다.

　뉴턴의 등장은 사실에 대한 지식을 확보하는 방식에 획기적인 변화를 가져왔다. 뉴턴은 가장 보편적인 원인이나 원리에서 출발해 개별적인 자연법칙이나 복잡한 개별적 결과들로 내려오는 연역의 길에 맞서 분석의 길을 제안했다. **연역의 이상(理想)에 맞선 분석의 이상.**

칸트철학의 계승자, 피히테(왼쪽)와 쇼펜하우어(오른쪽)

피히테는 독일 관념론을 대표하는 철학자 중 한 명으로 칸트의 사상에서 결정적인 영향을 받았다. 칸트의 주선으로 『모든 계시(啓示)에 대한 비판 시도』를 익명으로 출판했는데 이것이 처음에는 칸트의 저서로 세상에 알려졌다. 그러나 칸트가 이것을 정정하고 피히테를 천거함으로써 피히테의 명성은 더욱 커졌다. 쇼펜하우어는 칸트에게서 많은 영감을 받았지만 칸트를 격렬하게 공격하기도 했다. 그는 『순수이성비판』의 초판에는 매혹되었지만 재판을 개악이라고 비난했으며 칸트의 도덕철학에는 조롱을 퍼부었다. 그러나 두 사람은 자신의 철학적 소신을 견지하는 고집스러움에서 보자면 쌍둥이처럼 비슷했다. "나는 지금 길 끝에 지친 몸으로서 있다./ 야윈 이마는 월계수조차 받칠 수 없다/ 그러나 나는 내가 이루어 온 것을 기쁘게 바라본다./ 다른 이들의 말에 꿈쩍도 하지 않았던 것을." 쇼펜하우어가 『소품과 단편집』에 써넣은 마지막 시구에 가장 공감할 수 있는 철학자는 칸트일 것이다.

이제 18세기의 방법론은 17세기와 역방향을 취한다(카시러, 『계몽주의 철학』). 무수한 경험현상들을 분석함으로써 다양한 법칙들을 찾아내고 그 법칙들을 다시 분석함으로써 세계 전체를 관통하는 하나의 법칙 — 예컨대 만유인력의 법칙과 같은 것들을 발견하자. 뉴턴에게는 우주 전체에 걸친 법칙의 수립이 문제였다.

물리학의 분석적 방식은 철학에서도 대대적으로 유행하였는데 그것은 간단히 말해 **분해**(resolution)와 **구성**(composition)이다. 현상들을 구성요소들로 분해하고 다시 이 요소들을 조립해서 현상들을 재구성해낼 때 우리는 현상을 이해할 수 있다. 다른 18세기의 철학자들과 마찬가지로 칸트 역시 뉴턴의 물리학적 방법에서 깊은 감명을 받았다. 칸트는 뉴턴의 물리학을 대학시절 처음 배웠으며 대부분의 젊은이들이 그러하듯 이 혁명적인 사상에 완전히 매혹되었다. 그래서 칸트가 우리의 경험과 현상에서 인식능력의 선천적 요소들을 분해해내고 다시 이 선천적 요소들의 결합 혹은 구성을 통해서만 우리의 경험이 가능함을 보이고자 했을 때 그가 내내 염두에 두고 있었던 것은 뉴턴의 물리학적 방법론이었다.

칸트는 수학의 방법을 철저히 모방하려 했던 17세기의 철학자들과 달리 "철학은 수학을 모방하여 정의에서 출발해서는 안 된다" (B758)고 주장했다. 그가 수학적 정의를 거부한 이유는 뒤에 서술될 것이다. 여기서 중요한 것은 칸트가 수학의 위대함을 인정하면서도 철학만의 고유한 방법론을 찾으려고 시도했다는 점이다. 17세기로부터 물려받은 수학적 관심과 칸트의 시대에 등장한 물리학에 대한 애정이 칸트의 철학체계 속에서 서로 갈등하며 미묘하게 섞여 들어가면서 선험적 방법론이라는 그만의 독특한 철학적 방법론이 탄생하게 된다.

2부
『순수이성비판』에 대한 짧은 고찰

> 그의 어머니조차도 알지 못하리라. 그가 제 그림자로
> 흠뻑 젖은 것을 읽는 존재임을.
> ― 릴케, 「독서하는 사람」

젊은 시절 칸트는 이렇게 결심했다. "이제 우리는 대담하게, 만약 그것이 진리의 발견에 장애가 된다면, 뉴턴이나 라이프니츠의 명성도 아무것도 아니라고 치부할 수 있어야 하고, 지성의 활동 이외의 어떠한 설득에도 복종하지 않을 용기를 가질 수 있어야 한다." 『순수이성비판』은 칸트가 이런 결심을 얼마나 철저히 지켜나갔는가를 잘 보여주는 저작이다. 이 책에는 라이프니츠와 로크, 버클리와 같은 철학적 거장들에 대한 비판, 흄에 대한 대결정신, 뉴턴 역학에 대한 숙고의 흔적 등이 곳곳에 드러나 있다. 거장들의 권위에 무조건 굴복하지 않고 자기 사유의 논리를 따라가며 모든 것을 검토해 보는 칸트의 태도는 절로 감탄을 불러일으킨다.

『순수이성비판』은 저자의 철저함만큼이나 독자의 철저함을 요구하는 책이다. 내용이 무척 길고 사유는 너무 복잡하기 때문이다. 그러니 『순수이성비판』을 직접 읽을 때는 솔제니친 소설의 주인공이 내뱉은 한 마디를 상기하면 좋을 것이다. "바르소노피에프는 마음을 풀고 피로에 지친 웃음을 띠며 말했다. '중요한 물음에는 언제나 길고 장황한 답변이 주어지는 법이다'"(솔제니친, 『1914년 8월』, 42장). 『순수이성비판』의 장황하고 복잡한 답변들 중에서 우리가 반드시 기억해야 할 핵심 용어들은 다음과 같다.

> 선험철학, 선천적 종합판단, 코페르니쿠스적 전환, 표상, 물자체와 현상, 감성와 오성, 직관과 개념, 선험적 연역, 12범주, 구상력, 선험적 통각, 도식, 선험적 변증론, 이념들, 오류추리, 이율배반, 이상(理想).

이런 생경한 단어들을 일단 머릿속에 새겨두자. 처음엔 낯설고 어색하겠지만 그 단어들이 태어난 배경과 문제의식의 지반을 하나하나 알아나가면 곧 익숙해진다. 우리들에게는 "(우리) 이성의 활동 이외의 어떠한 설득에도 복종하지 않을 용기"가 필요하다. 용기를 잃지 말길!

1. 역사상 가장 심각한 그리고 가장 풍요로운 서문과 서론

인간 이성의 특수한 운명

위대한 연설가가 되고자 하는 이들을 위한 조언이 있다. "처음 1분이 가장 중요하다. 그 1분 안에 청중을 매혹시키지 못하면 좋은 연설은 불가능하다." 위대한 저자가 되려는 이들에게도 똑같은 조언이 가능할 것이다. 모든 위대한 저술들은 처음 몇 줄만으로도 인생에 지워질 수 없는 강렬한 인상을 남긴다. 『순수이성비판』 서문의 첫 구절 또한 그렇다.

> 인간의 이성은 자신이 하는 어떤 종류의 인식에 있어서는 다음과 같은 특수한 운명을 지니고 있다. 즉 인간의 이성은 자신이 거부할 수도 없고, 그렇다고 해서 대답할 수도 없는 문제로 괴로워하는 운명이다. 거부할 수 없음은 문제가 이성 자체의 본성에 의해서 이성

윌리엄 아돌프 부그로(William-Adolphe Bouguereau), 「지옥에 간 단테와 베르길리우스」, 1850년

칸트가 철학계에 첫 발을 디뎠을 때 그는 지옥을 방문한 단테만큼이나 큰 충격을 받았다. 모든 철학자들이 자신들의 입장에 따라 상대를 물어뜯고 또 상대에게 물어뜯기는 싸움은 결코 끝나지 않을 것처럼 보였다. 인간의 본성상 결코 사라질 수 없는 이 영원한 사유의 지옥에서 어떻게 벗어나서 우리의 지상에 이성의 공화국을 건설할 것인가? 그는 『순수이성비판』의 첫 페이지를 써내려 가면서 심각하게 자문했을 것이다.

에 부여되어 있기 때문이요, 대답할 수 없음은 그 문제가 인간 이성의 모든 능력 바깥에 있기 때문이다.(A VII)

많은 이들이 첫 구절에서 『순수이성비판』을 독파해야 할 거부할 수 없는 운명을 느꼈다고들 한다. 칸트철학에 딴지를 걸기로 작정한 헤겔이 가장 먼저 비판해야겠다고 결심한 것도 이 첫 구절이었다. 헤겔은 인간이 대답할 수 없는 문제를 자신에게 부과한다는 것은 일종의 궤변이라고 비난했다. 『순수이성비판』의 서문은 칸트의 옹호자이든 비판자이든 그 글을 읽어가는 사람들을 자극하는 문장으로 가득하다. 거기에는 저자의 핵심적 문제의식을 풍부하게 드러내주는 내용들이 담겨 있다. 『순수이성비판』의 「서론」(Einleitung)도 마찬가지다. 칸트철학의 문제의식을 가장 잘 보여주는 개념으로서 언급되는 코페르니쿠스적인 '사고 방식의 전환'(B XVI)이 서문에 담겨 있다면 '선험적 종합판단은 어떻게 가능한가?'라는 칸트철학의 가장 중요한 물음은 「서론」 속에 담겨 있다.

인간 이성의 특수한 운명, 그것은 **형이상학의 싸움터**(B XV)에 뛰어들면서 칸트가 던진 첫 마디였다. 경험론자와 합리론자들의 대립, 흄이라는 혁명적 회의론자의 등장으로 칸트가 철학을 하던 시기의 사상계는 그 어느 때보다도 아수라장이었다. 이 철학적 아수라장에 뛰어들면서 칸트는 "쯧쯧 이 한심한 놈들, 다 틀렸어!"라고 말하지 않았다. 그는 그 싸움터에서 선배나 동료철학자들의 개인적 오류 대신 '인간 이성의 특수한 운명'을 발견했다. 그가 보기에 인간 이성에는 피할 수 없는 곤경이 존재한다. 철학사에서 계속 등장했던 영혼의 불멸성이나 신의 존재에 대한 물음은 이성의 성향상 물을 수밖에 없는 것이었다. 그러나 아쉽게도 이것은 이성의 능력으로는 도무지 대답할 수 없는 질문이기도 하다.

이성이 자신이 대답할 수 없는 질문을 던지는 곤경은 왜 발생할까? 이성은 늘 원칙을 사용해서 경험을 요리한다. 그런데 이 원칙들을 쓰다 보면 경험적 사실들에만 국한하여 사용하는 것이 아니라 자꾸 경험적 사실들을 넘어선 것들에 적용하는 일이 생겨버린다. 목장의 울타리를 넘어버린 고집 센 기질을 가진 소나 말들처럼 이성의 본성상 이성의 원칙들은 제멋대로 뛰어다니고 이미 경험이라는 마구를 통해 제어할 수도 없으므로 결국 난장판이 벌어지는 것이다. 칸트는 이 때문에 형이상학이 경험적으로는 증명할 수 없는 주장에 대해서 제각기 고집을 부리며 소리 높여 싸우는 싸움터로 변모했다고 탄식한다.

로크와 같은 영국의 경험론자들이 나서면서 이 싸움판은 잠시 평정된 것처럼 보이기도 했다. 모든 형이상학의 근거들이 경험에 의해 형성된 것임을 주장함으로써 우리가 증명할 수도 없고 반증할 수도 없는 명제들을 몰아내기로 한 것이다. 그러나 문제는 그리 간단한 것이 아니었다. 언제나 너의 경험과 나의 경험은 다르다. 천 명의 사람이 있다면 천 번의 경험이 있다고 할 정도다. 또한 정말 우연히 그 천 번의 경험이 일치하는 일이 발생했다 할지라도 다음 번에 그런 일치의 기적이 또 일어날 수 있으리라고 보장할 순 없다. 아무리 많은 경험을 수집할지라도 경험만으로는 철학이 진정으로 원하는 객관성을 확보할 수가 없는 것이다. 그래서 칸트는 경험론자들이 철학의 기반으로 삼은 경험에 대해 이렇게 평가했다. "경험이라는 여왕은 천민 출신이다." 그러나 철학에는 객관성이라는 신성한 피가 필요하다.

철학의 고유한 재판소

칸트는 경험론과 다른 방식으로 난삽한 형이상학적 문제를 무시할 수 있는 "당대의 성숙한 판단력에서 생긴 무관심"이 존재한다고 주장한다. 성숙한 철학자라면 난삽하고 아무런 결론도 나지 않는 문제들에 대한 관심을 버리고 철학의 고유한 재판소를 세우는 데 관심을 가져야 한다. 우리가 건설해야 할 "재판소란 다름 아닌 순수이성의 비판 그것이다"(A XII). 순수이성의 비판이란 무엇을 의미하는가? 경험이나 신과 같은 외적인 것들에 근거해 인간 이성의 인식능력을 결정(재판)하지 말고 이성 자신의 순수한 법칙을 통해 이성의 능력을 결정하자는 것이다. 즉 이성 자신이 이성의 능력을 비판하고 판정하는 법관으로 나서서 이성이 알 수 있는 것과 알 수 없는 것의 범위와 한계를 정하자는 뜻이다.

칸트의 이와 같은 시도에 입각해 볼 때, 경험론과 합리론 사이의 거리는 쌍방이 생각했던 것만큼 먼 것은 아니었다. 경험에 의해서든 신에 의해서든 이성을 비판하고 판정하는 것이 이성 자신이 아니라 이성 외부에 있는 권위라는 점에서 그렇다. 그러나 칸트는 모든 권위를 거부하고 이성 자신을 재판하는 판관으로 세우려 했다는 점에서 선배철학자들과 결정적이고 본질적인 차이를 보인다. 즉 그는 내재적 비판을 시도했으며 이를 통해 선험철학을 수립하려 하였다.

그렇다면 이성이란 과연 무엇일까? 이성은 일종의 능력이다. 칸트는 이성을 한 가지 능력이 아니라 관심에 따라 각기 달리 발휘되는 여러 가지 능력이라고 생각했다. 우리가 다루는 『순수이성비판』에서는 이성의 능력이 인식하는 능력으로 드러난다. 이성은 실천적 관심을 가질 경우엔 실천능력이지만, 이 책에서는 주로 사변적 관심을 가진 인식능력으로서의 이성의 면모가 밝혀진다. 그래서 『순수이성비판』의 핵심문제는 한 마디로 외적 권위에 호소함 없이 이성이 가지고 있는 고유한 **인식능력**이 무엇인가(혹은 그런 인식능력은 어떻게 가능한가)를 해명하는 것이었다.

외적 권위에 호소하지 않는 선험철학의 모토에 충실하기 위해 우리는 우리에게 주어져 있는 것으로부터 문제를 풀어나가야 한다. 우리에게 가장 먼저 분명하게 주어져 있는 것은 표상(Vorstellung)이다. '표상'이라는 단어는 원래 독일어에는 없었는데, 로크의 책이 독일에 번역되면서 만들어졌다. 로크가 사용한 관념(idea)이라는 단어를 독일어로 옮긴 것이 표상이다. 우리가 외부 세계를 인식할 때 우리에게 주어지는 것을 그 세계에 대한 관념(표상)이라 한다. 우리는 우리의 관념을 직접적으로 느끼고 그것이 주어져 있다는 것을 확신할 수는 있다. 그러나 우리 밖에 있는 세계가 우리의 관념과 정말 똑같은지 그렇지 않은지는 확신할 수 없다.

선천적 종합판단은 어떻게 가능한가?

이제 우리는 표상들에서 시작해서 어떻게 객관적 인식(=판단)이 가능한지에 대해 답변해야 한다. 칸트에게 객관성은 두 가지의 의미이다. 그는 먼저 인식이 객관적이기 위해서는 **경험으로부터 독립적**이어야 한다고 생각한다. 또한 인식은 이미 우리가 가지고 있던 것에서 조금이라도 **확장된 정보**를 주어야 한다. 그는 이 두 가지 조건을 고려하면서 객관적 인식이 가능하냐는 물음을 선천적 종합판단이 가능하냐는 물음으로 바꾸어 물었다.

경험으로부터 독립적이어서 경험이 지닌 우연성에 좌우되지 않고 필연적이며 보편적인 것을 칸트의 용어로는 '**선천적**'(a priori)이라고 한다. 이것에 대립하는 용어는 '후천적'(a posteriori)이다. 예를 들어 '직선은 푸른색이다' 는 후천적 판단이다. 이것은 경험을 통해서 우리가 얻게 되는 우연적 판단이다. 만일 내가 이 직선을 붉은색으로 그리면 이 직선이 붉은색이 되는 것은 우연적이라고 할 수 있다. 그러나 '직선은 두 점 사이의 가장 짧은 거리이다' 라는 판단은 어떤가? 이것은 경험을 통해서 얻어지는 것이 아니며 언제나 보편적이고 필연적이다. 내가 아무리 노력해도 두 점 사이의 가장 짧은 거리가 아닌 직선을 그릴 수는 없다.

선천적―경험에서 독립적인 →보편적이고 필연적인
후천적―경험에 의존적인 →우연적인

그렇지만 어떤 지식이 진정한 인식이 되기 위해서는 보편성과 필연성을 가지는 것만으로는 부족하다. 거기에는 확장된 정보가 있어야 한다. 즉 보편성과 필연성을 지니되 **종합판단이어야만 한다**. 분석판단은 보편성과 필연성을 지니지만 우리에게 인식으로서 가치가 적기 때문이다. 분석판단은 주어를 분석하면 술어가 도출되는 판단이다. '모든 총각(주어)은 미혼(술어)이다'와 같은 판단을 예로 들 수 있다. 총각은 정의상 미혼남이기 때문에 주어 안에 술어가 이미 내포되어 있어 주어를 분석하기만 하면 자연스럽게 명제가 도출된다. 이런 판단은 우리에게 원래 우리가 알고 있던 것 이상의 어떤 정보 확장도 가져다 주지 않는다.

그러나 종합판단의 경우에는 다르다. 종합판단은 주어로부터 술어가 도출되지 않는 판단이다. '아버지는 폭군이다'에서 아버지의 개념을 분석한다고 해서 폭군이라는 술어가 나오지는 않는다. 하지만 '아버지는 남자다'와 같은 판단들은 아버지의 개념에 남자라는 개념이 들어가 있으므로 분석판단이 된다.

칸트는 선천적인 동시에 종합적인 판단들에 깊은 관심을 가졌는데, 그런 선천적 종합판단들이 존재할 때만 학문이 성립할 수 있다고 보았기 때문이었다. 그가 선천적 종합판단의 대표적 모델로 삼고 있는 것은 7+5=12와 같은 수학적 판단들이다. 칸트에 따르면 7+5=12는 우리가 사과나 돌멩이들을 가지고 경험적으로 세어보았기 때문에 타당한 것이 아니다. 일일이 세어보지 않아도 우리는 이 판단이 맞다는 것을 알 수 있다. 만일 그것을 세어보아야만 알 수 있다면 우리는 수학을 할 수 없을 것이다.

우리는 손가락, 발가락으로 세면서 수학적 판단을 배우게 된다고 흔히 생각하지만 수학적 판단의 보편성과 필연성은 경험과 무관하다. 누군가 1234+1001=2235가 맞는지 묻는데 예전에 세어보았던 경험을 돌이켜야 한다든가 세어본 경험이 없어서 1234개의 사과와 1001개의 오렌지를 창고에 넣으며 수를 센 후에만 대답할 수 있다면 수학적 판단은 현실적으로 불가능하고 불필요하다. 우리는 손가락이나 돌멩이로 세는 일 없이도 수학적 판단의 보편성과 필연성을 확신한다. 도대체 이와 같은 보편성과 필연성이 어디에서 유래하느냐라는 물음에 대해 칸트는 우리의 주관적 형식에서 온다고 대답하는 것이다.

칸트가 선천적 종합판단의 예로 들고 있는 또 다른 종류의 판단은 '모든 변화는 원인을 가진다'와 같은 물리학적 판단이다. 7+5=12라는 예로는 너무 단조로우니 하나만 더 들어보자. 칸트가 이렇게 생각했기 때문에 물리학적 판단의 예를 덧붙인 것은 아니다. 그는 두 예의 차이를 통해 '순수한'(rein)이라는 말의 의미를 부각시키고 싶어한다. 7+5=12가 경험적인 것이 전혀 섞이지 않은 순수한 판단임에 비해서 물리학의 판단은 순수한 판단이 아니다. 칸트는 '변화' 개념을 사물들의 운동을 직접 경험(!)하지 않고서는 결코 알 수 없다고 생각했다. 이와 달리 7이나 5 같은 수 개념은 경험이 전혀 섞이지 않은 채로 우리가 알 수 있는 개념들이다. 수학적 판단이나 물리적 판단이나 모두 선천적인 종합판단이기는 하지만 전자의 경우는 특히

'순수한' 선천적 종합판단이라고 할 수 있다. 즉 순수하다는 것은 "선천적 인식들 중에서 경험적인 것이 전혀 섞여 있지 않은"(B3) 것이다.

칸트는 『순수이성비판』에서 기회가 있을 때마다 선천적 종합판단의 두 가지 종류를 구분하고 있다. 그가 순수함을 구분하고 그 구분을 통해서 수학과 물리학의 경우를 나누어 설명하려고 한 이유는 분명하지 않다. 그러나 순수함에 대한 강조가 우리들에게 환기시켜 주는 사실이 있다. 선천적 판단이 경험으로부터 독립적인 판단이라고 했을 때 그것은 경험이 전혀 섞이지 않았다는 의미가 아니다. 흄처럼 경험으로는 어떤 보편적인 지식도 얻을 수 없기 때문에 경험이 섞인 어떤 지식도 써먹을 수 없다고 회의하는 것은 어리석다. 우리는 경험을 통해서도 충분히 보편적이고 필연적인 지식을 얻을 수 있다. 경험 안에는 우리 인식의 주관적 틀이 만들어낸 보편적이고 필연적인 구조가 들어 있기 때문이다. 경험을 마음대로 써라! 그러나 잊지 말아라. 지식의 타당성을 물을 때 그 타당성의 근거를 제공하는 것은 절대로 경험이 아니라 그 경험 속에 이미 들어 있는 우리의 인식능력이라는 점을. 이것이 칸트의 독특한 아이디어였다.

위대한 우리, 명령하는 자들

'선천적 종합판단'은 **이성의 인식능력이 자신의 고유한 법칙을 따라야 한다는** 칸트의 문제의식을 단적으로 드러내준다. 선천적 종합판단이

프리다 칼로(Frida Kahlo), 「물이 나에게 준 것」, 1938년
물의 개념을 분석한다고 해서 물이 나에게 준 것을 알 수 있게 되는 것은 아니다. 화가는 물이 준 것에 대한 자신의 아름다운 경험을 캔버스에 담고 있다. 따스한 물로 데워진 목욕통, 천천히 기어가는 부드러운 달팽이, 물을 빨아올리는 나무들, 그 나무 위에 내려앉은 새의 노래…….
분석판단은 주어의 개념 속에 들어 있는 것들만 우리에게 알려주는 판단이다. 그러나 종합판단은 주어의 개념 속에 들어 있는 것 이상의 확장된 정보를 우리에게 알려준다. 우리의 인식을 위해 진정 필요한 것은 경험 안에 존재하는 종합적 판단이다. 우리의 삶에 필요한 것은 물 개념에 대한 순수한 분석이 아니라 물이 우리에게 준 것들이듯!

가능하다면 인식능력은 이성 밖에 존재하는 대상의 지배를 받지 않는 것이다. 여기에는 중요한 사유의 혁명이 존재한다. 칸트철학 이전에는 대상이 인식의 기준이 되어 왔다. 즉 외부에 존재하는 대상에 우리의 인식이 얼마나 정확히 일치하느냐가 참된 앎의 문제에서 관건이 되었다. 그러나 인식의 문제를 선천적 종합판단의 형식으로 제기함으로써 모든 것이 달라진다. 왜냐하면 선천적 종합판단이란 **우리의 인식능력이 대상을 따르는 것이 아니라 대상이 우리의 인식능력이 지닌 법칙을 따른다**는 것을 의미하기 때문이다. 선천적인 것이 보편적·필연적인 것이라는 말은 달리 말하면 경험에는 없는 보편성과 필연성이 어디로부터인가 주어진다는 뜻이다. 이 '어디'가 경험이나 대상이 아니라면 우리의 인식능력 자체에서 오는 것일 수밖에 없다.

요컨대 칸트의 핵심주장은 이러하다. 우리의 인식능력이 요구하는 대로 대상은 따라올 뿐이다. 그런데 우리의 인식능력은 기분내키는 대로, 멋대로 대상에 작용하는 것이 아니라 자신의 고유한 법칙에 따라 작용한다. 그 인식능력의 고유한 법칙 때문에 보편성과 필연성이 생겨나는 것이다. 칸트에게 인식능력은 대상을 거울처럼 그대로 반영하는 능력이 아니라 인식의 법칙에 맞게 구성하여 보여주는 능력이었다. 칸트는 대상이 인식능력의 고유한 법칙에 따른다는 것, 달리 말하면 우리가 대상에 대해 입법성을 지닌 자이며 명령하는 자라는 자신의 독창적인 통찰을 **코페르니쿠스의 혁명적 사유**에 비교한다. 그는 지동설을 주장한 코페르니쿠스의 주장이 혁명적인 만큼이나 인식능력이 대상을 따른다는 기존 견해에서 탈피하여 대상이 인식능력을 따른다고 주장한 자기의 견해가 혁명적이라는 점을 스스로 깨달았던 것이다.

코페르니쿠스적 혁명은 칸트의 철학체계에 현상과 물자체라는 중요한 구분을 만들어낸다. 코페르니쿠스적 혁명은 인식능력이 자신의 법칙에 따라 대상을 규정하고 그렇게 규정되는 대상에만 관심을 가진다는 점을 의미한다. 따라서 이성이 관심을 갖는 대상은 물자체가 아니다. **물자체**(Ding an sich, thing in itself)는 우리의 인식능력과 상관없이 존재한다고 여겨지는 사물 자체이다. '그 자체로 있는' 사물이 어떻게 우리의 인식능력에 종속되어 우리의 인식능력의 법칙을 따를 수 있겠는가? 이성에 의해 규정됨으로써 우리 이성의 관심이 되는 대상은 우리의 인식능력에 따라 '나타나는 대로의' 대상인 **현상**(Erscheinung)뿐이다. 그러므로 물자체는 인식의 대상이 아니다.

물자체에 대해 우리가 할 수 있는 말은 물자체는 불가지(不可知)적이라는 것, 즉 알 수 있는 가능성이 전혀 없다는 것뿐이다. 우리가 알 수 있는 것은 대상 자체가 아니라 우리의 인식능력(순수이성)이 이미 규정해 놓은 현상으로서의 대상이다. 달리 말해 우리는 물자체에 대해서 입법적일 수 없다. 물자체와 직접 관계하고 물자체에 입법할 수 있는 가능성을 위해서는 실천이성의 문제를 다루어야 한다. 이것은 후일 『실천이성비판』에서 논의된다.

그러나 순수이성의 차원에서 볼 때 우리는 현상으로서의 대상에만 입법하고 명령한다. 이런 점에서 칸트는 선험적이라는 단어를 다음과 같이 정의한다. '선험적' 이란 "대상들(대상 자체)을 다루는 것이 아니라 **대상들 일반**에 관한 우리의 선천적 개념을 다루는" 것이다. 칸트는 이러한 선천적 개념들의 체계를 선험철학이라고 부른다.

선험철학이 대상들이 아니라 대상들 일반에 대해 다룬다는 점에 주의를 기울여야 한다. 우리는 책상이나 의자, 사과, 우산과 같은 대상들 각각이 그 자체로 무엇인지는 알 수 없기 때문에 이 각각의 대상들은 선험철학의 관심이 아니다. 우리가 알 수 있는 것은 책상이나 의자, 사과, 우산과 같은 대상들에 우리가 일반적으로 부여한 인식의 공통적인 틀인 시간·공간 및 범주 형식들뿐이다. 따라서 **대상들 일반에 대해 다룬다는 것은 사실상 대상들에 부여된 우리의 인식형식과 그 형식을 부여하는 인식능력을 다룬다는 것을** 의미한다. 또한 선험철학에서 대상들 일반에 관한 우리의 선천적 개념을 다룬다는 것은 선험철학을 통해 칸트가 경험과 상관없이 우리가 순수하게 가지고 있는 형식을 문제삼으려 했다는 것을 의미한다.

2. 두 줄기로 뻗은 인식의 나무
—감성과 오성

Overview

이제 우리의 어떤 선천적 인식능력들이 선천적 종합판단을 가능케 하는지 살펴볼 차례이다. 먼저 간단히 이야기해 보자. 칸트는 인식능력을 크게 감성(Sinnlichkeit)과 오성(Verstand)으로 구분한다. 감성은 대상 자체와 직접 관계하면서 대상에 의해 우리에게 감각적으로 주어진 것(gegeben, 철학용어로는 소여[所與]라고 표현)을 받아들이는 능력 즉 수용능력이다. 이와 달리 오성(지성으로도 번역된다)은 아주 자발적인 활동능력이다. 물론 수용능력인 감성이 완전히 수동적인 능력은 아니다. 나름의 형식을 통해 대상을 수용한다는 점에서 감성도 분명 능동성을 지닌다. 그러나 오성은 대상 자체와 간접적으로 관계하는 대신에 감성보다 더 적극적이고 능동적인 방식으로 규정력을 행사한다고 말할 수 있다.

　감성과 오성의 능력들은 각각 고유한 선천적 형식을 갖는다. 감

마우리츠 에셔(Maurits Cornelis Escher), 「반사되는 공을 든 손」, 1935년

세계는 시간과 공간이라는 주관적인 감성 형식을 통해 경험된다. 우리가 시간과 공간의 형식을 거치지 않고서 사물과 직접 만날 수 있는 방법은 없다. 그러나 시간과 공간 그 자체가 사물인 것은 아니다. 그것은 사물이 아니라 '순수한 관계들'이다. 칸트는 시간과 공간에 대한 이러한 사유를 라이프니츠에게서 배웠다. 이와 달리 뉴턴은 시·공간과 사물들의 실재성을 구별하면서 사물들과 무관하게 존재하는 절대적인 시·공간을 주장했다. 라이프니츠는 뉴턴의 견해에 반대했는데, 그 이유는 우리의 작고 유한한 세계를 설명하는 데 절대공간과 절대시간의 무한성이 요구될 필요는 없다는 것이었다. 그것은 "엄청나게 큰 새장에다 아주 작은 파리 한 마리를 넣어주는 것"과 같다.

성의 경우 그 선천적 형식은 시간과 공간이다. 오성의 경우 그 선천적 형식은 열두 개의 범주이다. 우리는 감성과 오성 능력이 각각의 고유한 형식에 따라 작용함으로써 **선천적 종합판단**을 가지게 된다. 쉽게 표현해서 이 말은 시간과 공간이라는 형식을 사용하지 않고는, 그리고 오성의 열두 개 범주를 사용하지 않고는, 우리는 결코 아무것도 알 수 없다는 뜻이다. 칸트는 시간과 공간이라는 형식을 한 마디로 **직관**(Anschauung)이라고 표현하고, 열두 개의 순수한 개념 형식을 **범주**(Kategorie)라고 표현한다.

감성의 직관형식 : 시간과 공간
오성의 범주형식 : 12범주(12개의 판단형식에서 도출)

 이같은 내용이 『순수이성비판』에서는 다음과 같은 두 개의 중요한 제목 아래 설명되고 있다. 감성의 형식을 다루는 **선험적 감성론**과 오성의 형식을 다루는 **선험적 논리학**. 칸트의 표현에 따르자면 "인간의 인식에는 두 개의 줄기만이 있고, 이 두 줄기는 아마도 하나의 공통적인, 그러나 우리에게 알려지지 않은 뿌리에서 발생한다. 이 두 줄기는 감성과 오성이며, 감성에 의해서 대상들은 우리에게 주어지고 오성에 의해서 대상들은 우리에게 사유된다"(B29). 물론 두 개의 굵은 줄기를 가졌다면 당연히 작은 풀꽃이나 땅을 기어다니며 자라는 넝쿨 식물은 아닐 것이다. 칸트가 말하는 인식의 모델이 되는 식물이란 바로 나무이다. 이 점을 기억해 두자. 인간의 인식을 이렇게 수목(樹木)적인 모델로 파악하는 것은 데카르트에서 후설에 이르기까지 많은 근대철학자들의 특징이며, 탈근대철학자들은 근대철학자들의 이런 특징을 자주 비판거리로 삼는다. 칸트는 인식의 나무의 두 줄기를 차례로 설명하기 시작한다.

① 첫번째 줄기 : 감성—『순수이성비판』의 선험적 감성론에서 다뤄진다.
② 두번째 줄기 : 오성—『순수이성비판』의 선험적 논리학에서 다뤄진다.

인식의 첫번째 줄기 — 감성

『순수이성비판』을 펼쳐보면 선험적 감성론은 "Transzendentale Ästhetik"이라고 쓰여져 있다. 'Ästhetik'. 영어의 비슷한 단어를 떠오르게 한다. aesthetics라면 감성론이 아니라 미학 아니야? 그렇다. 미학도 맞다. 그러나 한 가지 알아두어야 할 것이 있다. 우리가 희랍어 aisthesis라는 단어에서 유래한 이 단어를 무언가 예술과 관련된 단어로 이해하는 것은 바로 독일철학자들이 덧붙인 예술적 뉘앙스 때문이다. 만일 이 단어를 희랍어의 원뜻에 가깝게, 그리고 칸트의 사용법에 가깝게 라틴어 단어로 표현하면 Ästhetik은 'perzeption' (지각)이다. 이 라틴어 표현은 우리가 조금 뒤에 보게 될 선험적 논리학을 이해하는 중요한 단서가 된다. 역시 조금 뒤에 소개될 통각(Apperzeption)은 선험적 논리학에서 가장 중요한 개념으로서 바로 이 'perzeption'에 접두사를 붙여 만든 말이다.

지각한다는 것은 무엇인가? 어두워질 무렵 고개를 숙여 작은 풀

잎을 보고 그 주변의 흙 냄새를 맡고 먼 마을의 종소리를 듣고 고개를 들어 내 얼굴로 불어오는 저녁바람을 느끼고 오른손에 쥔 과일의 새콤달콤함을 맛보는 것. 이처럼 시각, 청각, 후각, 미각, 촉각 등 오감을 통해 지각하는 능력을 칸트는 한 마디로 감성(Sinnlichkeit)이라고 한다.

그러나 이런 감성만으로는 인식이 성립하지 않는다. 오른손에 쥔 이 과일을 사과라고 내가 인식하는 것은 오감의 능력만으로 가능하지는 않다는 뜻이다. 달콤함, 붉은색, 둥그런 모양, 신선한 과일 향기, 매끄러움 등 주어진 질료를 가지고 '사과'라는 개념을 형성하는 오성능력이 있어야만 인식이 성립한다. 인간의 인식이 가능하기 위해서는 반드시 감성과 오성이 함께 작용해야 하는 것이다.

인간의 인식은 두 능력의 종합적 작용이므로 우리의 경험 속에서 감성과 오성이 따로 분리되어 있는 것은 아니다. 그러나 감성을 설명하기 위해서는 일단 감성을 오성과 분리하는 일이 필요하다. 선험적 감성론에서는 우선 감성을 고립시키는 작업이 이루어진다. 칸트는 우리의 인식에서 오성이 행하는 개념적 활동을 제거해 본다. 내가 손에 쥔 이 과일에서 '사과'라는 개념을 제거한 후에 남는 달콤함, 붉은색, 둥긂 등을 칸트는 **경험적 직관**이라고 부른다.

우리는 경험적 직관에서 또 한번의 제거작업을 해야 한다. 인식 가능성과 관련된 원리를 도출하려는 것이 우리의 목적이기 때문에 경험적 측면이 남아 있어서는 안 된다. 경험적 직관들에서 감각된 모든 것을 분리함으로써 직관의 경험적 측면을 제거하고 나면 칸트가 진정으로 원했던 것이 나타난다. 달콤함, 붉은색, 둥긂, 신선한 향기 등의 감각된 것이 제거되면 무엇이 남을까? 그것은 바로 감각할 수 있는 우리들의 능력이다. 즉 경험적 직관에서 경험이 모두 지워지고 나면 남는 것은 **순수직관**이다. 우리가 시각, 촉각, 후각, 청각, 미각 등의 경험적 오감으로 느끼는 지각들의 근거는 공간과 시간이라는 두 가지 순수형식에 있다.

감성능력의 원리 ① 외적 직관능력인 공간(외감)
② 내적 직관능력인 시간(내감)

'우리에게는 공간과 시간이라는 감성능력이 있다고 위대한 철학자인 나 칸트가 그렇게 말했으니 당신들은 외우기나 하시오.' 이렇게 말했다면 칸트는 독단론자들과 다를 바 없다. 그러나 젠틀맨 칸트는 그렇게 말하지 않았다. 그는 이렇게 상냥하게 말했다. '시간과 공간이 우리의 순수한 직관능력이라고 말할 수 있는 근거가 무엇인지를 따져봅시다.' 선험적 감성론은 공간개념의 형이상학적 해명과 시간개념의 형이상학적 해명이라는 절들로 이루어져 있다. "형이상학적 해명(Erörterung)"이라는 개념은 무척 어렵게 느껴지지만 그것에 특별히 이해하기 어려운 심오한 의미가 담겨 있는 것은 아니다. 해명은 어떤 개념에 대해 우리가 다른 개념과 분명하게 구별할 수 있는 바를 밝히는 과정을 뜻한다. 이 단어의 일상적인 이해를 참고하자면 어떤 개념을 '해명한다'(erörtern)는 것은 그 개념에 대해 논의하고 토론하거나 변론한다는 것이다. 그런데 논의하고 토론하는 개념이 선천적으로 주어진 개념일 때 그것을 형이상학적 해명이라고 말한다. 형이상학적 해명은 공간에 대한 해명인 공간론과 시간에 대한 해명인 시간론의 두 부분으로 나뉜다.

공간론

칸트는 해명의 과정에서 자신과 이론적인 경쟁상대가 되는 이들의 입장을 계속 의식하고 있다. 그는 경험론자, 합리론자 들과 논쟁이라도 벌이듯 논의를 펼쳐간다. 공간의 경우 당대에 유행하고 있던 경험론자들의 견해에 응수하면서 칸트가 제시하는 견해는 다음과 같다.(B37~46)

1. 공간은 외적 경험에서 우리가 공통점을 추상해서 만들어낸 **경험적이고 추리적인 개념(Begriff)이 아니다.** 오히려 외적 경험은 공간표상에 의해서 비로소 가능하다.
2. 공간은 모든 외적 현상의 근저에 놓여 있는 **필연적 표상(Vorstellung)이다.**

경험론자들이 뭐라고 했길래 칸트가 이렇게 말했을까? 경험론자들은 공간개념이 우리의 경험에서 만들어진다고 말한다. 그들은 이렇게 말함으로써 공간은 이성이 본래부터 가지고 있는 개념이라고 주장한 합리론자들에게 반기를 들었다. 하지만 칸트가 보기에 공간은 경험적이지 않다. 예를 들어 내가 숲속에서 사과를 한 입 베어 물었다고 하자. 사과를 베어 먹은 공간은 숲속이라는 경험적 공간이다. 하지만 숲속이 아니라 호숫가에서 혹은 내 집의 식탁 위에서도 사과 먹는 일이 이루어질 수 있다. 즉 숲속이라는 외적 경험은 제거될 수

루치오 폰타나(Lucio Fontana), 「공간개념」, 1962년

이탈리아 화가 폰타나는 푸른색으로 칠한 캔버스를 날카로운 칼로 일곱 차례 베었다. 캔버스를 베어버림으로써 팽팽한 긴장감이 사라진 캔버스 뒤편의 공간을 보여주려는 것이라고 한다. 그는 이 작품에 '공간개념'이라는 무척이나 철학적인 제목을 붙여놓았다. 이 제목은 합리론자의 관점에서는 타당하지만 칸트의 관점에서 보자면 엉터리다. 공간은 오성의 형식인 개념이 아니라 감성의 형식인 직관이기 때문이다. 폰타나가 칸트철학을 열심히 공부했다면 이 작품의 제목은 '공간표상'이 되었을 것이다.

있다. 그러나 사과 먹는 일은 다른 어떤 공간에서 일어나야만 한다.

우리는 어떤 공간도 표상하지 않고서 사과 먹는 일을 표상할 수는 없다. 따라서 숲속이나 방안이라는 경험적 공간들에서 '공간'이라는 공통적인 추상개념을 추출해낸 것이 아니라 이미 공간표상이 숲이라는 경험적 공간을 가능케 하는 근거이다. 그러므로 2의 주장처럼 공간은 필연적 표상일 수밖에 없다. 공간 안에 대상이 없는 일은 충분히 생각할 수 있으나, 공간 자체가 전혀 없는 일을 생각할 수는 없기 때문이다. 그렇지만 칸트가 경험론자들을 반박했다고 해서 합리론자들의 주장을 100퍼센트 인정한 것은 아니다. 다음을 보라.

3. 공간은 하나의 동일한 공간이라는 점에서 개념이 아니라 **표상이다**.
4. 공간은 무한한 크기를 가진 표상이라는 점에서 **개념이 아니다**.

합리론자들은 공간을 하나의 개념으로 생각한다. 칸트가 보기에 공간이 경험적이지 않다는 점에서 합리론자들은 올바른 견해를 피력했다. 그러나 공간을 개념으로 생각한다는 점에서 그들은 틀렸다. 합리론에 따르면 개념은 이미 이성이 본래적으로 가지고 있는 것이다. 그들은 이렇게 말한다. "여러분! 우리는 경험과는 무관한 절대적으로 단순한 개념을 가졌습니다."

합리론자들은 왜 절대적인 단순개념들을 상정하는 것일까? 또 절대적인 단순개념이란 무엇일까? 첫번째 물음에 대한 그들의 대답은 간단하다. 절대적 단순개념들이 있어야만 하는 필연적 이유가 존재하기 때문에. 이미 앞에서 거론했듯 독일 최고의 합리론자 라이프니츠는 단순개념이 날 때부터 본래적으로 주어져 있지 않다면 인간은 공통의 것을 전혀 이해할 수 없고 누구와도 소통할 수 없다고 주장했다. 합리론자들의 단순개념들은 경험론자들이 말하는 경험에서 발생하는 '노랑'이나 '뜨거움' 같은 단순관념과는 다른 것이다. 절대적인 단순개념들은 경험론자들의 주장처럼 경험에서 추리되어 만들어진 것이 아니다. 우리들은 이미 서로 독립적인 단순개념들을 가지고 태어나며, 이들을 결합하여 무수히 많은 복합개념들을 만들어낼 수 있다. 어느 위대한 노령의 사상가가 아무리 복잡하고 어려운 개념을 사용한다고 할지라도 이 개념은 그가 보낸 삶의 역정과 그 속에서의 경험에서 나온 것은 아니다. 그 난해한 개념은 그의 어린 손자조차도 알 수 있는 단순한 개념에서 시작되어 무수한 '결합의 기술'(ars conjunctio)을 거친 것이다. 그렇다면 우리가 단순개념을 결합해 복합개념으로 나아가듯 공간도 유한하고 부분적인 공간을 결합해 하나의 유일하고 전체적인 공간으로 나아가는 것이 아닐까?

칸트는 이런 가정에 반대한다. 우리는 부분 공간들을 합해서 전체로서의 공간을 개념적으로 추리해내는 것이 아니다. 우리는 부분 공간들을 갖기 이전에 하나의 유일한 공간을 먼저 표상한다. 따라서 공간은 개념이 아니라 전체적이고 유일한 표상이다. 오히려 이 표상을 제한함으로써 부분 공간들의 다양성이 생겨나는 것이다.

또한 공간이 무한한 크기를 가졌다는 점은 공간이 개념과 다르다는 것을 보여준다. 조금 전에 말했듯이 우리는 무한한 크기의 공간을 표상한 후 그것을 구획지어 그 무한 공간 안에서 수많은 부분 공

단 하나의 공간

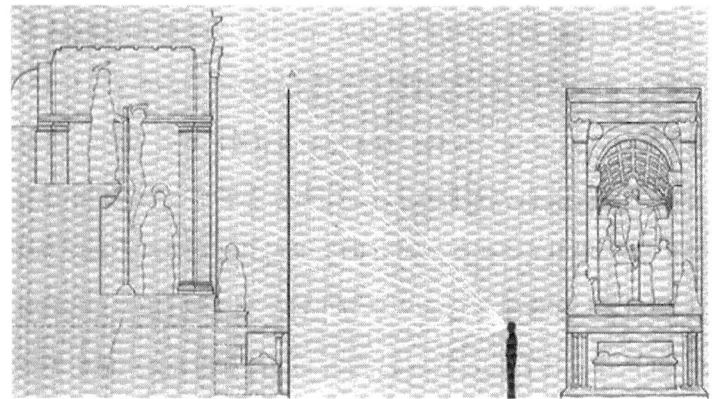

알베르티의 선원근법에 기초한 공간표상

마사치오(Masaccio), 「성 삼위일체」 1420년경

우리는 원근법에 따라 그려지지 않은 그림을 보면 불편한 느낌을 갖는다. 원근법은 르네상스시기에 이탈리아인 알베르티에 의해 만들어졌다. 알베르티의 선원근법(linear perspective)에 기초하여 화가 마사치오는 세계 최초로 3차원의 공간을 2차원의 화면 공간에 옮겨놓는 데 성공한다. 그 이후 회화에서는 원근법적 표현이 매우 보편적인 공간표상으로 자리잡았다.

또 다른 공간들

데 키리코(Giorgio de Chirico), 「거리의 신비와 멜랑콜리」, 1914년(왼쪽 그림)
키리코는 급속도로 축소된 과장된 원근법을 사용해서 낯선 공간을 만들어내고 있다. 르네상스 이후 회화에서 보편화된 공간표상을 파괴하고 있는 것이다. 정말 칸트가 주장한 대로 인간에게 단 하나의 보편적인 공간표상이나 시간표상이 존재한다고 할 수 있는 것일까? 우리는 문화인류학적 보고들을 통해 키리코의 그림만큼이나 낯설고 신비한 시간과 공간 표상들이 존재한다는 사실을 전해 듣는다.

쿠르트 슈비터스(Kurt Schwitters), 「공간이 성장하는 그림」, 1939년(오른쪽 그림)
신문에서 오려낸 의미 없는 글자들, 낡은 편지봉투, 엽서, 못 쓰는 포장지, 버스표 따위가 어울려 하나의 공간으로 발전했다. 공간표상은 문화권마다 다를 뿐 아니라 한 개인 안에서도 성장의 상이한 단계를 거친다. 피아제의 연구에 따르면 어린아이들은 빠는 행위를 위한 구강(口腔)공간, 잡는 행위를 위한 파지(把持)공간, 시각공간 등을 점진적으로 가진다. 이러한 공간표상들을 통합할 수 있도록 교육될 때만 아이들은 칸트식의 합리적 공간개념을 가지게 된다. 따라서 공간표상이 사회적·문화적 산물이라는 사실을 부정하기는 힘들다. 물론 피아제 자신은 칸트처럼 인간에 내재해 있는 능동적 인식능력을 전제한 후에 이런 발달이론을 전개하긴 했지만 말이다.

간들을 표상할 수 있다. 예를 들어 우리는 공간표상 안에서 집과 나무와 강과 사람 등 공간을 차지하는 모든 종류의 대상들을 떠올릴 수 있다. 그러나 개념은 그럴 수 없다. 나무라는 개념 안에 집, 사람, 강 등의 개념을 포괄할 수가 없다. 개념의 경우에는 그 자신 안에 무한히 많은 표상을 포괄할 수가 없다는 점에서 알 수 있듯이, 공간은 개념이 아니라 표상이다.

칸트는 경험론자와 합리론자 모두에 대해 비판한 결과를 종합한다. 1과 2에서는 공간이 경험적이지 않고 필연적이라는 점에서 공간의 **선천성**이 확보되었다. 그리고 3과 4에서는 공간은 개념이 아닌 표상이라는 점에서 공간이 오성능력이 아니라는 점이 밝혀졌다. 만일 공간이 개념이라면 인식의 또 다른 줄기인 오성에 속할 것이다. 그러나 공간이 표상이라는 점이 밝혀졌으므로 감성의 영역인 직관에 속한다고 할 수 있다. 이로써 칸트는 "공간이라는 근원적 표상이 개념이 아니라 **선천적 직관**"(B40)이라는 사실을 해명했다.

시간론

칸트는 공간에 대해 논의한 후 동일한 방식으로 시간을 해명한다. 시간에 대한 논의는 다음과 같다.(B46~48)

1. 시간은 경험에서 추리된 것이 아니다. 오히려 **모든 대상은 시간을 전제로 해서만 표상될 수 있다.**
2. 시간은 현상 일반에서 제거할 수 없는 필연적 표상이다. 모든 현상들은 예외없이 제거될 수 있지만 시간 자체는 제거될 수 없다.

3. 시간과 마찬가지로 시간에 대한 원칙들이나 공리들도 경험에서 이끌어낼 수 없다. 시간의 원칙들은 경험들 이전에 우리에게 획득되어 있다.
4. 시간은 하나의 동일한 시간이다. 이 점에서 시간은 추리된 개념이나 일반 개념이 아니다.
5. 시간은 무한성을 지닌 표상이므로 개념일 수 없다.

공간과 유사한 방식으로 칸트는 시간이 선천적 직관의 형식임을 밝힌다. 차이가 있다면 공간은 외적 직관능력인 데 반해 **시간은 내적 직관능력**이라는 점이다. 위의 정리에서 '**현상 일반**'이라는 단어에 잠시 주목하자. 이것은 공간론에서는 눈에 띄지 않던 단어이다. 현상 일반은 외적 현상과 내적 현상 모두를 뜻한다. 여기서 우리는 의문을 갖게 된다. 공간은 외적 현상을 다루는 능력이라는 점에서 외감이라고 불린다. 또한 시간은 내적 현상을 다루는 능력이라는 점에서 내감이라고 불린다. 따라서 칸트는 시간을 내적 현상에서 제거할 수 없다고 말해야만 했다. 그런데 왜 그는 '현상 일반'을 거론한 것일까?

그 이유는 이렇다. "시간은 내감의 형식 즉 우리 자신과 우리의 내적 상태를 직관하는 형식임에 틀림없다"(B49). 그런데 공간이 외적 현상에만 타당한 직관형식인 것과 달리 시간은 외적·내적 현상 전부에 타당하다. 내적 현상만이 아니라 외적 현상도 시간을 떠나서는 가능하지 않다는 점에서 그렇다. "시간은 (우리 마음의) 내적 현상의 직접적 조건인 동시에 바로 그런 까닭에 간접적으로 외적 현상의 조건이기도 하다"(B50). 여기서 칸트는 시간을 공간보다 우위에 둔다. 시간에 대한 이런 강조는 무심코 이루어진 것이 아니다. 이와 같은 강조에는 조금 뒤면 밝혀질 칸트의 전략이 숨어 있다. 여기서는 칸트가 이 전략을 구사하는 이유가 곧 다루어질 핵심 단어인 '통각'과 깊은 관련이 있다는 점만 기억하고 넘어가자.

인식의 두번째 줄기 — 오성

생각하다(denken)와 인식하다(erkennen)는 완전히 다른 동사다

우리가 칸트에 대해서 처음 듣게 되는 유명한 구절이 둘 있는데, 그 중 하나는 『실천이성비판』의 마지막 구절이다. "오랫동안, 그리고 거듭해서 생각하면 생각할수록 더욱 새롭고 더욱 커다란 감탄과 경외로 내 마음을 가득 채우는 것 두 가지, 별이 빛나는 내 머리 위의 하늘과 내 마음속의 도덕률", 그리고 다른 한 마디는 바로 여기 『순수이성비판』의 선험적 논리학 부분에 등장한다.

> 내용(직관)이 없는 사고는 공허하고 개념이 없는 직관은 맹목적이다. (B 75)

우리가 칸트의 이름과 더불어 떠올리는 이 문장은 그의 철학을 이해하는 데 매우 중요하다. 선험적 감성론에서 직관의 두 형식을 설명했다면 선험적 논리학에서는 이제 오성의 형식에 대한 설명이 이루어진다. 그 논의를 시작하기 전에 아주 의미심장한 어투로 던지는 이 한 마디는 감성과 오성이 인식을 위해 서로의 존재를 반드시(!) 필요로 한다는 점을 암시한다.

하느님은 인식의 상이한 두 원천을 가지고 있지 않다. 단지 인간만이 두 가지의 상이한 원천을 가진다. 하느님이 신적인 직관을 가지는 것과 달리 인간은 감성적 직관을 가진다. 직관(Anschauung)은 '보다'(schauen)에서 생겨난 말로, 신적인 직관은 간단히 말해 신이 어떤 사물을 보는 것이다. 이때 사물은 신이 **바라보는 그대로** 존재한다. 칸트식으로 표현하자면 하느님은 물자체를 직관한다. 보는 그대로 있으니 다른 인식작용이 필요할 리 없다. 그렇다면 하느님의 인식은 직관이면 충분하고 오성의 개념작용 따위는 필요하지 않다는 뜻인가? 신은 직관할 뿐 사고하지 않는 존재라는 결론은 이상하다. 물론 그런 결론은 잘못되었다. 하느님도 사고한다. 그런데 이 사고가 좀 특이하다.

신이 최초로 사고한 개념은 '빛'이었다. 성경에는 '빛이 있으라'라고 하느님이 명령한 것으로 나와 있지만 사실 명령은 없었다. 단지 하느님은 생각했다(denken). '빛!'이라고 생각만 했을 뿐인데 빛이 생겼다. 신적인 사고의 특징은 바로 이런 것이다. 빛이라는 개념을 사고하면 빛이 생기고 '땅!' 하고 생각하면 땅이 생긴다. 사고하는 대로 그것에 대응하는 사물이 생긴다. 하느님이 생각하는 대로 사물이 생긴다는 말과 바라보는 대로 사물이 존재한다는 것은 동일하다. 생각하는 대로 만들어낼 마술적 능력을 지닌 자만이 있는 그대로 볼 수 있는 능력을 지닐 수 있는 것이다. 한 마디로 하느님에게서 직관과 오성은 서로 다른 능력이 아니라 하나의 능력이다. 그래서 신적 직관을 오성적 직관이라고 부른다.

인간도 본다. 하지만 아쉽게도 있는 그대로 볼 수가 없다. 있는 그대로가 아니라 공간과 시간이라는 우리의 감성을 통해서만 본다. 원래 사물이 어떤 모습인지는 전혀 알 수가 없다. 그래도 기를 쓰고 보지만 사물 그 자체는 볼 수 없기에 칸트는 조용히 되뇌인다. '우리의 직관은 정말 눈멀어 제대로 볼 수 없는 것, 맹목적인 것이구나.'

인간도 신처럼 사고한다. 그런데 우리가 '빛', '땅', '하늘', '별'…… 아무리 생각해 봐야 빛, 땅, 하늘, 별이 생겨나지 않는다. 그래서 칸트는 또 독백을 한다. '아무것도 생겨나지 않는 인간의 개념이란 참 공허하구나.' 이로써 "직관 없는 사고는 공허하고 개념 없는 직관은 맹목"이라는 철학 역사상 가장 유명한 푸념이 탄생한다. 여기에는 인간은 신적인 직관을 가지지 못한 존재라는 한탄이 들어 있다. 물론 이것이 한탄과 푸념으로 그치는 것은 아니다.

칸트에게 깨달음으로 남은 것은 두 가지이다. 먼저 오성적 직관을 갖지 못한 인간의 경우에는 신과 달리 오성과 직관이 서로 분리되어 서로 다른 두 가지 인식의 원천으로 작용하고 있다는 사실이다. 또 다른 하나는 인간은 특정한 방식을 통해 서로 다른 능력인 오성과 직관을 결합시킴으로써만 인식을 완성할 수 있다는 것이다. 개념적 오성과 직관적 감성이 서로 다른 능력이라면 양자는 분리될 수 있어야 한다. 먼저 직관 없이 사고만이 독립적으로 존재하는 경우가 있다. 예를 들면 둥근 삼각형은 사고할 수 없지만 황금산은 사고(Denken)할 수 있다. 둥근 삼각형이나 열린 폐곡선처럼 개념이 자신 안에 모순을 가지고 있지 않은 이상은 감성적 직관 없이 개념만으로 존재할 수 있다. 마찬가지로 개념 없는 직관 역시 가능하다. 휙 지나간 그림자, 잠시 스친 냄새처럼 우리가 뭔가 슬쩍 마주치긴 했는데 그것이 뭔지 알 수 없는 그런 경우가 있다. 그 경우 직관하긴 했지만 개념적 작용을 했다고 볼 수는 없다.

그러나 개념 없는 직관과 직관 없는 개념은 모두 진정한 의미에서 인식이 아니다. 황금산은 사고할 수 있으나 인식(Erkenntnis)할 수는 없다. 황금산이라는 개념이 적용될 수 있는 다양한 감각자료들이 존재하지 않기 때문이다. 마찬가지로 붉음, 둥긂, 매끄러움, 노랑, 타원형과 같은 직관의 내용들이 사과, 레몬의 개념과 결합하지 않을 때도 인식은 성립하지 않는다. 감각적인 표상들만으로는 대상을 형성할 수 없다. 이 표상들이 하나의 실체로 모일 때에만 인식작용이 일어난다. 하나의 개념을 제대로 찾아가지 못하는 표상은 눈먼 표상에 불과할 뿐이다. 이처럼 내용 없는 사고의 공허함과 사고 없는 직관의 맹목성을 지적함으로써 칸트는 **인식은 오성과 감성의 합동작전을 통해서 이루어진다**는 점을 강조한다.

이렇게 합동작전이 요구되는 인식활동에서 오류가 발생하는 이유는 무엇일까? 아마도 오성과 감성의 손발이 정확히 맞지 않지 않기 때문일 것이다. 칸트는 타당성이 없는 지식이 발생하는 책임을 감성보다는 오성에게 추궁한다. 감성은 수용적인 능력이므로 오류가 발생할 가능성이 전혀 없다. 감성적 한계 때문에 사물 자체를 만나지 못하는 것은 말 그대로 한계일 뿐 오류가 아니다. 감성은 시간과 공간이라는 허용된 형식 안에서는 충실하게 사물의 질료들을 우리에게 전달한다. 오류는 단지 감성이 날라다준 질료들에 오성이 12개의 범주들로 작업을 하는 과정에서만 발생한다.

오성이 감성의 질료에 만족하며 그 질료들만을 가지고 작업을 한다면 인식은 절대로 안전하다. 그런데 오성은 직관 없이도 개념작용을 하던 버릇을 못 고치고 직관의 영역을 넘어 초감성적 영역으로 가는 경우가 종종 있다. 따라서 오류 없는 안전한 인식의 길을 마련하기 위해서는 오성의 두 가지 사용을 구분해야 한다. 항상 직관을 동반하는 개념활동과 직관 없이 공허하게 활동하는 개념활동. 이와 같은 구별 때문에 오성에 대해 다루는 선험적 논리학은 크게 두 부분으로 나뉜다.

```
              선험적 논리학
             /           \
      선험적 분석론      선험적 변증론
```

분석론은 항상 직관의 내용이 있을 때만 활동하는 오성의 영역을 다룬다. 오성이 어떤 방식으로 작동해야 의미있고 올바른 인식이 생기는 것일까? 이것이 분석론의 가장 중요한 물음이다. 물론 이때 의미있다는 것은 객관적 타당성을 가진다는 것을 뜻한다. 이와 달리 변증론은 경험의 경계를 넘어가 직관의 내용도 없이 제멋대로 활동하는 오성에 대해 다룬다. 칸트는 재미난 표현을 써서 두 영역의 구분이 아주 중요하다고 말한다. 이런 구분은 잘못된 물음을 묻고 그런 물음에 심각하게 답하는 바보짓을 애초에 제거해 버리기 때문이다.

잘못된 물음이 만들어내는 한심한 상황은 칸트의 비유에 따른다면 이런 것이다. 어떤 사람이 숫염소의 젖을 짜는데 다른 사람이 그

밑에다 구멍이 숭숭 난 체를 갖다대는 상황. 수컷에서 젖이 나올 리 없고, 젖이 나온다 한들 구멍난 체로는 아무것도 받을 수 없다. 이런 상황은 바보들이 등장하는 「덤 앤 더머」(dumb and dumber)와 같은 영화에서나 연출되어야지 철학의 극장에 올릴 만한 것은 아니다.

올바른 물음을 던질 수 있다는 것은 그 자체로 훌륭한 하나의 능력이다. 잘못된 물음은 묻는 사람뿐만 아니라 그 잘못된 물음에 진지하게 반응하는 사람 역시 바보로 만든다. 오성이 멋대로 작용하면서 만들어낸 어리석은 질문에 무조건 답하려 한다면 구멍난 체로 숫염소의 젖을 받으려는 바보와 다를 바 없다. 제기된 모든 문제를 심각하게 숙고하기 전에 문제 자체가 답할 가치가 있는 것인지 숙고해 보아야 한다. 따라서 칸트는 분석론에서 먼저 오성이 안전하게 활동할 수 있는 인식의 울타리를 정한다. 그럼으로써 거짓문제가 발생할 가능성을 사전에 봉쇄한다. 그리고 변증론에서 오성이 멋대로 작용할 경우에 발생하는 거짓문제들을 살피고 이 문제들을 제거함으로써 철학사에서 거품처럼 부풀어 있는 거짓문제들을 말끔히 없애버린다.

칸트는 직관의 제한 없이 멋대로 행동하는 오성의 개념작용을 분석론의 오성(Verstand)과 구별하여 **이성**(Vernunft)이라고 부른다. 그는 분석론에서는 오성의 작용을 살피는 데 반해 변증론에서는 이성의 작용을 살핀다. 그가 『순수이성비판』에서 주된 관심을 가지고 다루는 것은 올바른 인식활동을 하는 오성능력이라고 볼 수 있으며 이 때문에 그 책의 진정한 제목은 『순수오성비판』이라야 마땅하다고 주장하는 전문가들도 있다.

분석론과 변증론 앞에는 선험적이라는 수식어가 붙는다. 그 이유는 "개념이 없는 직관은 맹목적"이라는 구절을 다시 떠올리면 알 수 있다. 우리는 개념 없이도 대상에서 촉발된 어떤 표상을 받아들일 수 있다. 하지만 개념 없이 촉발되어 우리에게 주어진 표상들은 맹목적이다. 뭔지 말로 설명할 수는 없지만 어렴풋이 느낀 것은 시인이나 작곡가에게 영감의 원천이 될 수 있다. 그러나 철학자에게는 소용이 없다. 특히 지금처럼 인식의 문제를 다루는 경우 맹목적 표상들은 철학적으로 무의미하다. 그래서 철학자들은 어떤 앎을 철학적으로 의미있게 다루기 위해서는 보편적이어야 하고 객관적 타당성을 지녀야 한다고 생각한다.

칸트 역시 보편성과 객관성을 목숨처럼 소중히 생각하는 철학자였다. 흄의 회의주의 바이러스 때문에 심하게 앓고 난 후였기에 더욱 그랬다. 칸트는 '선험성'만이 이 바이러스를 물리치고 인식의 객관적 타당성을 확보하는 강력한 백신이 될 수 있다고 믿는다. 따라서 분석론과 변증론을 수립하면서 인식의 선험성이라는 원칙을 견지하는 것이 매우 중요하게 되었다. 그렇다면 선험성을 통해서 어떻게 객관적 타당성이 확보될 수 있는가? 칸트는 선험적 분석론을 통해 이 물음에 분명히 대답한다.

오성의 개념을 발견하는 실마리

선험적 분석론은 오성이 안전하게 작동할 수 있는 메커니즘을 밝히고 있다는 점에서 진리의 논리학으로 불린다. 언제나 기계를 안전하게 작동시키려면 동봉되어 있는 매뉴얼을 잘 읽어보아야 한다. 매뉴얼에 제일 처음 실리는 것은 알다시피 기계를 이루는 부속품들의 이름이다. 이 제품은 이러저러한 부품들로 이루어져 있고 그 부품들의 명칭은 뭐라는 둥……. 부품들의 명칭을 제대로 알고 조립해야 하고 간단한 작동상의 트러블이 생겼을 경우에는 부품들의 상태를 확인해야 한다.

선험적 분석론에서 우리가 제일 처음 발견하게 되는 것은 경험 속에서 작동하는 오성의 부품들을 확인하려는 칸트의 욕구다. 어디서 음악소리가 흘러나오는지 호기심으로 가득 차서 라디오를 조심스레 분해하는 사람처럼 칸트는 오성의 요소들을 하나하나 분해해 본다. 오성의 부품들은 총 12개이며 이 부품들은 네 가지 종류로 분류될 수 있다. 이 부품들은 경험이 전혀 섞이지 않은 순수개념들로서 칸트는 이런 순수개념들을 범주라고 부른다.

오성의 범주
- 분량 — 단일성, 다수성, 전체성
- 성질 — 실재성, 부정성, 제한성
- 관계 — 실체/속성, 원인/결과, 상호작용
- 양상 — 가능/불가능, 현존/부재, 필연/우연

부품을 분류한 다음에는 각각의 부품이 어디에 쓰이는 것인지를 밝히는 작업이 그 다음 순서일 것이다. 이러한 작업을 우리는 정의(definition)라고 부른다. 철학자들은 원래 정의를 좋아하는 사람들이지만 특별히 근대철학자들은 정의를 사랑한다. 이것은 물론 수학자들의 영향 때문이기도 하다. 기하학을 떠올리면 쉽게 알 수 있듯이

워쇼스키 형제, 「매트릭스」, 1999년

인간 두뇌에 심어진 프로그램 때문에 우리가 그렇게 세계를 지각한다. 영화 「매트릭스」는 칸트의 선험적 범주를 헐리우드 버전으로 설명하고 있다. 물론 영화 속의 주인공과 달리 우리는 결코 깨어날 수 없다는 것이 『순수이성비판』의 결론이긴 하지만.

수학자들은 정의에 살고 정의에 죽는다. '직선은 두 점 사이의 가장 짧은 거리'와 같은 정의는 진리에 도달하는 얼마나 명쾌하고 산뜻한 방법인가! 신적인 권위에 기대어 진리에 도달하는 길을 완전히 봉쇄당한 근대철학자들에게 수학적 진리 추구의 방식은 너무나 매력적이었다.

하지만 칸트는 철학은 수학을 모방하여 정의에서 출발해서는 안 된다고 충고한다. "친애하는 동료 철학자 여러분, 수학은 정의에서 출발합니다. 허나 철학의 정의는 시작이 아니라 결론입니다. 지금 철학에는 부정확한 정의가 들끓고 있습니다. 부정확한 정의도 가끔 쓸모는 있습니다. 정의는 수학에서는 필연적인 것이지만 철학에서는 현재보다 나은 존재를 위해서 필요합니다. 그래서 철학의 정의는 희망적이고 정의에 도달하는 일은 아름답습니다. 매우 어렵기는 하지만! 그러나 여러분이 잊지 말아야 할 것은 부정확한 정의를 정확한 정의인 양 가장하여 출발점으로 우겨서는 안 된다는 사실입니다." (B759~760)

그러므로 칸트는 오성의 부품이 이거다, 저거다라고 전제하고 그 전제된 각각을 정의하는 방식을 택하지 않는다. 그는 먼저 우리의 판단형식을 살핌으로써 오성의 개념을 발견할 실마리를 찾아본다. 따라서 『순수이성비판』에는 오성의 12개념이 오기 전에 우리가 사용하는 다양한 명제들에서 분류해낸 12가지의 판단형식이 먼저 등장한다. 우리의 판단형식들은 4가지로 분류될 수 있다.

> 분량 — 전칭판단, 특칭판단, 단칭판단
> 성질 — 긍정판단, 부정판단, 무한판단
> 관계 — 정언판단, 가언판단, 선언판단
> 양상 — 개연판단, 실연판단, 필연판단

우리가 오성의 개념들을 사용해 하는 일은 판단뿐이다. 모든 판단에는 개념이 들어 있다고 말할 수 있으며 우리는 이렇게 결론을 지을 수 있다. "우리는 오성의 모든 작용을 판단들로 환원할 수 있다"(B94). 칸트는 판단들의 논리적 기능을 전부 다 표시함으로써 오성의 기능을 낱낱이 분석해낸다. 판단의 논리적 기능은 판단의 내용을 일단 무시하고 형식에 주목할 경우 쉽게 표시된다. 내용이 무엇이든 형식의 차원에서 보자면 모든 판단은 위의 논리적 형식들 중 하나라는 것이다. 먼저 분량의 차원에서 판단형식을 구분하면 다음과 같다.

> 1. 분량
> 　전칭판단 : 모든 A는 B다.
> 　특칭판단 : 어떤 A는 B다.
> 　단칭판단 : A는 B다.

예를 들면 '모든 사람은 죽는다'는 전칭판단이며, '어떤 사람은 학생이다'는 특칭판단이다. 그리고 '맑스는 철학자다'와 같은 판단은 단칭판단이다. 이 세 가지 판단형식은 주어개념을 술어개념에 연결시키는 양적인 판단형식이다. 즉 '모든', '어떤'과 같은 용어들은 주어의 양적 정도를 제한하면서 양적 차원에서 서로 다른 인식들을 비교하거나 평가할 수 있도록 만든다. 그 다음으로는 판단을 성질의 차원에서 구분할 수 있다.

2. 성질
- 긍정판단: A는 B다.
- 부정판단: A는 B가 아니다.
- 무한판단: A는 -B이다.

예컨대 '모든 사람은 포유동물이다'는 긍정판단이며, '철수는 학생이 아니다'는 부정판단이다. 무한판단은 '철수는 非학생이다'와 같은 판단으로 언뜻 보기에는 부정판단과 잘 구별되지 않는다. 그러나 부정판단의 경우에는 철수는 학생이라는 오류판단을 방지하는 역할을 하고, 무한판단의 경우에는 어떤 여집합을 포함한다. 즉 무한판단은 철수가 학생은 아니라는 제한을 통해 선생님일 수도 있고, 배우나 정치가, 그밖의 다른 것일 수도 있는 무한한 가능성을 표시한다.

3. 관계
- 정언판단: A는 B다.
- 가언판단: 만일 A가 B면, C는 D다.
- 선언판단: A는 B거나 C거나 D이다.

'맑스는 철학자다'는 정언판단이며, 이 경우 문제가 되는 것은 주어와 술어 사이의 관계이다. 가언판단과 선언판단의 경우에도 관계가 문제가 된다. 물론 이때에는 두 개 이상의 명제들 간의 관계를 다룰 뿐 명제 자체의 참, 거짓을 다루는 것은 아니다. 예를 들어 '만일 눈이 온다면 버스가 끊길 것이다'라는 가언판단에서는 명제 사이의 논리적 인과관계가 중요한 것이지 눈이 오는 것이나 버스가 끊기는 것 자체가 참이냐 거짓이냐는 중요한 문제가 안 된다. '꽃이 피거나 피지 않을 것이다'와 같은 선언판단은 두 개 이상의 명제들이 서로 상호(배타)적인 관계를 형성한다.

4. 양상 ┌ 개연판단: A는 B일 수 있다.
         ├ 실연판단: A는 B다.
         └ 필연판단: A는 B이어야 한다.

　개연판단은 논리적인 가능성을 표시하는 판단이다. 예를 들어 '우주에 다른 생명체가 존재할 수 있다' 가 그렇다. 실연판단은 '지금 비가 온다' 와 같은 것들이다. 이것은 현존성을 말한다. 필연판단은 '5+5=10' 과 같이 논리적 필연성을 표시한다. 세 판단들은 어떤 것이 존재하는 양상의 세 가지 경우를 다룬다.

　칸트는 이러한 12개의 판단형식을 실마리로 우리가 앞서 살펴보았던 오성의 순수한 개념 목록을 추출해낸다. 우리들은 어떤 순간에도 범주들을 사용하지 않고는 판단하거나 사고할 수 없다. 다시 말해 우리가 내린 어떤 판단이든 네 가지로 분류된 판단표의 세 가지 중 하나에 반드시 해당된다.

　'노무현은 대한민국 대통령이다' 라는 판단을 생각해 보자. 양의 측면에서 이 판단은 단칭판단이며, 성질의 측면에서는 부정하는 판단이 아니므로 긍정판단이다. 관계의 측면에서는 명제들 간의 관계를 문제삼는 것이 아니라 노무현이라는 주어와 대통령이라는 술어의 관계를 문제삼은 정언판단이다. 또한 양상의 측면에서는 그가 대통령에 당선되어 지금 대통령으로 현존하므로 실연판단이다. 물론 대선 전이었다면 그가 대통령 후보였으므로 우리는 '노무현은 대한민국 대통령이 될 수 있다' 는 개연판단의 형식을 택했을 것이다. 그러나 그가 대통령이라는 판단은 5+5=10과 같은 필연성을 가질 수는 없다. 이처럼 모든 판단은 양, 성질, 관계, 양상 각각의 판단형식들 중에서 반드시 하나에 해당되며, 우리의 오성활동 역시 이 판단표에서 도출된 범주형식들을 사용할 때만 가능하다.

그러나 여러분은 '범주와 판단이 무슨 연관이 있지? 흰 책상이라는 말을 생각할 때 이건 개념일 뿐 판단은 아니잖아?' 하며 고개를 갸우뚱할지도 모르겠다. 하지만 '흰 책상'이라는 개념에는 '이 책상은 희다'와 같은 여러 판단이 들어가 있다. 따라서 개념은 항상 일종의 판단이다. 물론 책상 개념이 그 자체로 범주는 아니다. 이것은 순수개념인 범주와 달리 경험적 개념이다. '흰 책상'에는 네 가지의 범주가 들어가 있으며, 우리는 '흰 책상'을 네 가지의 판단형식으로 다시 표현해 봄으로써 경험적 개념 속에 든 범주들을 찾아낼 수 있다. '흰 책상'은 '이 책상은 희다'이고 이것은 단칭판단, 긍정판단, 정언판단이므로 전체성, 실재성, 실체/속성의 범주가 들어가 있다. 또 우리가 눈 앞에 있는 흰 책상을 보면서 이 개념을 말했다면 실연판단을 한 것이므로 현존성이라는 양상 범주를 사용한 것이 된다.

칸트의 범주들은 판단의 논리적 기능들을 통해 오성의 작용을 목록화한 것이다. 칸트 이전에도 순수개념들을 범주표로 만든 아리스토텔레스와 같은 철학자가 있었다. 아리스토텔레스는 열 개의 순수개념으로 만들어진 범주표를 제시했다. 칸트는 아리스토텔레스를 따라서 자신도 순수개념의 목록을 범주라고 부르겠다고 말한다. 그러나 자신의 범주표가 아리스토텔레스의 것보다 우수하다고 주장한다. 아리스토텔레스는 작곡가가 광시곡을 짓듯이 떠오르는 순수개념들을 마구잡이로 모아 일단 열 개를 범주표로 만들었다. 그리고는 그 물에 남은 잔챙이 물고기를 거두는 어부처럼 나중에 잡아들인 다섯 개의 순수개념들로 후범주표를 만들었다.

칸트는 아리스토텔레스의 수집방법이 무원칙적이라고 불평한다. 범주의 수는 15개나 되지만 그 안에는 경험적 개념들과 같은 불순물들도 들어가 있고 꼭 들어가야 할 순수개념들 중 빠진 것들도 있다. 이렇게 불완전해서야 우리의 사고능력(판단능력)이 어떤 오성의 부품들로 이루어져 있는지 설명할 수가 없다. 칸트의 범주표에 대해서도 과연 우리의 사고능력이 그 범주들만으로 완벽하게 설명될 수 있는지를 의심하는 학자들도 많지만 칸트는 자신만만하게 말했다.

"나는 순수한 이성의 건축물을 세우는 데 필요한 체계의 기둥들(원리들)을 드디어 다 완비했습니다. 순수한 오성의 기둥 열두 개, 순수한 감성의 기둥 두 개. 이런 근본적인 기둥들만으로 집이 완성되는 것은 아닙니다. 나는 순수이성의 건축물을 혼자서 다 짓겠다는 것은 아닙니다. 내가 이 책에서 하려는 것은 체계의 완성이 아니라 체계에 대한 원리들을 완성하는 것뿐입니다. 이제 여러분은 범주들에 대한 명쾌한 정의를 기대하시겠지요. 그러나 이러한 정의를 나는 고의로 생략하고자 합니다. 이미 말씀드렸지만 철학에서 정의를 전개하는 일은 의혹과 공격만을 자아내기 때문입니다. 그러므로 정의 대신에 각각의 기둥들을 건물의 어디쯤에 세워야 할지를 알려주는 장소론(Topik)을 펼칠 것입니다." (B108~109)

프란시스코 고야(Francisco Goya), 「이성이 잠들면 괴물이 나타난다」, 1797~98년

계몽주의 전통의 계승자로서 칸트는 인간 이성에 최고의 권위를 부여했다. 인간의 이성이 잠들면 무시무시한 괴물이 나타날지도 모른다는 공포 때문에.

3. 객관적 인식의 가능성
— 선험적 연역

재판을 시작하기 전에 해야 할 일

순수이성비판은 순수이성의 모든 분쟁에 대한 참된 법정이라고 볼 수 있다. 비판은 직접 대상에 관련되는 분쟁에는 휩쓸리지 않는다. 그것의 본래 임무는 이성 일반의 권리를 이성 자신이 먼저 제정한 원칙에 의해서 규정하고 비판하는 데 있기 때문이다.(B779)

칸트는 철학의 고유한 재판소를 세우는 일을 일생의 과업으로 삼았다. "하늘에 계신 하느님 아버지 하늘에 그대로 계시옵소서. 저희는 이 땅에 그냥 있겠사옵니다"라고 자끄 프레베르가 노래했듯이 우리의 당당한 근대인 칸트는 신적 권위의 눈치를 살피는 일에 관심이 없었다. 그렇다고 신적 권위의 추락과 더불어 철학의 영역에서 갑자기 졸부가 된 경험에게 아첨할 생각도 없었다. 칸트는 신적인 하늘과 동물적이고 본능적인 땅 그 사이에서 인간의 자리가 어디인지를

루이스 하인(Lewis Hine), 「이카루스, 엠파이어 스테이트를 높이 오르다」, 1930~1931년

그리스 신화의 이카루스와 달리 근대의 이카루스는 가장 높이 올라갔을 때조차 땅에서 완전히 발을 떼지 않는다. 그러나 둘 다 추락하긴 마찬가지다. 고대의 이카루스는 태양의 열기에 날개가 녹아서, 그리고 근대의 이카루스는 자본의 비인간적 시스템에 현기증을 느끼며 땅바닥으로 곤두박질친다. 그는 뉴욕의 신비와 파리의 신비를 위해 "이 땅 위에 이대로" 있어야 한다. 그러나 이 세상의 끔찍한 불행들, 용병들, 고문담당자들만큼은 제발 그의 곁에서 멀리 떠나가기를.

묻고 싶어 했다. 철학의 고유한 재판소 설립은 그러한 인간의 자리를 마련하려는 시도와 관련이 있다. 인간의 이성은 신의 심판도, 경험이라는 배심원의 판결도 없는 자기만의 고유한 법정을 세워야 한다. 이성에 의한, 이성을 위한, 이성에 대한 재판소. 우리가 그런 재판소를 가지게 될 때만 우리는 신과 자연 사이에서 인간의 고유한 자리를 찾게 될 것이다. 이것만이 철학이 할 일이다. 칸트는 그렇게 생각했다.

칸트가 세운 이성의 법정에서 최초로 담당한 사건은 무엇일까? 그는 이성의 법정에서 우리가 절대적 진리라고 믿어 의심치 않았던 것들을 모두 소환해서 그것들의 정당성을 검사하고 심판하려고 했다. 그러나 다른 이들의 진리 주장을 법정으로 부르기 전에 반드시 먼저 해결해야 할 일이 있다. 그것은 법관 자신의 정당성 여부다. 공정한 재판이 이루어지기 위해서는 사건을 맡은 법관이 그 사건을 맡을 만한 자격이 있는지를 상급 법원에서 검사하는 것이 처음으로 할 중요한 일이다.

마찬가지로 이성의 법정에 처음으로 출두하여 이성의 검사를 받는 것은 이성 자신이다. 하지만 이때 검사는 법관이 선한 사람인가 악한 사람인가를 판정하는 것이 아니다. 우리가 민사소송을 해야 하는데 형사소송을 담당하는 법정으로 가거나, 형사소송을 하는데 헌법재판소로 가서는 제대로 된 재판을 받을 수 없다. 민사소송을 하기 위해서는 민사소송을 담당하는 법관을 찾아가야 한다. 법관의 자격 요건 검사란 바로 이런 의미이다. 칸트는 이성의 자격을 검사하면서 이전 철학자들이 관심을 가졌던 문제, 즉 이성의 본성이 선한가 그렇지 않은가를 조사하지 않는다. 그가 검사하는 것은 이성의 월권 여부이다. 형사소송을 맡은 법관이 헌법 재판을 하는 것이 월권이듯 이성이 제가 맡은 인식의 영역을 넘어가는 것은 월권이다. 우리는 **이성이 담당하는 영역을 분명하게 밝힘으로써 이성의 월권을 막아야 한다.**

법정용어로는 이런 자격요건 심사를 연역(Deduktion)이라고 한다. 칸트는 이성의 연역을 통해 이성을 검사하고 재판하는 절차를 거치려고 했다. 칸트가 설립한 순수이성의 법정이 동시대의 많은 사람들에게 대단한 매력을 주었음은 틀림없다. 슐레겔은 『아테나 신전』이라는 책에서 다음과 같이 말할 정도였다.

세속적인 이해에서는, 최근의 독일 저작들에 관심을 가지고 있는 누구나가 칸트주의자다. 학문적인 이해에서는, 칸트주의자는 오직 칸트가 절대적인 진리라고 믿고 있는 사람으로서, 만약 쾨니히스베르크로부터 오는 우편마차가 사고를 당하는 일이 생긴다면 몇 주 동안은 절대적인 진리 없이 살아가는 것이나 마찬가지라고 생각할 것이다.(『아테나 신전』, 단편 104)

그러나 철학의 진면목은 철학사에 대한 지식 획득에 있는 것이 아니라 비판적으로 사고하는 일에 있다고 생각했던 칸트는 그런 추종자들을 결코 달가워하지는 않았다. 칸트는 그들에게 항상 적의 독단과 궤변보다는 자신의 가슴 안에 숨어 있는 독단과 궤변을 더 두려워해야 한다고 말하기를 좋아했다.

선험적 연역은 이성의 자격요건 심사다

법학자가 권한과 월권에 대해 논할 경우 그는 하나의 소송사건에서 무엇이 합법적인가 하는 권리의 문제(quid juris)와 사실에 관한 문제, 이른바 사실의 문제(quid facti)를 구별한다. 그리고 양자에 대해 증명을 요구하는데, 권한 혹은 권리주장을 명시하는 전자의 증명을 연역이라고 한다.(B116)

이성이 지닌 권리의 문제를 다룰 때는 먼저 이성이 권리라고 주장하는 바가 무엇인지를 파악하는 일이 중요하다. 인간의 이성능력이 지닌 두 종류의 선천적 형식, 즉 감성과 오성을 사용하면 외부 대상들에 대해 객관적으로 인식할 수 있다. 다시 말해 인간 이성은 자신의 인식이 객관적이라고 주장할 수 있는 권리 혹은 자격을 갖추고 있다.

순수이성의 법정이 열리고 있다고 한번 상상해 보자. 이성의 권리주장에 대해 담당검사는 의문을 제기할 것이다. "단지 우리 안의 인식능력에 불과한 감성과 오성에서 만들어진 지식을 객관적이라고 말하는 것은 억지 아닙니까?" 담당검사의 집요한 추궁에 대해 이성의 변호인 측에서는 설득력 있는 변론을 준비해야 한다. "먼저 검사님의 물음을 간단하게 표현하자면 이런 것이지요. **어떻게 사고의 주관적 조건이 객관적 타당성을 가질 수 있는가?** 본 변호인은 이성의 권리주장이 정당하다는 것을 밝히기 위해 두 번의 변론을 준비했습니다."

이 재판은 6년이라는 오랜 기간이 걸렸다. 이성을 위한 첫번째 변론은 『순수이성비판』 초판의 '선험적 연역'(1781)이라고 불린다. 이성을 위한 두번째 변론은 재판본의 '선험적 연역'(1787)인데, 칸트는 첫번째 변론과는 또 다른 방식으로 이성의 권리를 옹호하기 위해 심혈을 기울였다. 그는 이성의 권리주장의 정당성을 밝히는 일을 얼마나 중요하게 생각했던지 '선험적 연역'(transzendetale Deduktion)을 『순수이성비판』의 심장이라고 표현할 정도였다. 우리는 지면관계상 이성의 유능한 변호사 칸트씨의 첫번째 변론만을 간단하게 살펴볼 것이다.

주관적 인식능력이 객관성을 가질 수 있다는 주장을 변호하기 위해 칸트가 제일 먼저 착수한 일은 우리의 인식능력 중 연역이 필요한 부분과 불필요한 부분을 나누는 것이었다. 감성의 형식인 시간과 공간에는 연역이 필요하지 않다. 지금 여기에 브라운 색깔의 책상이 하나 있다고 하자. 이 책상은 반드시 언제(시간)와 어디에(공간)라는 형식을 띠고 우리에게 인식된다. 이 마음의 형식 없이는 어떤 표상도 인식할 수가 없으므로 그 형식의 외부에 존재하는 객관성이란 것은 있어봐야 증명할 도리가 없다. 이것은 책상 그 자체는 우리 마음의 시간·공간 형식이 포착한 것과 다를지도 모르므로 우리가 인식한 브라운 책상은 객관적인 것이 아니라고 아무리 주장해 봐야 소용없다는 소리이다.

따라서 시간과 공간에 대해서는 객관적 타당성이 있는지의 여부를 연역하지 않는다. 그것은 법정에서 완전히 미궁에 빠진 사건을 가지고는 더 이상 수사를 진행시키거나 판결을 내리지 않는 것과 마찬가지다. 혹은 이성의 상급기관에서 담당법관(시·공간)을 결코 바꿀 수 없는 상태에서 그 법관을 심사해 봐야 아무런 소용이 없는 것과 마찬가지다. 시·공간의 형식을 떠나서는 어떤 표상도 가능하지 않기에 분쟁의 소지가 없는 것이다. 이 문제에 대해서는 누구도 소송을 제기하지 않는다. 이처럼 소송이 제기되지 않는 문제에 굳이 연역이라는 법적 절차를 적용한다면 그는 어리석은 사람이다. 칸트의 말처럼 시·공간의 "순수하고도 합법적인 출생에 관해서는 새삼스럽게 철학에서 신임장을 받을 필요가 없다."(B120)

그러나 **범주의 적용에는 연역이 필요하다**. 우리 앞에 놓인 것을 브라운 빛깔의 책상이라고 인식하는 데는 범주의 작용이 들어간다. 시간과 공간은 연역이 불가능하므로 연역이 필요하면서 동시에 연역이 가능한 것은 범주 형식뿐이다. 범주의 경우 연역이 필요한 이유는 무엇일까? 시·공간의 작용과 범주의 작용이 경험의 차원에서 분리되지는 않지만 논리적 분석의 차원에서는 분리해 볼 수 있다. 이렇게 분석을 해보면 범주는 시·공간에 의해 이미 처리된 재료들에 간접적으로 작용한다는 사실이 드러난다.

칸트는 범주의 간접성 때문에 범주의 객관성을 검토할 연역이 반드시 필요하다고 생각한다. 그런데 그가 무조건 범주 작용의 객관성을 믿어라! 이렇게 말했다면 그것은 독단이 될 것이다. 그렇다면 칸트가 그토록 비판했던 다른 독단철학자들과 다를 바가 없어진다. 범주가 객관적으로 작용한다는 것을 경험적 사례를 통해 보여줘라!

그가 이렇게 말한다면 경험론자들과 다를 바가 없어진다. 이미 흄이 말했듯이 경험적 사례들을 모아서는 어떤 보편타당성에도 도달할 수가 없다.

결국 남아 있는 가능성은 하나이다. 경험 과정에서 범주가 객관적으로 작용한다는 것을 **선험적으로** 보여줘야 한다. **범주라는 형식이 없다면 어떤 종류의 객관적 경험도 절대 불가능하다.** 이 명제를 증명하는 절차가 선험적 연역이다. 이 증명의 과정은 우리 인식활동이 무엇을 전제하는지 설명하는 과정이기도 하다. 우리는 이 과정을 경험적 사실로 확인할 수는 없다. 이것은 일종의 논리적 가정일 뿐이다. 하지만 그런 가정이 없다면 어떤 방식으로도 인식이 가능하지 않다는 사실이 중요하다. 칸트는 객관적 인식을 가능하게 하기 위해서 우리가 필연적으로 전제해야만 하는 요소들을 뽑아내고 이것들을 인식의 "세 가지 주관적 원천"이라고 부른다. 그가 상정한 인식의 세 가지 원천은 **감관**(Sinn), **구상력**(Einbildungskraft, 상상력으로도 번역된다), **통각**(Apperzeption)이다.

세 요소들은 경험적 차원과 선험적 차원에서 모두 이야기될 수 있다. 먼저 우리는 경험 속에서 경험적 표상의 내용을 가진 감관, 경험적 구상력, 경험적 통각을 발견한다. 그러나 칸트는 한 걸음 더 나아가 선험적인 차원에서 이 세 가지의 근거를 찾아야 한다고 말한다. 만일 경험의 가능 근거가 경험 속에 있다고 말하면 어떨까? 칸트는 이런 발상이 비슷한 나이 또래의 아이들을 모아놓고 그 중에서 그 아이들의 엄마를 찾는 것만큼이나 엉뚱한 짓이라고 생각할 것이다.

경험을 가능하게 하는 근거는 반드시 경험과는 다른 것에서 찾아야 한다는 뿌리 깊은 믿음 때문에 칸트는 늘 경험의 선천적인 요소를 언급한다. "우리에게 경험적 감관, 경험적 구상력, 경험적 통각이 있다면 반드시 그것을 가능케 하는 선험적 근거가 있어야만 합니다. 그것은 **순수직관, 순수한 구상력, 순수한 통각**입니다. 우리의 인식활동은 순수한 세 요소들의 다음과 같은 활동을 통해 구성됩니다."

① 직관(감관)에서의 각지
② 구상력에서의 재생
③ 개념에서의 재인

인식의 세 가지 활동 — 각지, 재생, 재인

직관에서의 각지

우리가 아주 달콤한 사과 한 알을 경험한다고 해보자. 반드시 시간과 공간의 형식을 통해 사과라는 표상이 우리에게 나타난다. 즉 빨간 사과가 어느 가을날 오후 다섯시 사과나무 아래 혹은 이른 아침 내 책상 위와 같은 경험적 시간·공간에서 분리되어 경험될 수는 없다. 또한 사과의 다양한 감각 내용들, 달콤하다·둥그렇다·빨갛다 같은 경험적 내용들 없이 사과가 경험될 수는 없다.

이런 경험적 감관들이 우리에게 들어올 수 있는 것은 순수직관인 시간과 공간의 형식이 우리 안에 이미 내장되어 있기 때문이다. 빨갛다거나 매끄럽다거나 하는 내용들에는 시간적 계기와 공간적 형식이 반드시 들어간다. 빨강이나 둥긂을 공간화하지 않고 지각할 수 있는 마술은 없다. 한순간 한순간의 시간적 계기 없이 이것들을 지각할 수 있는 마술도 역시 없다. 사과를 경험하지 않고 단지 머릿속에 떠올릴 때조차도 우리는 시간적 계기 없이 떠올릴 수 없다.

그래서 우리는 이렇게 결론을 지을 수 있다. 경험하는 것이 사과이든 오렌지든 각각의 경험 내용에는 언제나 특정한 시간계기와 공간형식을 가진 경험적 직관이 들어간다. 그리고 이런 특정하고 구체적인 경험적 직관이 가능하려면 그것의 근거가 되는 순수직관이 필요하다.

이어서 칸트는 순수한 시간적 계기와 공간적 형식이 어떻게 우리의 구체적인 경험내용 속에서 작용하는지를 설명한다. 사과표상에는 둥글다·빨갛다·표면이 매끄럽다 등 다양한 지각들이 하나로 종합되어 있다. 각각의 지각들이 구별된 채로 있으면서 동시에 함께 표상될 수 있어야만 우리는 사과라는 표상을 떠올릴 수 있다. 즉 둥긂·빨강·매끄러움 등은 공간적으로 함께 모이고 시간적으로 동시에 주어져 사과라는 표상을 만든다. 이것을 칸트의 표현으로 고쳐보면 다음과 같다. **시간·공간의 형식 속에서 다양한 지각들이 종합적으로 각지**(Apprehension, 포착이라고도 번역된다)**될 때만** 사과라는 표상은 가능하다.

그런데 붉음, 둥긂, 매끄러움과 같이 지각된 표상들을 하나로 모으는 종합작용에는 한 가지 곤란한 점이 존재한다. 각기 다른 시간에 공간의 다른 부분을 차지하는 것으로 우리가 지각하는 붉음, 둥긂,

매끄러움을 시간적으로, 공간적으로 동시에 모으는 작업이 어떻게 가능하냐는 것이다. 예를 들어 우리가 방금 본 사과는 사과나무 가지 꼭대기에 한 알만 달랑 달린 사과였다고 하자. 이 나무의 기둥은 갈색이다. 우리는 사과나무를 한 번에 포착하지만 빨간색과 갈색은 공간의 서로 다른 부분을 차지하고 있다. 그리고 우리가 빨간색을 지각하는 순간과 갈색 밑둥을 지각하는 순간은 아주 간발의 차이기는 하지만 서로 다른 순간이다. 빨간색의 공간과 갈색의 공간은 각기 다른 시간에 귀속되어 있다고 말할 수 있다.

따라서 서로 다른 공간조각을 모으는 일은 서로 다른 공간을 표상하는 각각의 시간조각들을 모으는 일에 다름 아니다. 그러므로 한 사물을 공간적으로 표상할 수 있는 가능성은 서로 다른 시간의 조각들을 동시에 모을 수 있는 가능성에 전적으로 달려 있다. 칸트는 이런 점에서 **시간을 모으는 작용, 즉 종합작용이 가장 근원적인 작용**이라고 말한다.

그러나 문제는 여기에 있다. 시간의 조각들을 동시에 모으는 것은 불가능한 듯 여겨진다. 어떻게 우리가 2초 전의 시간과 1초 전의 시간, 흘러가버린 시간들을 지금 이 순간에 한꺼번에 모을 수 있다는 말인가? 칸트에 따르면 이 불가능해 보이는 일이 우리의 감관에서 각지(사물을 포착하는 방식)를 통해서 일어나고 있다. 그런데 각지가 가능하려면 또 다른 능력이 전제되어야만 한다. 그는 **상이한 시간대를 동시(同時)로 만드는 능력**, 즉 각지를 가능하게 하는 필수적인 능력으로서 구상력을 제시한다.

구상력에서의 재생

사과 표상은 붉음, 둥굶 등등의 성질이 동시에 하나로 포착되어 모인 것이다. 그런데 칸트는 둥굶을 지각하는 동시에 붉음을 지각할 수 없다고 생각한다. 왜냐하면 우리는 감각을 통해서 개별적인 낱낱의 성질을 수용하며 그 성질을 한 번에 딱 하나만 수용할 수 있기 때문이다. 그리고 먼저 생긴 시간 속의 표상은 다른 시간의 표상이 생겨나면 달아나 버린다. 그러니 둥굶을 지각하는 순간 덧없이 사라져 버리는 붉음을 어떻게 붙잡을 것인가? 이 재빠르게 달아나는 붉음, 둥굶 등을 붙잡을 수 있어야만 달콤하고 빨간 사과라는 전체적 표상이 가능할 것인데 말이다.

따라서 그는 붉음을 지각하지 않는 순간에도 붉음을 보존할 수 있는 능력의 필요성을 느낀다. 하지만 그 능력이란 그다지 복잡한 능력은 아니다. 하나의 성질이 새겨진 시간표상이 사라졌을 때 그 표상을 다시 기억하는 능력만 있으면 된다. 달리 표현하면 이 **기억의 과정은 재생**(Reproduktion)**의 과정이고 재생하는 능력은 구상력**(상상력으로도 번역된다)이라고 부를 수 있다.

지금 눈앞에 푸른 바다가 없는데도 예전에 본 바다를 떠올릴 수 있는 것은 바다의 이미지를 재생해내는 상상력 즉 구상력 때문이다. 마찬가지로 둥글다는 표상을 지각하면서 그 순간에 사라지고 없는 붉음, 매끄러움 등의 표상을 상상할 수 있기에 사과를 전체적으로 포착하는 각지작용이 가능하다. 이때 상상이란 없었던 것을 아무렇게나 상상하는 것을 뜻하지는 않는다. 둥글다는 표상을 지각하면서 우

마르크 샤갈(Marc Chagall), 「나와 마을」, 1911년

구상력은 인식작용에서 필수 불가결한 능력이지만 한편으로는 굉장한 골칫거리이기도 하다. 구상력은 사랑스럽지만 제멋대로인 장난꾸러기와 같다. 파스칼은 "상상은 오류와 과오의 지도자"라고 걱정스럽게 말한다. 칸트도 구상력의 기억과 연상작용이 허황된 상상으로 변질될 것을 염려하며 "구상력의 활동에는 반드시 규칙의 지배가 필요하다"고 거듭 강조한다. 그러나 예술가의 상상은 규칙의 지배에서 벗어나 상상이 곧 규칙이다라고 선포하는 것만 같다. 칸트 자신도 후일 구상력의 미적 활동을 따로 다루어야 할 필요성을 느끼고 있었을 것이다.

리가 이미 지각했던 붉음의 표상을 되살린다는 의미에서 그것은 재생활동을 뜻한다. 이와 같은 재생활동이 경험에서 가능한 것은 선험적 구상력이 존재하기 때문이다. 선험적 구상력에는 재생적 구상력 이외에도 도식을 산출하는 생산적 구상력이 포함된다. 생산적 구상력에 대해서는 조금 후에 도식 부분에서 다루기로 하자.

구상력의 재생활동은 기억과 연상작용을 뜻한다. 즉 구상력의 재생활동은 항구적인 규칙에 따라 일어나는 일종의 연상활동이기도 하다. 규칙의 지배가 없이 연상작용이 이루어진다면 우리의 삶은 일대 혼란에 빠질 것이다. 칸트는 당시 숙녀들의 드레스를 붉게 물들이는 데 자주 사용되던 주사(cinnabar)라는 염료의 예를 든다(A100). 이 염료는 선홍빛을 지닌 무거운 광물이다. 따라서 주사를 보면 선홍빛과 동시에 무거움이 규칙적으로 연상된다. 만일 이 염료의 선홍빛에 무거움의 성질이 재생되는 대신 솜과 같은 가벼움이 재생된다면 쾨니히스베르크의 숙녀들은 당황할 것이다. 더 나아가 연상작용이 멋대로 일어나 여름날 땅에 눈과 얼음이 덮인다면? 사람의 모습이 이 동물에서 저 동물로 바뀐다면? 우리의 삶은 그야말로 엉망진창이 될 것이다. 따라서 우리가 경험하는 현상들의 규칙적인 안정성을 위해서 **구상력의 활동에는 규칙의 지배가 필연적으로 요구된다.**

개념에서의 재인

흄이 직관의 포착과 구상력의 재생에 대한 칸트의 설명을 들었다면 뭐라고 논평을 할까? 흄은 빈정거리는 어조로 붉은 드레스를 입은 쾨니히스베르크의 숙녀들 앞에서 칸트에게 이렇게 말할 것이다. "이 봐요. 고명하신 철학자 양반, 어제 드레스를 물들인 주사(朱沙)가 붉고 무거웠다고 해서 오늘 드레스를 물들일 주사도 붉고 무겁다는 것을 누가 보장할 수 있겠소? 좀더 철학적으로 표현해 봅시다. 모든 표상(관념)은 각각이 다른 시간과 공간을 가진 표상인데, **지금 보고 있는 대상의 표상이 과거의 표상과 동일하다는 것을 무슨 권리로 주장할 수 있겠소?**"

내 앞에 빨간 사과(A1)가 하나 있고 잠깐 고개를 돌렸다가 다시 보니 빨간 사과(A2)가 있었다. 이때 고개를 돌리기 전의 사과와 다시 본 사과가 같은 사과라고 주장할 권리가 없다는 것이 흄의 생각이다. 이와 달리 칸트는 우리 인식에는 두 사과(A1, A2)의 표상이 같다고 알아보는 작용, 즉 개념의 재인(Rekognition)작용이 있다고 주장한다. 만일 개념의 재인이 전제되지 않으면 구상력의 재생도 불가능하다. 그리고 재생이 불가능하다면 포착도 불가능하므로 결국 경험 자체가 불가능하게 된다.

개념의 재인이 없다면 구상력의 재생이 불가능한 이유는 이렇다. 둥긂과 붉음을 한꺼번에 포착하여 사과 표상을 만들려면 일단 내가 재생한 붉음(R2)이 내가 조금 전에 지각한 그 붉음(R1)의 표상이어야만 한다. 즉 양자가 똑같은 붉음이라고 인정할 수 있을 때만 우리는 재생했다고 표현할 수 있다. 앞에서는 장미의 빨간빛을 떠올리고 그 다음에는 사과의 빨간빛이라는 앞선 것과 다른 표상을 떠올리고 나서 그걸 표상의 재생이라고 말할 수는 없다. 그러니 표상의 재생이 가능하려면 재생된 표상과 이전 표상의 동일성을 확보하는 재인활동이 있어야 한다.

이 재확인의 작업은 **어떤 규칙(Regel) 즉 개념의 지도에 따라** 일어나야 한다. 둥글고 빨간 사과와 타원형의 노란 레몬이 식탁에 함께 놓여 있다고 해보자. 이때 '사과'라는 개념으로 빨강, 둥굶의 표상이 모이고 '레몬' 개념으로는 타원형, 노랑이 모여들어야 사과나 레몬에 대한 인식이 가능하다. 사과, 레몬과 같은 개념들은 일종의 규칙이며, 재확인 작업은 늘 이러한 규칙의 지배 하에서 일어난다. 만일 규칙이 없어 고개를 잠깐 돌렸다가 다시 볼 때 노랑을 둥굶과 함께, 타원을 빨강과 함께 모은다면 재인의 작업은 불가능하다.

우리가 든 예에서 주의할 것은 사과, 레몬은 범주 즉 순수개념은 아니라는 점이다. 그것은 경험적 개념이고 이 개념들이 직관에서 포착된 다양한 성질들(붉음, 둥굶, 노랑 등)을 모으는데, 이 경험적 개념들의 모든 활동들이 가능한 것은 순수개념들의 활동이 전제되어 있기 때문이다. 지금까지 예로 든 경험활동에는 경험적 개념의 가능근거로서 순수개념인 범주들, 즉 전체성, 실재성, 실체성, 현존성 등 각각 분량, 성질, 관계, 양상에 해당되는 범주들이 전제되어 있다는 사실을 잊지 말아야 한다. 칸트가 설명하고자 한 것은 경험에서 작동하는 범주들의 필연성이기 때문이다. 우리가 이런 예를 든 것은 범주가 경험과 분리된 차원에서 작동하지 않기 때문이다. 우리가 범주의 작용을 설명할 때 경험적 개념들의 작용과 분리시켜 구체적으로 표현하기는 힘들다.

세 가지 종합활동의 근거 — 선험적 통각

지금까지의 논의를 한 마디로 정리해 보자. **우리의 경험이 가능하기 위해서는 직관에서의 각지, 구상력에서의 재생, 개념에서의 재인이라는 세 겹의 종합활동이 전제되어야 한다.** 칸트는 여기에서 더 나아가 세 겹의 종합활동을 가능케 하는 근거를 다음과 같이 상정한다.

> 개념의 재확인 작업은 일종의 종합작용, 그러니까 통일작용이라고 할 수 있습니다. 그런데 개념 하에서 직관의 다양한 질료들을 모으는 이 통일작용을 위해서는 **보다 근원적인 통일성**(die ursprüngliche Einheit)**인 선험적 통각**이 전제되어야만 합니다. 이런 선험적 통각이 없다면 우리는 객관적인 경험에 대해서 한 마디도 말할 수가 없습니다.(A106~125 참조)

칸트가 여기서 객관적 경험의 근거로 제시하고 있는 선험적 통각(Apperzeption)은 말 그대로 '지각(perzeption)에 덧붙여진(Ap) 것' 이다. 지각된 표상에 덧붙여지는 것은 무엇일까? '이 사과는 빨갛다' 는 '이 사과는 빨갛다고 나는 생각한다' 는 말이다. 여기서 알 수 있듯이 모든 종류의 표상에는 항상 '~라고 나는 생각한다' (통각)가 덧붙여진다. 통각이란 쉽게 말해 모든 표상에 동반하는 나라는 의식, 즉 자기의식이다.

그런데 칸트의 이런 표현은 종종 오해를 불러오기도 한다. 칸트의 통각을 데카르트가 말한 '생각하는 자아'나 기독교의 영혼과 동일시하는 것이다. 그럼 칸트가 새로울 게 뭐 있나? 다 예전 철학자들이 한 소리인데……. 칸트의 선험적 통각에 대해 이런 식의 오해를 하게 되는 것은 '지각에 덧붙여진다'는 말을 제대로 이해하지 못했기 때문이다.

선험적 통각은 우리의 지각에 늘 따라다니는 영혼 같은 것이 아니다. 그것은 **직관의 다양한 질료들을 여러 가지 개념(규칙) 아래 모으는 통일작용(재인작용)을 위한 근원적 통일작용**이다. 근원적 통일작용은 개념들이 행하는 통일작용에 항상 덧붙여지지만 데카르트의 코기토나 기독교의 영혼처럼 개념작용과 따로 분리되어 존재할 수 있는 건 아니다. 다시 말해 **선험적 통각은 순수한 활동성이지 사물이 아니다.**

칸트 전문가들은 이 점이야말로 칸트철학의 혁명적인 면모를 보여주는 것이라고 말한다. 데카르트나 다른 합리론자들은 '생각하는 나' 안에 신이 준 개념 즉 본유관념이 들어 있다고 생각한다. 데카르트의 비유를 따르면 본유관념은 신이 우리의 정신 속에 찍어둔 도장자국이다. 합리론자들은 이 도장자국을 꺼내서 신이 자연에 찍어둔 도장과 대조해 보는 것이 인식이라고 생각한다. 그들에게 인식이란 마치 우리가 은행에 가서 도장을 대조할 때의 확인작업과 같은 것이었다.

하지만 칸트는 인식을 그런 대조작업으로 생각하지 않았다. 그는 경험을 근거짓는 순수개념들을 상정할 필요를 느끼긴 했지만, 그 개념들에 활동성을 부여하고 싶어했다. 즉 자연 속에 이미 들어 있는 규칙들을 확인하는 데 쓰는 도구가 아니라 자연 자체에 규칙을 부여하는 일종의 활동이나 행위이길 바랐다. 따라서 그는 물건을 보관해두는 데 필요한 창고처럼 개념을 보관하는 창고 같은 사물화된 영혼을 상정할 아무런 이유가 없었다. 그에게는 단지 다양한 개념활동을 가능케 하는 근거로서의 활동성을 의미할 뿐인 자아가 필요했으며, 그런 자아는 활동작용과 분리되어 따로 작용하는 실체가 아니었다. 이것은 "칸트에 이르러서야 비로소 개념이 죽은 그림이 아니라 살아 있는 활동"(김상봉, 『자기의식과 존재사유』, 68쪽), 창조적인 활동이 되었음을 의미한다.

선험적 통각은 개념의 재인작업을 가능케 하는 근거일 뿐만 아니라 동시에 재생과 각지의 근거이기도 하다. 내가 재생하고 포착한 붉음이나 둥긂은 나의 재인작용이 전제될 때만 가능하고, 이 재인작용은 선험적 통각이 전제될 때만 가능하기 때문이다. 이것은 선험적 통각은 세 겹의 종합작용이 가능하기 위한 근원적 근거로서 필연적으로 전제되어야만 함을 의미한다. 또한 **선험적 통각은 객관적 경험의 근거**이다. 여기서 '객관적'이란 표현에 주목할 필요가 있다. 왜냐하면 경험의 객관성이 흄과 칸트의 견해를 결정적으로 구분짓는 지점이기 때문이다. 사실 흄의 철학을 따른다고 해서 경험이 불가능한 것은 아니다. 즉 선험적 통각을 상정하지 않아도 경험은 가능하다. 흄은 경험적인 규칙에 따라 우리가 지각하는 질료들을 통일함으로써 경험이 생겨난다고 말한다. 이때 경험적 규칙은 칸트가 본 것처럼 순수개념의 규칙에 근거한 것이 아니라 일종의 심리적 습관에서 비롯

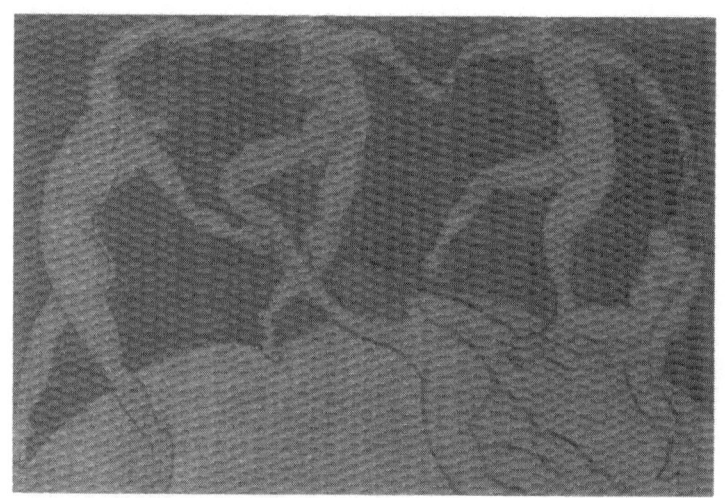

앙리 마티스(Henri Matisse), 「댄스」, 1910년

"우리는 어떻게 춤추는 사람을 춤으로부터 구별할 수 있는가?"(예이츠, 「어린이들 사이에서」) 이와 마찬가지로 생각하는 자아(선험적 통각)를 어떻게 범주나 직관의 활동과 구별할 수 있겠는가? 자아는 활동과 분리된 채 사물처럼 존재할 수는 없다. 이 점에서 칸트는 생각하는 자아를 실체화하는 데카르트를 공격했다. 후일 칸트는 선험적 통각의 실체성 때문에 니체에게 공격당한다. 선험적 통각이 활동 그 자체를 뜻하더라도 그 활동이 다른 것들과 무관하게 존재할 수 있다면 그것은 또 하나의 실체성을 가정하는 셈이 된다. 그러므로 시인은 다시 노래해야 한다. 우리가 어떻게 춤의 몸짓을 그 몸짓이 가르는 공기와 그것을 바라보는 눈빛들과 구별할 수 있는가?

된 것이다. 사과 개념을 붉음, 둥긂과 결합시키는 필연적 규칙이 있는 것이 아니라 단지 매번 붉음과 둥긂을 동반하면서 나타났기 때문에 습관적으로 그렇게 결합시킬 뿐이라는 것이다.

우리의 표상이 심리적 습관의 결과라는 생각은 칸트의 선배철학자들에게는 일반적인 것이었다. 볼테르와 같은 이는 이렇게 말한다. "쓰고 읽는 것을 배우듯이, 우리는 보는 것을 배운다. 태어나서 어느 정도 성장하면 우리 모두는 대상들의 거리, 크기, 위치에 대해서 거침없이 그리고 쉽사리 합당한 판단을 내리게 되는데, 이로 말미암아 우리는 사물을 이런 식으로 보기 위해서는 단지 눈만 뜨면 된다고 믿는다. 그러나 이러한 믿음은 틀린 것이다." 우리는 배우고 연습하지 않으면 사과와 그 사과를 똑같이 찍은 사진을 구분할 수 없다.

'설마, 눈에 문제가 없는 이상 어떻게 평면과 3차원을 구별하지 못하겠어?' 라고 생각하는 것은 완전한 착각이다. 2차원과 3차원의 구별이란 생각처럼 간단한 일이 아니다. 어린 아이들은 자꾸 거울 속으로 손을 뻗치고 그 속으로 들어가려고 하지만, 그 아이들의 시력에는 전혀 문제가 없다. 우리의 지각이 교육과 습관의 결과라는 생각은 칸트 시대에 이미 경험적으로 입증되었다. 1728년 영국 체슬든에서 14세의 맹인소년이 수술을 통해 시력을 회복했다. 그런데 그 소년은 손으로 만져서는 사물이나 거리의 차이를 지각할 수 있었지만 눈으로는 구별할 수 없었다. 그가 보는 학습을 하지 않았기 때문이다. 이 결과, 공간조차도 경험적 학습의 산물이라는 주장이 대두되었다. 맹인소년의 사례는 공간을 태어날 때부터 주어진 본유관념이라고 주장했던 합리론자들이 주춤하고, 모든 것을 경험의 산물로 주장하는 경험론자들이 철학계에서 의기양양하게 득세하는 계기가 되었다. 그리고 이런 경험론의 득세 하에서 흄은 습관과 교육에 의거한 경험적 규칙만으로도 일상의 경험이 충분히 가능하다고 주장할 수 있었던 것이다.

그렇다면 경험과 관련해서 흄의 회의란 뭘 말하는 걸까? 그것은 경험의 필연성에 대한 회의이다. 흄은 우리가 유용성 때문에 특정한 습관을 가질 뿐이며 그 습관에 따라 기대하고 행위한다고 주장한다. 경험에는 어떤 필연성도 없다. 흄에 따르면 물이 '반드시' 100°C에서 끓는다고 말할 수 없다. 단지 물을 가열할 때마다 100°C에서 끓었기 때문에 우리는 심리적 습관에 따라 다음에도 100°C에서 끓을 거라고 기대할 뿐이다. 기대했던 대로 이번에도 역시 물이 100°C에서 끓었을지라도 다음에 또 그러리라는 필연성은 경험 속에 들어 있지 않다. 달리 말해 우리는 물이 끓는다는 것을 경험할 수는 있지만 '반드시'를 경험할 수는 없다.

경험주의자들의 주장대로 경험적 자아만으로는 필연성이나 객관성에 대해 한 마디도 말할 수 없다. 앞의 예에서 고개를 돌렸다가 다시 본 사과와 그 전의 사과가 같은 사과임을 재확인해 주는 것은 경험적 나, 철학적 용어로 표현하면 경험적 통각이다. 그러나 흄이 정확히 지적했듯이 경험적 통각의 차원에서는 아무런 필연성도 얻을 수 없다. 조금 전 사과를 경험한 나와 지금 사과를 경험한 내가 '동일한 나'로 통일될 때만 재인작업은 성공할 수 있는 것이다. 따라서 무수히 존재하는 경험적인 나를 통일하는 선험적 통각이 있어야 한다. 우리가 '반드시'를 보거나 만진 적이 없음에도 불구하고 자신있게 '반드시' 물이 100°C에서 끓는다거나 '반드시' 물체는 낙하운동을 한다고 말할 수 있는 정당성은 선험적 통각에 의해 생겨난다.

"누가 '반드시'를 보고 만졌는가? 누가 '반드시'를 경험했나?"라는 물음에 흄은 다음과 같이 대답한다. "아무도 그럴 수 없으니 우리는 정직하게 고백해야 합니다. 경험에는 필연성이 없다고." 그러나 칸트는 정반대로 대답한다. "아무도 '반드시'를 경험한 적이 없음에도 그토록 당당하게 우리가 '반드시'를 외칠 수 있다는 사실에는 하나의 진실이 담겨 있음을 고백해야 합니다. **경험에는 '반드시' '항상' '언제나'라고 말할 권리를 주는 선험적 조건이 들어 있다고.**"

선험적 연역이란 어떤 객관적인 경험도 각지, 재생, 재인이라는 종합활동과 그 종합활동의 근거인 선험적 통각을 전제하지 않고서는 불가능하다는 것을 보이는 과정이다. 『순수이성비판』 재판본의 '선험적 연역' 역시 초판본과 동일한 의도에서 서술된다. 칸트는 재판본에서는 이렇게 표현한다. "**범주가 경험의 조건이며 동시에 대상의 조건입니다.** 우리는 단지 머릿속에 있을 뿐인 범주를 가지고 외부대상에 대한 객관성을 주장할 권리가 우리에게 과연 있는지 물었습니다. 그 대답은 다음과 같습니다. 우리는 범주를 통해서만 객관적인 경험을 할 수 있고 그 경험을 통해서만 대상을 인식할 뿐입니다. 경험에 이르는 그밖의 길은 없습니다. 그러니까 범주가 객관적 경험의 조건이기만 하다면 동시에 객관적 대상의 조건이 될 수 있습니다."(B165~166)

여전히 우리의 의문은 남아 있다. 모름지기 객관성이라면 사물 그 자체를 그대로 알 때만 말할 수 있는 것 아닐까? 그러나 칸트에 따르면 그런 종류의 객관성에 도달할 가능성은 원천봉쇄되어 있다. 우리가 추구할 수 있는 객관성은 경험된 현상에서의 객관성일 뿐이다. 이런 차원에서 객관성을 확보한다는 것은 어떤 의미일까? 칸트에 따

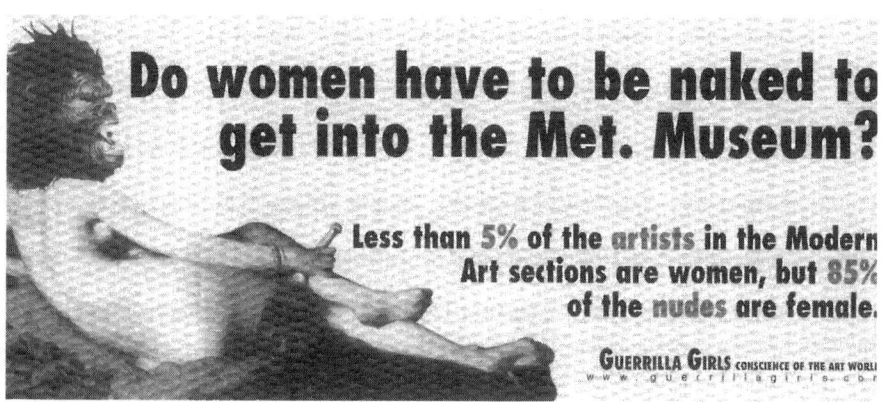

게릴라 걸즈(Guerrilla Girls), 「여성이 메트로폴리탄 미술관에 들어가기 위해서는 벌거벗어야 하는가?」, 1989년

칸트는 선험적 통각을 기초로 하여 보편적이고 객관적인 철학을 수립하려 했다. 그러나 칸트의 의도와는 별개로 그의 철학이 진정으로 보편적인지에 대해서는 많은 의혹이 제기된다. 탈근대철학자들은 선험적 통각이 백인 남성 중심의 시각을 철학적으로 추상화한 것이라고 비판한다. 이를 입증이라도 하듯 칸트는 인디언이 문명화가 불가능하고 멸종할 운명을 타고났다고 잘라 말했다. 또한 "나는 여성이 법칙을 밝히는 데 유능하다는 것을 거의 믿지 않는다"(『미와 숭고함의 감정에 대한 고찰』)고 말하기도 했다. 백인 남성의 편파적 시각을 보편성인 양 가장하는 태도가 유독 칸트철학에서만 드러나는 것은 아니다. 서양의 주류철학이 그랬고 더 나아가 예술을 포함한 서양의 정신문화사 전체가 그랬다고 할 수 있을 것이다. 페미니스트 미술 그룹 게릴라 걸즈는 메트로폴리탄 미술관이 단 5%의 여성미술가의 작품을 걸고 있는 반면, 이 미술관이 소장한 누드 중 85%가 여성을 소재로 한 것이라는 점을 지적하면서 백인 남성들이 '벌거벗은' 여자들만 미술관에 입장시킨 셈이라고 야유한다.

르면 그것은 우리의 인식이 이렇게도 저렇게도 상상할 수 있는 우리 개개인이 만들어내는 한바탕의 환상이 아니라 우리 모두에게 공통된 것임을 보이는 것이다. 이 공통성은 칸트가 제시한 것과 같은 방식이 아니고서는 우리가 다르게 경험할 도리가 없다는 점을 밝힘으로써 확보된다. 즉 칸트가 제시한 주관형식 없이는 경험적 인식이 불가능하다는 점을 증명해냄으로써 인식의 객관성이 확보되는 것이다.

우리가 주관적 형식을 통하지 않고서는 세계와 만날 수 없다는 사실, 우리가 아무리 원해도 세계의 알몸을 그대로 만질 수 없다는 사실에 칸트가 그다지 비관하는 것 같지는 않다. 그가 보기에 그것은 우리의 슬픈 운명이라기보다는 우리 능력이 지닌 위대함의 표현이기 때문이다. "우리가 자연이라고 부르는 현상들의 질서와 합규칙성은, 우리 자신이 집어넣은(hineinbringen) 것입니다. 만약 우리가 혹은 우리 마음의 본성이 질서와 합규칙성을 자연 안에 집어넣지 않았더라면 이것들은 자연 속에서 발견될 수 없을 것입니다(A125). 나는 당당히 선언합니다. **오성 자신이 자연의 입법자요, 오성이 없고서는 어디서든지 자연은 없다!**(A127)"

4. 감성과 오성의 랑데부를 위하여

도식은 사랑의 메신저?

선험적 연역을 통해 우리가 대상을 인식하는 데 범주를 사용할 권리가 주어졌다. 하지만 범주만으로 인식이 완성되는 것은 아니다. 인식을 위해서는 오성의 범주가 감성의 내용들과 만나 작용해야 한다. 그런데 그 만남이 바로 문제가 된다. 칸트는 감성과 오성을 서로 이질적인 능력으로 본다. 감성은 수용적이지만 오성은 활동적이다. 이때문에 감성과 오성이 합동작전을 이루어 인식을 산출하는 일에는 난관이 아주 많다. 그것은 너무 다른 가문의 젊은이들이 서로 가까워져 사랑에 빠지는 일과 같다. 로미오와 줄리엣처럼 적대적인 가문의 아들·딸이 만나려면 무도회, 편지를 전달해 주는 유모, 사랑을 격려해 주는 신부가 필요하다. 감성과 오성도 마찬가지다. **이질적인 능력인 오성의 범주를 감성에 적용하려면 매개가 필요**한데, 이 매개 역할을 하는 것이 바로 구상력이다.

그러니까 구상력은 인식에서 커다란 두 가지 역할을 하는 셈이다. 앞서 살펴본 바와 같이 구상력은 재생이라는 종합활동을 한다. 우리는 그런 종합활동을 하는 구상력을 재생적 구상력이라 불렀다. 구상력의 또 한 가지 중요한 역할은 오성과 감성의 랑데부를 위한 메신저 노릇을 하는 것이다. 칸트는 이런 역할을 하는 구상력을 생산적 구상력이라고 부른다. **생산적 구상력은 도식(Schema)을 산출하고 이 도식을 통해 오성과 감성의 만남이 이루어진다.**

예를 들어 사과의 개념은 붉고 둥근 과일들의 형태들을 그릴 수 있는 보편규칙인 도식을 통해서만 직관의 자료들에 적용될 수 있다. 도식을 통해 개념은 감성을 통해 들어오는 다양한 자료들을 결합할지 말지를 판단한다. '붉음, 둥긂, 이 표상들은 사과의 표상들이군. 이쪽으로! (레몬의) 노랑 이건 사과의 표상이 아니다. 저쪽으로!'

생산적 구상력의 도식이 도대체 뭐길래 오성과 감성의 만남을 주선하는 대단한 역할을 할 수 있는 것일까? 칸트의 설명을 직접 들어보자. "나는 **개념에 이미지를 부여하는 구상력의 일반적 방법을 개념에 대한 도식**이라고 부릅니다. 예를 들자면 도식은 개의 개념에 따라 네 발 달린 짐승의 형태를 그릴 수 있는 보편적인 방법입니다. 그러나 개의 도식은 개의 형상(Bild)과는 다릅니다. 개의 형상 즉 개의 이미지는 경험을 통해 생겨난 특수하고 구체적인 형태에 불과합니다."
(B180)

개의 도식은 개의 형상과는 다르다. 나는 친구가 키우는 귀여운 백구의 형상을 떠올릴 수는 있지만 그 개별적인 형상이 모든 백구, 혹은 토종 개들, 더 나아가 개 전체에 들어맞는 것은 아니다. 또한 그 형상 때문에 내 집 대문을 열면 달려오는 생물체, 집배원을 물었다거나 주인을 살렸다고 뉴스에 보도되는 생물체를 개라고 인식할 수 있는 것도 아니다. 우리가 그 생물체들을 모두 개라는 개념 아래 인식할 수 있는 것은 도식 때문이다. 하이데거에 따르면 도식은 그 각각의 경우에 알맞은 모든 "형상을 만들어내는 규칙의 색인"이다.

그러나 이러한 개의 도식이 선험적(transzendental) 도식인 것은 아니다. 생산적 구상력은 개의 도식, 의자의 도식과 같은 경험적 도식이 아니라 선험적 도식을 만들어낸다. 범주가 분량, 성질, 관계, 양상의 네 가지로 나뉘듯이 선험적 도식은 네 가지로 구분된다. 마치 애인에게 연애편지 네 통을 보내려면 네 번의 심부름이 필요한 것처럼. **분량범주들에는 '수의 도식'** 이, **성질범주들에는 '정도의 도식'** 이, **관계범주들에는 '지속성, 결과, 동시존재의 도식'** 이, **양상범주들에는 '어떤 시간에서의 존재, 특정 시간에서의 존재, 모든 시간에서의 존재라는 도식'** 이 필요하다.

칸트는 감성과 오성을 매개하는 사랑의 메신저들을 이처럼 네 명이나 뽑아놓았다. 그런데 심부름꾼들의 이름이 이렇게 복잡해서야 누가 누군지 구별하여 애인에게 러브레터를 전달할 수 있겠는가 싶겠지만 알고 보면 사실은 간단하다. 이 메신저들의 길고 장황한 이름들에도 불구하고 네 가지 도식들은 모두 '시간'의 네 형제들이다. 즉 **모든 도식은 일종의 시간규정**이다. 오성 범주가 감성을 통해 들어온 자료들을 그대로는 통일하는 것이 불가능하고 도식이 범주에 알맞게 적당한 시간형식을 고안해낼 때야 비로소 범주가 작동하기 시작하는

야콥 요르단스(Jacob Jordaens), 「네 명의 복음서 저자」, 1625년경
신약성서에는 예수의 생애와 핵심적 교설을 기술한 네 개의 복음서가 있다. 예수를 신과 인간 사이의 매개자로 보는 전통, 그리고 신의 하나뿐인 외아들의 행적을 전하기 위해 네 명의 제자들이 쓴 복음서를 중시하는 기독교의 전통에서 영감을 얻기라도 한 것일까? 칸트는 시간을 감성과 오성의 매개자로 보고 시간의 활동을 표현하는 도식들을 네 가지로 분류해 놓았다.

것이다. 칸트는 범주의 네 가지 구분에 해당하는 도식의 시간형식을 다음과 같이 정리해 놓았다.

> 분량범주들에는 **시간계열**(수의 도식)
> 성질범주들에는 **시간내용**(정도의 도식)
> 관계범주들에는 **시간순서**(지속성, 결과, 동시존재의 도식)
> 양상범주들에는 **시간총괄**(어떤 시간에서의 존재, 특정 시간에서의 존재, 모든 시간에서의 존재 도식)

모든 것이 너무 복잡하게만 느껴진다면 다음을 기억하라. 서로 너무나 다른 감성과 오성을 매개하기 위해 칸트가 고심했다는 것, 고심 끝에 그는 감성의 시간형식에서 묘안을 떠올렸다는 것. 그 묘안이란 범주를 시간형식으로 번역해 주는 도식을 만들어냄으로써 감성의 시간형식과 시간형식으로 변형된 오성을 만나게 하는 것이었다. 이로써 시간이라는 실에 감성과 오성이 꿰어지게 된다.

경험이여 원칙을 지켜라!

수학, 과학에 원칙이 있듯이 모든 것에는 원칙이 있다. 군인이나 기자의 원칙은? 군인의 원칙은 승리이고 기자의 원칙은 정확성이라고 한다. 지금껏 들었던 원칙 중에서 가장 아름다운 원칙은 인디언 사냥꾼들의 원칙이었다. 무기를 잘 다룰 수 있을 때까지는 사냥을 하지 말라! 이것이 그들의 원칙이란다. 어설픈 사냥이 동물에게 큰 고통을 줄 수 있기 때문이다. 종종 어설픈 충고나 비판이 다른 사람들에게 고통을 주는 것처럼.

칸트는 모든 세상일이 다 그렇듯 **범주가 도식화되는 데도 원칙이 있다**고 본다. 범주가 네 종류의 도식을 통해 적용되면서 현상들을 만들어낸다는 점에서 이들 도식화의 원칙은 현상의 네 가지 원칙, 혹은 경험의 네 가지 원칙이라고도 불린다. 이 원칙들은 다음과 같다.

1. 직관의 공리
2. 지각의 예견
3. 경험의 유추
4. 경험적 사고일반의 요청

칸트는 앞의 두 원칙을 수학적 원칙이라고 부르고 나머지 두 원칙을 역학적 원칙이라고 부른다. 수학과 역학(물리학)은 근대인들이 학문의 이상으로 삼는 두 가지 모델이다. 여기서 우리는 칸트가 경험현상을 학문적으로 의미있는 것으로 만들기 위해 원칙을 언급하고 있음을 알 수 있다. 흄에 따르면 경험현상에는 어떤 필연성도 존재하지 않으므로 경험에는 아무런 학문적 의미가 없었다. 이런 흄의 회의주의에 대항하는 최종적 반격으로 칸트는 선험적 원칙을 들고 나온다. **감성과 오성의 선천적 형식이 있고 그 형식들이 적용될 때 따르는 선험적 원칙들이 있다!**

특히 그는 원칙론을 쓰면서, '인과성은 습관일 뿐이다'라는 흄의 폭탄선언으로 황폐해진 자연과학의 학문적 지반을 복구하려고 한다. 모든 자연과학은 인과성을 통해 법칙을 세우고 지식을 확장한다. 그러므로 인과성에 대한 공격은 당연히 자연과학의 아킬레스건에 대한 공격이 되는 셈이다. 근대의 자연과학은 신학과 대결하면서 신학적 요소 혹은 형이상학적 요소를 다 몰아내고 모든 것을 경험적인 차원으로 국한시키려 했다. '우리가 직접 보고 들은 경험만을 사용해 진리에 도달하라.' 이런 자연과학의 포부는 비경험적인 진리를 단 하나만이라도 허용하는 순간 물거품이 되고 말 것이다. 그런데 아이러니하게도 자연과학이 경험을 통해 진리를 산출할 때마다 사용하는 인과법칙은 비경험적 진리였다. 인과법칙은 결코 경험을 통해 얻어낼 수 없다는 것. 자연과학의 이처럼 은밀한 비밀을 흄은 가차없이 폭로한 것이다.

그러나 칸트는 현상들이 선험적 원칙에 따라 구성된다는 바로 그 사실 때문에 현상에서 과학법칙들을 발견할 수 있는 것이라고 주장한다. "인과법칙의 비경험성은 절대 자연과학의 치부가 아닙니다. 오히려 그것은 우리의 인식과 판단을 이해하는 중요한 단서를 제공합니다. 우리가 세계에 대해 내릴 수 있는 판단은 분석판단과 종합판단뿐입니다. 분석판단들의 원칙은 모순율로 충분합니다. 그러나 진정으로 중요한 건 세계에 대해 지식의 확장을 가져다주는 종합판단들의 원칙들입니다. 이 종합판단들이 따르는 최상의 원칙들을 찾아내는 것이 중요한 철학적 숙제입니다."

칸트는 흄이 흔들어 놓았던 자연과학의 원칙들을 종합판단의 원칙들로 가져옴으로써 자신의 숙제도 해결하는 동시에 자연과학 또한 위기에서 구하려는 이중전략을 택한다. 이중전략의 핵심포인트는 오성이 이미 자연에 집어넣은 원칙만을 우리가 발견할 수 있다는 것. 물론 흄과 같은 회의주의자는 칸트의 이런 주장을 자기가 뭔가 숨겨놓고 자기가 찾아내는 재미없는 술래잡기라고 여전히 빈정거릴 것이다. 그러나 칸트는 우리가 자연과학의 법칙을 발견할 수 있는 것은 그 법칙들이 이미 오성이 부여한 원칙이기 때문이라는 점을 거듭 강조한다.

오성이 경험적 현상에 부여하여 모든 현상들이 절대적으로 복종할 수밖에 없는 원칙은 네 가지이다. 그 첫번째 원칙은 **"모든 직관은 외연량을 가진다"**는 직관의 공리(Axiome der Anschauung)이다. 우리의 인식이 이러한 직관의 공리라는 원칙을 따르고 있기 때문에 수학이 모든 현상들을 양적으로 환원해서 고찰할 정당한 권리를 가지게 되었다고 칸트는 생각한다.

두번째 원칙은 **"모든 현상은 내포량을 가진다"**는 지각의 예견(Antizipationen der Wahrnehmung)이다. "나는 오늘이 어제보다 춥다고 느낀다"는 주관적 판단을 객관적 판단으로 바꾸려면 우리의 지각을 양화하는 것이 필요하다. "어제의 기온은 5°C였고 오늘은 0°C이다"처럼 지각이 양화될 때만 과학적 판단은 가능하다. 그런데 이때 지각의 양화는 앞선 직관의 양화와는 다르다. 5°C, 0°C를 말할 때 우리가 사용하는 양화의 방식은 5개, 10개처럼 외적 크기를 비교할 때 우리가 사용하는 양화의 방식과 동일하지 않다. 온도 차이를 표시할 때는 우리의 지각이 느끼는 정도(degree)를 양화하는 것이다. 칸트는 이러한 양화를 내포량의 양화라고 표현한다. 우리가 기온이나 색깔, 소음 등의 정도를 수학적으로 다룰 수 있는 것은 이미 우리의 지

조지아 오키프(Georgia O'keeffe), 「라디에이터 건물」, 1927년

뉴욕의 밤, 희미한 가로등 위로 빛나는 고층건물이 단순하고 정확하게 표현되었다. 자세히 들여다보면 그 빌딩 속에는 많은 사무기구들이 배치되어 있을 것이고 또 빌딩 창문에 기대어 선 사람, 창문마다 다른 길이로 늘어지거나 접힌 블라인드도 있을 것이다. 그러나 화가는 그 모든 것을 생략하고 밝음을 나타내는 하얀 직사각형으로 처리함으로써 고층건물의 모습을 분명하게 드러낸다. 오성이 원칙을 사용하여 하는 작업은 이 예술가의 작업과 유사하다. 첫번째 원칙인 직관의 공리에 따라 직관이 받아들이는 모든 현상들을 양적으로 환원하는 과정은 예술가가 모든 세부사항을 그저 하얀 창문의 형태로 환원하는 것과 동일한 과정이다. 예술적 환원을 통해 어둠 속에서 고층건물이 환하게 드러나듯 직관의 양적 환원을 통해서 사물들은 선명하게 인식된다.

각이 두번째의 선험 원칙에 따라 현상을 경험하기 때문이다.

세번째 원칙인 경험의 유추는 원칙론에서 가장 주목받는 부분이다. "경험은 지각들의 필연적 결합에 의해서만 가능하다"는 경험의 유추(Analogien der Erfahrung)는 질량보존의 법칙이라든가 뉴턴의 역학 법칙과 같은 당대의 과학적 성과들을 철학의 용어로 정당화했다는 평가를 받는다. 오성이 **실체성의 원칙, 인과성의 원칙, 상호성의 원칙**과 같은 지각의 세 가지 필연적 결합법칙에 따라 경험을 정돈(!)하고 과학자들은 이런 경험을 통해 여러 가지 과학법칙을 찾아낼 수 있다.

실체성의 원칙 : 현상이 아무리 변화해도 실체는 지속하고 자연에서 실재의 양은 증감이 없다.

오성은 이런 실체성의 원칙에 따라 경험을 정리·정돈하고, 이런 경험에서 과학자는 "물질이 아무리 변화해도 물질의 전체량은 동일하다"는 질량보존법칙을 찾아낸다.

인과성의 원칙 : 모든 변화는 원인과 결과를 연결하는 법칙에서 생긴다.

오성은 인과성의 원칙으로 경험을 정돈하고, 이 경험에서 과학자는 자연과학의 법칙을 찾아낸다. '모든 물체는 외부의 영향이 없는 한 원래 상태를 그대로 유지하려고 한다'와 같은 관성의 법칙, '힘은 질량과 가속도에 비례한다'는 가속도의 법칙, 이런 법칙들은 원인이 주어지지 않는다면 아무런 결과도 생기지 않는다거나 원인에 비례하여 결과가 생긴다는 통찰과 같은, 인과성의 원칙에 기초한 통찰들에서 비롯된 것이다. 뉴턴의 위대한 역학법칙도 따지고 보면 단지 우리의 오성이 자연을 정돈하는 데 사용한 원칙을 자연과 자신의 실험실에서 찾아내어 과학적 언어로 표현한 것에 불과하다.

상호성의 원칙 : 공간 안에서 동시에 존재하는 것으로 지각되는 모든 실체는 상호작용을 한다.

오성은 상호성의 원칙으로 경험을 정돈하고, 과학자는 그 경험을 연구하여 또 다른 역학법칙을 찾아낸다. 뉴턴 역학의 제3법칙은 운동하는 물체들 간의 작용과 반작용이 항상 동일하다는 것이다. 이러한 작용·반작용의 법칙은 상호성의 원칙 때문에 가능하다.

여러분 중 특별히 깊은 주의력을 가진 사람이라면 세 가지 경험의 유추에서 갑자기 등장하는 오성의 '정돈'이라는 용어가 왠지 어색하다고 느꼈을 것이다. 칸트는 직관의 공리, 지각의 예견과 같은 원칙들은 **'구성적'**이지만 경험의 유추라는 원칙은 **'규제적'**(regulativ) 이라고 표현한다(B 223). 즉 오성은 앞의 두 수학적 원칙에 따라 경험을 구성하고 나머지 역학적 원칙들에 따라 경험을 정돈 즉 규제한다. 오성이 구성적 원칙을 따르는 경우, 우리는 실제로 대상을 수학적 원칙에 따라 양과 질로 지각한다. 그러나 오성이 규제적 원칙을 따르는 경우는 '대상'을 지각하는 것이 아니라 대상들 간의 '관계'를 추리하는 때를 말한다.

규제적 원리가 대상을 지각하는 문제가 아니라 대상의 관계를 추리하는 문제라는 것을 설명하기 위해 칸트는 이런 예를 든다 (B 248). 방에 들어가니 밖과 달리 매우 따뜻했다고 하자. 나는 온기를 느끼면서 동시에 난로를 발견한다. 그런데 나는 온기와 난로를 이렇게 동시에 지각하면서도 난로가 시간적으로 앞서서 원인으로 존재하고 온기가 그 원인에 의해 시간적으로 후속되는 결과라고 추리한다. 지각의 차원에서는 시간적으로 동시적인 것을 시간적 선후라는 인과관계에 따라 경험했다고 생각하는 것이다. 이때의 경험은 우리가 정말 그렇게 지각했기 때문이 아니라 우리의 오성이 인과원칙이라는 지각의 결합법칙에 따라 경험을 정돈하고 규제하기 때문에 그렇게 추리되는 것이다.

우리는 대상의 존재를 지각할 수는 있어도 대상들의 관계를 지각할 수는 없다. 색깔을 보고 소리를 듣는 것처럼, 관계 자체를 지각할 수는 없다는 소리다. "아니 무슨 말이야? 불이 나서 연기가 날 때 우리는 인과관계를 보는 것 아니겠어?" 이렇게 우기는 사람에게 칸트는 차분히 대답할 것이다. "아니지요. 당신은 불을 보고 연기를 볼 뿐입니다. 그리고 불을 원인으로 삼아 연기를 결과로서 추리해낼 뿐입니다. 추리와 지각을 혼동하지 마십시오."

이제 마지막 원칙으로 넘어가 보자. 오성이 따르는 네번째 원칙은 **경험적 사고 일반의 요청**(Die Postulate des empirischen Denkens überhaupt)이다. '일반'이란 말이 난해해 보이지만, 사실은 '경험적 사고라면 어떤 것이든 모두 다'라는 뜻에 불과하다. 또한 요청은 '증명할 수 없지만 전제되어야 하는 것'이라는 뜻이다. 따라서 네번째 원칙은 우리가 경험적 사고를 할 때면 언제든 전제해야만 하는 것들이 있음을 말해준다. 이러한 전제들은 세 가지다.

1. 경험의 형식적 조건(직관과 개념)과 일치하는 것은 가능적이다.
2. 경험의 질료적 조건들(감각)과 관련되는 것은 현실적이다.
3. 경험의 일반적 조건에 의해 현실적인 것과의 관련이 규정되어 있는 것은 필연적이다.

경험의 요청들은 굉장히 복잡하고 거창해 보이지만 조금만 생각해 보면 쉽게 이해할 수 있다. 환상적인 생각으로 상상의 나래를 펼칠 때가 아니라면 우리가 경험하는 것들의 양상은 언젠가 경험할 수 있다고 기대되는 것이거나, 지금 우리가 경험하고 있는 것이거나, 혹은 특정한 조건 아래서 필연적으로 경험되는 것, 이 셋 중의 하나라는 소리다.

칸트가 이 복잡미묘한 논의들 속에서 궁극적으로 주장하려는 것은 오성이 범주를 직관에 적용시킬 때에만 객관적 인식이 가능하다는 점, 그리고 이때 범주의 적용을 위해서는 반드시 구상력이 산출한 도식과 더불어 네 가지의 원칙들(직관의 공리, 지각의 예견, 경험의 유추, 경험적 사고 일반의 요청)이 있어야 한다는 것이다. 그러니까 도식과 원칙들은 범주라는 인식의 씨앗이 싹트는 데 반드시 수반되어야 할 적정 온도와 습도라고나 할까. 우리의 인식은 물자체라는 대지에 직접 뿌리내릴 수는 없지만 시공이라는 모종삽으로 흙(직관의 내용들)을 퍼담은 작은 화분 속에서 싹을 틔우려 애쓰는 식물에 비유될 수 있다.

구상력은 본성상 다른 직관과 범주를 연결해 주는 도식을 산출한다는 점에서 인식과정 전체에서 매우 중요한 역할을 하는 심오하고 신비한 능력이다. 그럼에도 불구하고 구상력이 도식을 산출하는 것은 오성이 범주를 통해 활동하기 시작할 때뿐이다. 만일 구상력이 오성의 명령 없이 제멋대로 도식을 산출한다면 그때는 인식의 과정에 참여하는 능력이라고 볼 수 없는 것이다. 그래서 인식과정에서 오성이 내리는 규정과 명령에 따라서만 활동해야 하는 구상력의 처지는 다음과 같이 표현할 수 있다. "오성이 '규정하는 자'가 될 때, 바로

그때에만 구상력은 도식을 산출하는 능력으로 '규정' 된다."(들뢰즈, 『칸트의 비판철학』, 40쪽)

고급 인식능력으로서의 판단력

오성은 도식과 원칙에 따라 직관의 자료들을 '판단'(Urteil)하면서 판단력이라는 새로운 닉네임을 얻게 된다. 누군가에게 함께 어울리는 친구들이 붙여준 별명은 항상 이름보다 그 사람에 대해 풍부하고 정확한 정보를 주는 법이다. 판단력이라는 새로운 명칭은 인식과정에서의 오성의 역할과 능력을 보다 선명하게 보여준다.

우리가 앞서 알고 있던 오성은 '오성의 순수개념(범주)'이라는 표현이 말해주듯이 일종의 개념능력이었다. 그러나 칸트는 오성이 자신의 '개념 아래로 개별적인 것을 포섭시켜 판단하는 능력'이기도 하다는 점을 지적한다. "우리에게는 세 가지의 고급한 인식능력(oberen Erkenntnisvermögen)이 있습니다. 오성, 판단력, 이성이 그 세 가지입니다. 이것들은 개념, 판단, 추리 작용 등을 의미하는데, 우리가 오성 일반이라는 개괄적인 이름 아래서 마음의 능력이라고 이해하는 것들과 잘 합치합니다"(B169). 한 마디로 말해 개념능력 이외에도 판단력, 이성과 같은 단어들은 모두 오성을 의미한다.

판단력은 직관의 다양한 자료들이 오성의 보편적인 개념 아래 포함되는지를 판정하는 능력이다. 칸트는 판단력의 중요성을 매우 강요한다. '판단력은 인간이 지닌 천부의 재능이며 특이한 능력으로서 결코 가르치거나 배울 수 있는 것이 아니다. 판단력이 없는 인간은 구제불능이며 거의 백치다.' 그는 판단력의 중요성을 강조하기 위해 평소의 신중한 성격으로 봐서는 절대로 하지 않을 것 같은 과격한 언사도 서슴지 않는다. 우리는 판단력에 대한 그의 강조와 더불어 판단력에 대한 두 가지 구별을 기억해야 한다.

판단에는 두 가지 경우가 있다. 첫째, **이미 보편적인 개념이 주어져 우리가 구체적인 사례들을 그 개념에 따라 판단하는 경우.** 이런 경우에는 원래 있는 개념에 따라 개별적 사례들을 규정하기만 하면 되므로 규정적 판단력이라고 부른다. 둘째, **개념은 없고 우리가 난생 처음 만나는 개별적 사례를 판단하기 위해서 보편적인 개념을 형성해야 하는 경우.** 이런 경우에는 개별 사례를 보면서 아직 규정되지 않은 보편개념을 찾아가는 '반성'의 작업이 요구되므로 **반성적 판단력**이라고 부른다.

인식의 문제를 다루는 『순수이성비판』에서는 규정적 판단력이 주로 다루어지지만, 근래에 들어 철학자들에게 더욱 관심과 사랑을 받는 것은 반성적 판단력이다. 반성적 판단력은 칸트의 세번째 비판서 『판단력비판』에서 다루어지며, 인식판단이 아니라 취미 영역, 혹은 미적 영역에서의 판단을 의미한다. '이건 장미야'라고 판단할 때 그것은 내 앞에 있는 꽃에 대한 인식적 판단이다. 이 경우엔 장미라는 개념이 주어져 있고 그 개념에 장미의 감각적 자료들을 포섭시킨 것이다. 그러나 '이 장미는 참 아름답다'고 판단할 때는 문제가 다르다. 장미라는 개념에 장미의 감각자료들을 포섭시킨다고 해서 이런

르네 마그리트(René Magritte), 「천리안」, 1936년

재생적 구상력은 과거 시간의 표상을 그대로 재생하는 구상력이다. 인식판단에서는 재생적 구상력이 작동하여 규정적 판단이 이루어진다. 이와 달리 미적 영역의 반성적 판단은 단순한 재생이 아니다. 그것은 개별 사례를 보면서 아직 규정되지 않은 것을 찾아가는 능력이다.

판단이 나오지는 않기 때문이다. 우리는 장미라는 개별적 사례를 통해 아름다움이라는 보편개념을 찾아내는 것이다.

 '이 장미는 아름답다' 라는 판단에서 미의 보편개념이 미리 주어져 있지 않느냐고 생각할 수도 있다. 그러나 미적 판단에는 보편개념이 미리 주어져 있지 않다. 만일 장미가 아름답다는 판단에 미가 보편개념으로 주어져 있다면 우리는 미 개념에 필연적으로 장미꽃의 사례를 포섭시켜야 한다. 좀더 쉽게 말해 장미를 보면 모든 사람들이다 아름답다고 판단해야 한다. 그러나 어떤 사람들은 장미가 아름답다고 판단하는 반면 어떤 사람들은 수선화가 아름답다고 판단한다. 장미를 보고 아름답다고 판단할지 말지는 미리 규정되어 있는 것이 아니다. 아름다움은 취미(taste)의 문제이다. 사과를 좋아하거나 싫어하는 것이 각자의 입맛에 따라 다른 것처럼 미적 판단도 그렇다. 따라서 미적 판단은 구체적 사례를 통해 보편개념을 찾아가는 반성적 판단력이 작동한다고 하는 것이다.

많은 현대철학자들은 반성적 판단력의 정의에 커다란 매력을 느낀다. 우리가 정작 판단력이 필요하다고 느끼는 순간은 이미 보편적인 정보가 주어져 있어 그에 맞추어 개별 사례를 적용시켜야 하는 상황이라기보다는 아무런 정보도 없이 완전히 새로운 판단을 내려야 하는 그런 당황스러운 상황이기 때문이다. 즉 삶에서 판단이 중요하고 심각한 문제가 되는 경우는 개별적 사례를 통해서 새로운 개념을 창조해야 하는 상황, 반성적 판단력이 요청되는 상황이다. 그래서 한나 아렌트와 같은 정치철학자는 반성적 판단력에서 정치적 사고의 모델을 모색하며 『판단력비판』에 대한 정치철학적 독해를 시도하기도 한다.

어느 탐험의 기록—현상체와 가상체

칸트는 '선험적 분석론'을 집필하면서 오성에 대한 연구를 모두 마치고 난 날 저녁, 이를 기념하기 위해 일기에 이렇게 썼다.

1779년 ?월 ?일

나는 이제 순수오성의 육지를 두루 돌아다녀 그 각 지방들을 세심하게 시찰했다. 그뿐만 아니라, 그 땅을 측량해서 거기에 있는 모든 사물의 위치를 정했다. 그러나 이 땅은 섬이라는 사실이 밝혀졌다. 나는 오늘 이 땅에 아주 매력있는 이름을 붙였다. 진리의 땅! 이 땅을 둘러싸고 있는 것은 막막하고 푸른 파도가 몰아치는 북극의 바다이다. 이 바다는 참 아름답다. 그러나 그곳에는 신기루, 이른바 가상(Schein)이 있다. 안개가 만들어낸 봉우리와 즉시 녹는 하얀 빙산들이 나의 일행들을 속인다. 나의 일행들, 라이프니츠와 그 일행들은 그 안개 봉우리와 하얀 빙산들에 너무나 매혹당한 듯한 눈치들이다.

사실 이 광경들은 항해자들을 헛된 희망에 부풀게 해서 모험을 하도록 만든다. 항해자들은 이 모험을 중지할 수 없으나, 그렇다고 해서 모험을 성취할 수도 없다. 나는 내 친구들의 모험을 말릴 수도, 말릴 생각도 없다. 그러나 나는 친구들에게 거듭해서 충고했다. 저 넓은 바다의 전 범위를 탐색해서 우리가 거기에서 무얼 만날지 알기 위해서는 물론 용감하게 바다로 나아가야 한다고. 그러나 그 이전에 떠나려는 이 땅, 이 과학적 진리의 나라의 지도를 제대로 살펴보고 배를 띄우는 것이 현명한 자의 선택이라고 말이다.

또한 바다로 나아가기 전에 이런 문제를 한번 생각해 보아야 하지 않을까? 첫째 우리가 머물 땅이 저 바다 건너에 따로 없을 경우에, 우리는 이 오성의 나라를 소유하는 것으로 만족할 수 있어야 하지 않을까? 둘째 우리는 도대체 어떤 법적 근거에서 이 나라를 소유할 수 있고 모든 적대적인 상황에서 안전을 지킬 수 있는 것일까?

칸트의 일기장을 찾을 수는 없지만 그는 분명히 그렇게 썼을 것이다. 왜냐하면 『순수이성비판』의 '선험적 분석론'을 마무리하면서 그는 거의 비슷한 내용(B 294~295)을 썼으니까.

칸트는 위의 두 가지 문제에 대해 자신이 '선험적 분석론'에서 충분히 대답했다고 주장한다. 그러므로 앞으로 형이상학의 바다로 나아가실 분들은 선험적 분석론이라는 지도를 필수적으로 지참해야 한다. 이 지도를 통해 과학적 인식, 학적 지식의 영역이 어디까지인지를 먼저 확인해야 하는 것이다. 이렇게 확인된 과학적 인식의 땅을 칸트는 현상체(Phaenomenon)라고 부르고, 과학적 인식을 떠나 새로이 열리는 넓은 초감성적 영역의 바다를 가상체(Noumenon)라고 부른다.(B 288)

현상체 : 감각적인 존재, 현상으로서의 대상.
가상체 : 감성적 직관의 대상이 아닌 사물 자체, 즉 물자체(Ding an sich).

5. 이성의 불가피한 환상을 다루는 방법
— 선험적 변증론

지금까지 우리가 함께 읽어나간 것은 오성과 감성이라는 선천적 인식능력들의 작용을 분석하고 있는 『순수이성비판』의 '선험적 분석론'이었다. 칸트는 '선험적 분석론'에 이어 '선험적 변증론'에서 이성의 작용을 다룬다. 오성이 판단하는 능력이라면 이성은 추리하는 능력이다. 이성(Vernunft)은 오성의 통제권 아래서 작용할 때는 인식의 확장과 통일에 도움을 주는 아주 유용한 인식능력이다. **감성의 다양함에 오성이 통일성을 부여했듯이 이성은 오성의 다양한 판단들에 통일성을 부여함으로써 인식을 확장하는 데 기여한다.** 이것을 칸트는 '이성의 통일'(Vernunfteinheit)이라고 부른다.

그러나 문제는 이성이 자꾸 오성에 통일을 부여하는 역할을 넘어 물자체로 진입하려고 한다는 점이다. 이성은 입법자가 되어 물자체를 인식하려고 하는데, 이는 이성 자신이 추리하며 생각하는 것이 생각한 그대로 현실에 존재한다고 믿는다는 말과 같다. 이처럼 물자체를 알고자 하는 인간 이성의 욕구는 일종의 착각인 가상(Schein)을 불러일으킨다. 이것을 선험적 가상이라고 부르는데, 이 경우 이성능력들은 비합법적으로 사용되면서 오류를 발생시킨다.

오류는 어디로부터 오는가?

오류의 문제는 근대철학자들이 깊이 관심을 가졌던 주제 중 하나이다. 신이 참됨을 보장해 주지 않는다면 우리는 어떻게 무한한 진리에 도달할 수 있을까? 답에 대한 직관적 확신이 없을 때 문제를 푸는 손쉬운 방식은 틀린 것을 지워나가면서 답을 찾는 것이다. 그래서 근대 철학자들은 인간이 어떤 위대한 존재의 도움 없이 단지 자신의 인식 능력만을 통해 진리에 도달할 수 있기 위해서는 잘못된 답변들을 제거하는 것이 효과적이겠다는 생각을 했다. 따라서 오류의 근원을 파악하고 이를 제거하는 방식을 모색하는 것이 중요한 문제가 될 수밖에 없었던 것이다. 칸트 역시 이런 문제의식 아래 오류에 대한 진지한 숙고를 시작한다.

> "감관에 오류가 없다는 말은 참으로 옳다. 그러나 그 이유는 감관이 언제나 바르게 판단하기 때문이 아니라 감관이 판단하지 않기 때문이다. 그러므로 진리이건 오류이건, 또 오류로 인도하는 것으로서의 가상이건, 그 어느 것이나 판단 중에서만 있는 일이다. 즉 대상과 우리 오성의 관계 중에만 있는 일이다. **오성의 법칙에 완전히 합치한 인식에는 오류가 없다.**" (B350)

일단 감성은 오류의 근원에서 제외되었다. 칸트는 오성을 의심해 본다. 오성은 왜 오류를 범할까? 오성도 딴 원인이 영향을 주는 일이 없으면 그 자체로는 오류를 범하지 않는다. 그런데 우리는 감성과 오성 이외에 다른 인식 원천을 가지지 않는다. 감성도 오류를 범하지 않고 오성도 그 자체로는 오류를 범하지 않는다면 도대체 오류는 어디서 생길까? 오랜 숙고 끝에 내린 그의 결론은 이렇다. "오류는 감성이 오성에 **남몰래 주는 영향**에 의해서만 생긴다"(B350). 이 말은 자칫 오류가 감성 때문에 발생한다는 뜻으로 오해되기가 쉽다. 그러나 이미 칸트는 감성의 영역에서는 오류가 없다고 밝히고 있다. 감성 자체로는 판단이 성립할 수 없기 때문이었다. 그러므로 칸트가 강조하고자 한 것은 감성과 오성이 '영향을 주고받는 과정'에서 오류가 발생한다는 점이었다고 볼 수 있다. 이런 점에서 칸트의 오류론은 선배 철학자들의 오류론과 차이를 보인다.

대체로 철학사에서 감성은 팜므 파탈의 이미지를 가진 것이었다. 언제나 건실한 청년을 꼬여 건달로 만들거나 악의 구렁으로 몰아넣는 악녀처럼 감성은 인간의 오성을 부패하게 만드는 사악한 본성을 가진 것이었다. 그러니 감성 자체는 오류를 절대 범할 수 없다는 칸트의 결론은 매우 획기적인 것이다. 칸트는 마치 이렇게 말하는 듯하다. "인식능력들이 범하는 오류는 요부(감성)의 꾀임에 빠진 순진한 청년(오성)이나 날건달에게 넘어가 아버지 몰래 도망치는 순진한 아가씨들의 실수 같은 게 아니라오. 오류가 발생하는 순간이란 두 사람이 서로 사랑에 빠져서 자기가 누구인지 무엇을 해야 하는지 어디

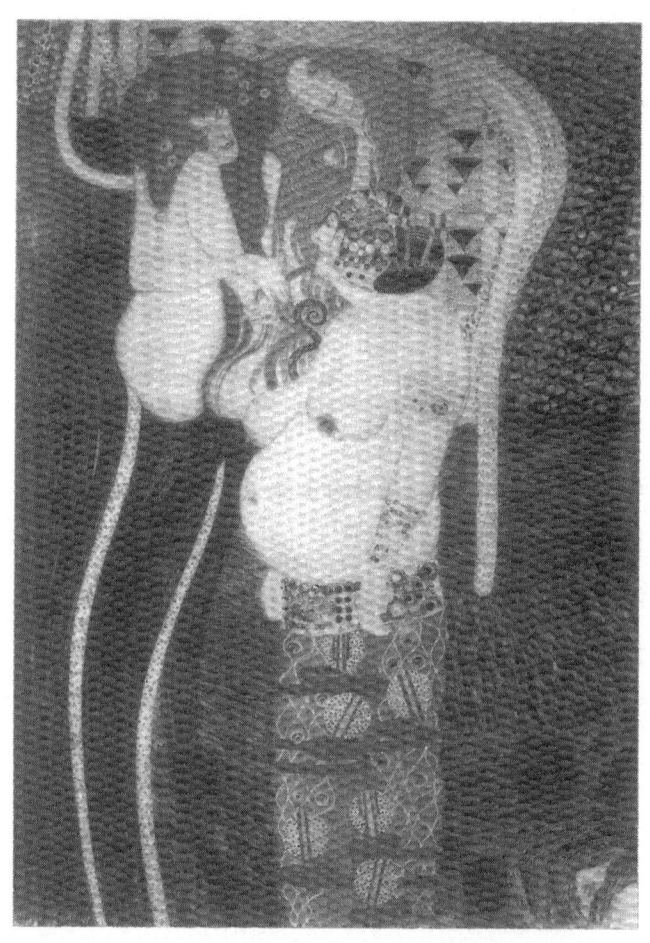

구스타프 클림트(Gustav Klimt), 「베토벤 프리체」의 일부분인 '관능, 무절제, 음란', 1902년
많은 철학자와 예술가들에게 악덕이나 오류는 여성적이다. 감성은 인식능력의 여성형으로서 지성을 타락시켜 오류를 발생시키는 원천으로 분류되어 왔다. 이런 사유의 기원은 매우 멀리 거슬러 올라간다. "여성을 애무하는 것, 그리고 결혼 관계에서의 육체적 접촉만큼 남성의 정신을 타락시키는 것은 없다."(아우구스티누스)

로 가야 할지를 분간하지 못하는 상황이라고나 할까?" 즉 두 인식능력이 영향을 주고받는 과정에서 "판단의 주관적 근거와 객관적 근거가 서로 뒤섞이며, 객관적 근거가 자기의 본분에서 벗어나게 되는"(B350) 일이 발생하는 것이다.

그러므로 오류를 예방하기 위해서는 인식의 지형학(topology)이 필요하다. 그것은 인식능력들마다 적합한 장소를 지정해 주어 그 장소를 못 벗어나도록 관리하는 일을 뜻한다. 지형학적 관리를 통해 "각종의 표상에 대해서 그것에 적합한 인식능력에 있어서의 장소가 지정되"어야 한다. 그렇지 못할 경우 환상이 발생하는 것이다. 칸트가 여기서 문제삼는 것은 사막의 신기루를 보았다든가 꿈결에 헛소리를 들었다든가 하는 우연적인 "경험적 가상"이 아니다. 여기서 문제가 되는 것은 인간 이성의 본성상 인간이 필연적으로 추구하는 "선험적 가상"이다. 그것은 오성이 자신의 참을 수 없는 본성 때문에 모든 경고를 위반하고 범주를 경험적 사용을 넘어 사용하고자 할 때 생기는 것이다. 그러므로 칸트는 오성의 사용을 내재적 사용과 초험적 사용이라는 두 가지 방식으로 구별한다.

오성의 내재적 사용과 초험적 사용

오성의 내재적(immanent) 사용은 가능한 경험의 울타리 내에서 오성의 원칙들을 사용하는 것이다. 이와 반대로 초험적(transzendent) 사용은 그 경험의 울타리를 넘어서 오성의 원칙들을 사용하는 것이다. 초험적 사용은 경험의 모든 울타리를 다 쓰러뜨리고 그 경계를 넘어서 오성을 사용할 수 있음을 주장하는 원칙이다.(B352)

경험적으로만 사용하는 원칙─오성의 내재적 사용
경험의 제한을 철폐하는 원칙─오성의 초험적 사용

그런데 초험적 사용을 통해 생긴 선험적 가상은 비판을 통해 사라지지 않는다. 비판을 통해 선험적 가상을 제거할 수 없다면 도대체 선험적 변증론이 왜 필요할까? 우리는 물 속에서 구부러진 젓가락이 착시현상임을 알지만 우리의 눈에는 여전히 구부러진 것으로 보인다. 감각기관의 이런 착각처럼 오성의 착각도 그것이 착각임을 안다고 해서 사라지는 것이 아니다. 눈의 착시가 자연스러운 것처럼 오성의 착각도 우리의 자연스럽고 불가피한 소질의 산물인 것이다. 따라서 그것을 제거할 수는 없고 판단을 내릴 때 속지 않도록 하는 것이 선험적 변증론의 역할이다.

우리가 물에서 구부러진 젓가락을 보고 그것에 속아 젓가락이 구부러졌다는 판단을 내리지 않기 위해서는 눈이 그런 착각을 일으키는 이유를 알아야 한다. 마찬가지로 칸트는 오성의 착각에 속지 않기 위해 오성의 착각이 발생하는 이유를 설명한다. 그것은 이미 말했듯 오성의 본성에서 기인한다. 오성은 규칙들을 사용해서 현상들을 통일하는 능력이며 동시에 자신의 규칙들을 원리들을 사용하여 통일하려는 추리능력이다. 이렇게 오성의 능력이 추리능력으로 사용될 때 오성은 이성이라고 불린다. 그러니까 칸트가 말하는 선험적 변증

브리지트 라일리(Bridget Riley), 「폭포3」, 1967년

캔버스 전체가 동일한 형태로 흘러가는 곡선들로 요동친다. 진동하는 곡선들이 계속되면서 평면의 캔버스에는 주름지고 홈패어 보이는 착시현상이 만들어진다. 끊임없이 계속되는 이성의 추리는 이 곡선들이 만들어내는 것과 비슷한 환각작용을 만들어낸다. 마치 평면의 캔버스가 구부려져 보이듯이 신, 자아, 세계라는 이념들이 우리의 현실 경험 속에서 실제로 존재하는 것처럼 여겨지는 것이다. 칸트는 이념의 이런 환각적 이미지를 선험적 가상이라고 부른다.

론에서 거론하는 이성은 오성과 완전히 다른 종류의 인식능력이라기보다는 추리능력이라는 특수한 사용방식을 의미한다. **이성은 경험이나 대상에 직접 작동하는 것이 아니라 오성이 작업한 산물들을 재가공하여 경험의 보다 높은 통일성을 만들어낸다.** 이때 재가공 작업이란 물론 추리작업을 의미한다.

이념은 어떻게 생겨나는가?

오성의 순수개념은 범주이고 이성의 순수개념은 이념이다. 달리 말해 오성이 범주의 활동이라면 이성은 이념(Idee)의 활동이다. 이성이 사용하는 순수개념을 이념이라고 부르는 것은 플라톤철학에서 따온 것이다. 칸트는 신조어를 만들어내는 데 적극적이지 않았다. 철학의 신조어는 기존 언어의 입법권을 침해하는 것이므로 죽은 고전어에서 적당한 표현을 찾는 것이 더 낫다고 보았기 때문이다.

그러나 칸트가 이념이라는 플라톤의 표현을 사용했다고 해서 플라톤의 이데아(Idee)와 그의 이념이 동일한 것은 아니다. 칸트는 이 고매한 철학자를 존경하기는 하지만 플라톤이 이념을 실체화해서 과장한 점에 대해서는 비판적이다. 하지만 현실에서 비록 실현되어 있지는 않더라도 어떤 극한을 원형으로 제시하여 우리들의 행위를 완전성에 최대한 접근시키려는 시도를 했다는 점에서 그는 여전히 플라톤에게 존경심을 갖는다.

"인간이 이제는 진행을 정지해야 하는 최고의 정도란 무엇인가. 따라서 이념과 그 이념의 실현 간에 존재할 수밖에 없는 간격이 얼마인가는 아무도 규정할 수 없고 또 규정해서는 안 된다. **모든 지정된 한계를 넘어갈 수 있는 것이 바로 자유이기 때문이다.**"(B374)

칸트에게 인간의 위대성은 그 '넘어가려 함'에 있다. 칸트가 릴케와 같은 시인이었다면 아마도 이념을 이렇게 표현했을 것이다. 이념, "여기서 인류는 자신을 능가하는 것에 굶주려 있다. 여기서 손들은 영원을 향해 뻗어져 있다. 여기서 부릅뜬 눈들은 죽음을 보고 있지만 그것을 두려워하지 않는다. 이곳에서는 희망 없는 영웅적 행위가 펼쳐지고, 그 명성은 한 번의 미소처럼 왔다가 사라지며 한 송이 장미처럼 피었다가는 꺾이고 만다. 여기에는 소망의 폭풍과 기대의 무풍지대가 있다. 여기서는 대형 도박장에서처럼 힘의 한 밑천을 따거나 잃는다." (릴케, 『릴케의 로댕』)

그러나 『순수이성비판』에서 그 자유로운 넘어감은 극한에 이르기까지 시도되지 않는다. 올바른 인식은 경험의 영역에 머물러 있어야 하기 때문이다. 인식을 추구하는 한 인간은 경험법칙의 무거운 사슬에서 해방될 수 없다. 그것이 순수이성의 사변적 관심이 자연스럽게 실천적 관심으로 옮겨가게 될 수밖에 없는 이유이다. **실천적인 윤리의 영역에서만 이성은 무한한 넘어감의 시도를 꾀할 수 있고 이때 비로소 인간은 진정으로 넘어가는 자, 진정으로 자유로운 자로 상승하게 되는 것이다.**

이처럼 이성의 관심이 참된 인식을 추구하는 사변적 관심을 떠나 실천의 영역에 있을 경우, 이성은 내재적 사용으로 제한되지 않고 초험적 사용의 영역으로 넘어간다. 이에 따라 이념 역시 인식의 영역에서 맡는 것과는 다른 역할을 하게 된다.

이성의 이념은 오성의 범주와는 그 출생 과정이 무척 다르다고 할 수 있다. 범주가 반성에서 생겨난다면 이념은 추리작용을 통해서 생겨나기 때문이다. 이념은 오성의 개념에서 추리되긴 했지만 경험할 수 없는 이성의 개념이다. 예를 들어 우리는 "카유스(Cajus)는 죽는다"라는 명제를 오성을 통해 경험에서 얻을 수 있다. 그러나 이성은 경험에서 얻어지는 이 명제에 대해 추리를 하기 시작한다. 이 명제의 술어인 죽는다가 주어지기 위한 조건은 무엇일까? 이런 물음 속에서 이성은 인간 개념을 **추리**해낸다. 죽는다는 조건을 언제나 만족시키는 인간 개념을 찾아내는 것이다. 보다 쉽게 말해서 카유스의 죽음으로부터 모든 인간의 죽음을 추리해냈다고 할 수 있다. 그런데 카유스는 인간의 하나이므로 "카유스는 죽는다"는 참명제라고 판단한다.

우리의 경험에는 카유스, 소크라테스, 칸트와 같이 개별적이고 제약된 것들만 있다. 인간 개념이란 추리작용을 통해서만 생겨나는 것이고 그런 추리의 산물인 이상 카유스나 소크라테스처럼 경험될 수는 없다. 개별자에서 개념으로, 다시 개념에서 더 상위의 개념으로 이성이 추리작용을 계속해서 해나가다 보면 이성은 결국 어떤 것에도 제약되지 않는 '무제약자'인 이념을 추리해내게 된다. 이때 이념은 인간 개념이 경험될 수 없듯이 역시 경험될 수 없는 것이다. 그러나 경험될 수 없음에도 불구하고 이념은 인식에서 중요한 효용을 갖는다. 이념은 오성의 사용을 극도로 확장하며 그 확장된 사용이 오성 자신의 바른 길에서 벗어나지는 않도록 하는 오성의 인도자로서 역할한다.

이성은 오성보다 집요하다. 무제약자에 도달하기 전까지는 추리를 멈추지 않기 때문이다. 그러나 동시에 그러한 이성의 집요함은 헛되다. 그 추리의 속성상 무제약자를 가정할 뿐 무제약자에 도달할 수 없기 때문이다. 이성이 무제약자에 도달하려는 시도 자체는 결코 성공할 수 없을 것이지만 이성은 그 헛된 노력의 집요함을 통해 오성이 지정된 한계를 넘어서 인식을 확장해 가도록 만드는 것이다. 이때 한계를 넘어서게 한다는 것은 오성이라는 말(馬)이 뛰어다닐 수 있는 목장의 울타리를 조금씩 바깥쪽으로 옮긴다는 뜻이지 울타리 자체를 없애버려 오성이 완전히 고삐풀린 자유를 누릴 수 있게 해준다는 뜻은 아니다. 인식의 영역에서 고삐풀린 자유란 없다. 올바른 인식을 위해서는 오성이 아무리 멀리 간다 할지라도 감성적 경험의 제한을 넘어가선 안 될 것이다.

이념의 종류—자아, 세계, 신

이념은 추리의 산물이다. 따라서 이념은 이성이 사용하는 추리방식의 수만큼만 생겨날 수 있다. 정언적 추리, 가언적 추리, 선언적 추리,

칸트는 이렇게 세 가지로 인간 오성이 사용할 수 있는 추리방식을 들고 있는데, 이 추리방식은 우리 안에 떠오르는 표상들의 종류와 관련이 있다.

우리 안에 떠오르는 표상은 세 가지이다. 나에 대한 표상이거나 나 아닌 것(나 이외의 사물들과 현상들)에 대한 표상이다. 그리고 그 양자가 아니라면 나와 사물들을 모두 포함하는 만물 일반, 즉 신에 대한 표상이다.

개별적인 나로부터 추리작용을 시작할 경우, 우리는 생각하는 자아라는 이념에 도달하게 된다. 이때 사용되는 추리방식을 정언적 추리라고 한다. 그리고 사물들이나 현상들에서 시작하여 그것들 전체를 포함하는 세계라는 이념에 도달해 가는 추리를 가언적 추리라고 한다. 나와 내 외부의 사물, 현상 등 생각될 수 있는 모든 것에서 시작해 그 원인을 물어가는 추리를 통해 도달할 수 있는 이념은 신으로서, 이때의 추리를 선언적 추리라고 한다.

세 가지 추리작용을 통해 우리에게 주어지는 이념은 **자아, 세계, 신**이며, 세 가지는 모두 서로 다른 영역을 관장한다. 생각하는 자아는 심리학에 속하고, 모든 현상의 전체인 세계는 우주론에 속한다. 신은 당연히 신학에서 작용하는 이념이다. 이에 따라 이성의 추리는 세 개의 테마를 지닌 세 가지 영역으로 나뉜다

1. 순수이성의 오류추리(Paralogismus)
2. 순수이성의 이율배반(Antinomien)
3. 순수이성의 이상(Ideal)

이런, 세상에! 순수한 이성도 변증적일 수 있는가?

칸트가 추리방식이나 표상의 종류를 구별함으로써 이념을 도출했다는 점에서 중요한 사실은, 이념이 우리의 본성에서 주관적으로 생겨난다는 것이다. 우리가 다른 사물들처럼 이념을 경험할 수 없음에도 이념을 세우는 것은 이념이 우리 본성의 자연적 소질이 요청하는 주관적 산물이기 때문이다.

문제가 되는 지점은 이념을 만들어내는 주관적인 추리들은 모두 궤변적이라는 점이다. 경험에서 시작한 추리의 결과(이념)가 경험세계에서 확인되지 않기 때문이다. 그러나 추리는 궤변적이지만 비이성적인 것은 아니다. 우리가 누군가를 비이성적이라고 할 때는 그가 이성을 잃고 제정신이 아닌 상태에서 지껄이고 행동하거나 적어도 이성적으로 용납하기 힘든 큰 실수를 범했을 때이다. 그런데 이념을 추리해내는 과정에는 이런 요소가 전혀 없다. 추리과정에는 어떠한 실수도, 이성의 결핍도 없다. 이성은 자기 본성에 따라 한치의 실수도 없이 성실히 활동했는데도 이념이라는 가상, 헛것이 나타난다. 이것을 칸트는 순수이성의 변증적 추리라고 명명한다. 이것은 철학사의 통념을 깨는 무척 과격한 결론이었으며 선배철학자들을 어리둥절하게 만든 쇼킹한 표현이었다. 그들은 이렇게 반문했다. 어떤 불순물도 끼어들지 않은 이성이 어떻게 궤변적이고 변증적일 수 있단 말인가? 어떻게 감성이 아니라 이성이 오류를 범할 수 있다는 말인가?

우리에게는 이성의 변증적 추리라는 표현은 그다지 충격적인 것이 아니다. 우리는 헤겔 이후의 사유자들이기 때문이다. 헤겔 덕택에 우리는 이성의 변증법에 매우 익숙하다. 계절의 변화에 따라 나무들이 자라고 동물들이 자라듯 이성 역시 역사의 사계절과 기후변화에 따라 점점 자라나고 성숙한다는 생각이 헤겔 이후의 근대인들에게는 상식적인 것이 되었다. 헤겔의 철학과 더불어 이성의 오류는 마치 나비가 벗어놓은 굼벵이 껍질, 사춘기에 했던 부끄러운, 그러나 영혼의 성장을 위해 필수적인(!) 거짓말들과 같은 것이 되었다. 우리는 진보나 발전의 한 계기로서 오류들을 이해하고 오류의 부정 속에서 진보해 나간다. 우리는 그 오류들을 가지런히 손질해 놓을 수 있는 면도칼을 가지고 있다. 헤겔은 이 면도칼을 지양(Aufhebung)이라는 이름으로 불렀다.

하지만 칸트의 동시대인들은 달랐다. 오류는 이성에서 오는 것이 아니라 단지 이성적 사고에 섞여 들어오는 경험적 불순물에서 생기는 것이었다. 그러니 칸트가 "그것은 인간의 궤변이 아니라 순수이성 자신의 궤변이다. 하기에 모든 사람 중에서 가장 현명한 사람조차도 이런 궤변에서 해방되지 못한다"(B397)라고 말했을 때, 그 말은 망치로 뒤통수를 치는 충격이었을 것이다.

순수이성의 변증적 추리라는 표현 역시 용납되기 힘든 것이었다. "변증적"(dialektisch)이란 표현에는 비하의 뜻이 들어 있다. 그리스적 기원을 가지는 이 단어는 과학적 논증과 대립하여 철학자들이 사용한 말이었다. 아리스토텔레스에 따르면 과학적 논증은 참되고 필연적인 전제에서 출발하는 반면 변증적 추론은 단지 일반적으로 인정은 받지만 진리라고 충분한 기준을 제시할 수 없는 명제들을 전제로 하는 것이다. 이때 모든 사람들이 상식적으로 맞다고 믿거나 대부분의 현명한 사람들이 옳다고 인정한 명제는 엔독사(endoxa)라고 불린다. 그래서 아리스토텔레스와 같은 이는 변증론을 연역적 논리학에 의존하는 엄밀한 철학과 철저하게 구분했다. 그러니 순수이성의 변증적 추리란 어불성설이었다. 이성의 변증적 성격은 이성의 순결성을 믿는 사람들에게는 받아들이기 어려운 것이었다.

그러나 다시 아리스토텔레스의 정의로 돌아가 볼 때 독단론에 대항하는 방식으로 변증론을 사용한 칸트의 전략은 타당하고 효과적이다. 아리스토텔레스에 따르면 변증론은 '일상에서 우리가 당연한 것으로 굳게 믿는 의견들에 대해서도 그것이 타당한지를 충분한 문답법을 통해 따져보는 기술'이다. 칸트는 변증론이라는 표현을 통해 순수이성의 이름으로 거론되는 서로 대립하는 철학적 진리들이 엔독사에 불과하다는 것을 밝혔다. 그리고 독단론에 빠지지 않으면서도 엔독사들을 철학적으로 처리하는 새로운 방식을 찾고자 노력한다.

6. 이성의 세 가지 환상

순수이성의 오류추리

자아라는 이념―나는 내가 누구인지 알 수 있는가?

칸트가 살았던 시대의 엔독사, 이른바 칸트 당대에 철학적으로 문제가 되었던 상식적 견해는 세 가지였다. 칸트는 인간에게 가능한 표상이나 추리방식의 종류에서 세 가지 이상의 이념은 나올 수 없다고 말하긴 했지만, 아마도 이념이 세 가지인 이유는 당대에까지 문제시되는 철학사의 이슈가 크게 세 가지로 정리되기 때문인 듯하다.

첫번째 이슈는 '생각하는 자아'에 관한 것이었다. 나는 생각하는 나 자신을 인식할 수 있는가? 여기서 인식한다는 것은 경험한다는 것과 동의어이다. 칸트의 결론부터 말하자면 이렇다. 경험한다는 의미에서라면 나는 생각하는 나를 알 수 없다. 나는 내 자아를 단지 사고할 수 있을 뿐이다. 그러나 자아에 대한 당대의 엔독사에 따르면 생각하는 자아는 일종의 영혼이다. 대부분의 사람들은 생각하는 자아를 동화 속에 나오는 천사들마냥 몸 없이 있을 수 있고 착한 일이나 하느님을 기쁘게 하는 일을 행하는 영혼, 그렇지 않다면 후일 지옥에 떨어지고 말 그런 영혼과 동일시한다.

칸트는 동화나 성경 속에나 나올 법한 이런 영혼을 철학적으로 표현한 명제가 바로 데카르트의 '나는 생각한다'(cogito)라고 생각했다. 그리고 영혼으로서의 자아를 본격적으로 연구한 것이 이성 심리학이라고 보았다. '영혼'은 성경으로 순진한 사람들을 교육하여 신앙심을 고취시키는 데나 필요한 것이지 철학의 '인식론'이 다룰 만한 주제는 아니다. 더구나 누구보다도 현명하고 신중해야 할 철학자들이 교육적 목적으로 사용되는 미신적 존재를 진리의 영역으로 끌어들이는 것은 정말 큰 문제라는 것이 칸트의 생각이었다.

그는 생각하는 자아를 경험할 수 있다고 믿는 것을 **순수이성의 오류추리**(Paralogismus)라고 부른다. 이러한 표현은 철학자들이 다른 무지한 사람들과 마찬가지로 생각하는 자아를 경험할 수 있다고 믿게 되는 이유가 철학자들의 개인적 실수나 부주의에 있지는 않다는 것을 보여준다. 이미 말했듯이 그것은 인간본성의 자연적 소질이 표현된 결과이다. 자꾸만 이러한 오류로 우리를 몰아가는 인간본성의 욕구는 무엇일까?

우리는 우리 자신이 덧없이 사라지는 것을 두려워한다. 우리는 자신이 하나의 인격적 존재로 영원하기를 바라며, 우리가 한 계절만 피는 꽃들, 오랜 시간이 걸리기는 하지만 결국 물결에 닳아 없어질 물가의 조약돌과는 다른 것이기를 바란다. 또한 소멸하고 변화하는 것을 두려워하는 우리의 마음은 급기야는 소멸하고 변화하는 모든

존 테니얼(John Tenniel) 삽화, 『이상한 나라의 앨리스』 중에서, 1865년

앨리스는 "길에는 아무도 안 보여요"(I see nobody on the road)라고 말했다. 그러자 왕은 "나는 왜 그런 눈을 갖지 못했을까"라고 안타까워 하면서, "그 먼 거리에서 'nobody'라는 사람을 볼 수 있다니! 왜 나는 오직 진짜 사람만 볼 수 있는 것일까? 그것도 빛이 있는 곳에서만"이라고 탄식했다. 칸트가 보기에 데카르트는 이 왕만큼 어리석다. 문장에서 nobody만을 따로 떼어 진짜 사람으로 착각한 왕이나 선험적 자아를 범주활동과 떨어질 수 있는 실체로 착각한 데카르트나! 그들의 추리는 모두 오류였다.

것이 우리가 그려낸 한갓 꿈에 불과하기를 바란다. 오! 우리는 다른 물질들과는 아주 다른 존재였으면, 썩어 사라지지 않는 불멸의 존재였으면, 영원한 동일성을 유지했으면, 사라지는 눈앞의 이 모든 것이 단지 내가 만든 꿈의 산물이었으면……. 이와 같은 인간의 네 가지 희망사항이 표현된 것이 바로 영혼에 대한 네 가지 오류추리들이다.

1. 영혼은 비물질적인 실체다.
2. 영혼은 단순하므로 불멸한다.
3. 영혼은 수적으로 동일하며 그래서 인격성을 지닌 존재이다.
4. 사물들은 영혼의 산물로서 우리의 관념일 뿐이다.

영혼의 실체성에 대한 칸트의 비판

사람들은 영혼이 비물질적 실체라고 생각한다. 여기에는 스스로를 사물과는 달리 영원한 것으로 보고 싶어하는 사람들의 욕망이 들어가 있다. 사람들의 바람대로 영혼이 물질처럼 소멸하지 않기 위해서는 물질성을 갖지 않아야 한다. 물질이 소멸되는 것은 물질이 무한히 분할되는 합성물이기 때문이다. 따라서 영혼은 분할되지 않는 단순한 것이어야만 소멸되지 않을 수 있다는 결론이 나온다. 그런데 무한히 분할되지 않는 단순한 것은 실체이다. 이 때문에 많은 이들이 영혼의 실체성을 선호하게 된다. 물론 『순수이성비판』에서 영혼의 실체성을 오류추리하게끔 하는 사람들의 욕망이 면밀히 분석되는 것은 아니다. 그러나 칸트는 사람들이 영혼의 실체성을 통해 궁극적으로 보장받고 싶어하는 것은 영혼의 영원성이라는 점을 언급한다.

칸트는 이성심리학자들이 실체성을 추리하는 데 사용하는 삼단논법에는 문제가 있다는 점을 밝힘으로써 영혼의 실체성이 오류추리의 결과에 불과하는 것을 증명한다. 이성심리학자들이 사용하는 추리방식(B411)은 다음과 같다.

> 대전제 : 주어로만 생각될 수 있을 뿐이어서 주어로서만 현존(Existenz)하는 것은 실체이다.
> 소전제 : 생각하는 존재(Wesen)는, 단지 생각하는 것으로만 보여진다면 주어 이외에 다른 것으로 생각될 수 없다.
> 결 론 : 그러므로 생각하는 존재(영혼)는 실체로서만 현존한다.

이런 삼단논법이 오류추리인 것은 매개념 다의(多義)의 오류를 범하고 있기 때문이다. '주어' 라는 매개념은 대전제와 소전제에서 서로 다른 의미로 애매하게 쓰이고 있다. 이처럼 매개념이 애매할 경우 결론은 타당할 수 없다. 대전제의 주어는 직관을 통해 감각적 질료들이 주어질 수 있고 그래서 경험될 수 있는 실체이다. 그러나 소전제의 주어는 감각적 질료들이 주어진 것이 아니라 생각될 수만 있는 것이므로 경험될 수 없다. 그러므로 서로 다른 의미의 '주어' 라는 매개념을 사용해 '영혼은 실체다' 란 결론을 내리는 것은 잘못이다.

칸트에 따르면 영혼은 실체가 아니다. 이성심리학자들은 영혼이 실체이며 생각하는 자아와 동일하다고 주장한다. 그러나 "'내가 생각한다' 는 명제는 오성의 전 판단의 형식일반을 포함하고, 전 범주의 운반구(Vehikel)로서 모든 범주에 수반해 있다"(A348). 즉 생각하는 존재는 오성의 모든 범주들을 운반하는 일종의 자동차와 같은 역할을 하지만 실체성을 지니지는 않는다. 왜냐하면 이 차량은 과일상자들을 실어나르지 않을 때는 주차장 한 켠에 덩그러니 세워져 있어 우리가 지나가면서 쳐다보고 오늘은 주인이 쉬는 날인가보다고 생각할 수 있는 그런 차가 아니기 때문이다. 이 자동차는 범주들을 실어나르지 않을 때는 결코 어디 있는지 확인할 수 없는 차다. 그것은 실체는 없고 운반이라는 활동만 존재하는 그런 차다. 따라서 데카르트의 생각하는 자아와 칸트의 생각하는 자아는 서로 다르다. 칸트의 코기토는 선험적 통각으로서, 우리는 이미 앞에서 선험적 통각은 범주를 운반하는 활동으로서 범주작용에 함께 전제되는 것이라는 점을 살펴본 바 있다.

영혼의 단순성에 대한 칸트의 반박

이성심리학자들은 영혼의 실체성에서 단순성(Simplizität)이나 인격성(Personalität)과 같은 다양한 영혼의 속성들과 사물들의 관념성(Idealität)을 추리해낸다. 이성심리학자들이 자아가 단순성을 가진다고 말하는 것은 그들이 영혼의 불멸성을 믿기 때문이다. 예컨대 칸트 당대의 가장 유명한 철학자인 멘델스존은 생각하는 자아의 단순성을 통해 영혼의 불멸성을 증명하려고 애썼다. 그는 '독일의 소크라테스'라는 별명을 가질 만큼 총명했으며, 『파이돈 : 영혼 불멸에 관하여』라는 책을 써서 당시에 유행하던 유물론의 논의를 잠재울 만큼 큰 인기를 끌었다.

우리에게는 「한여름밤의 꿈」의 아름다운 선율로 유명한 멘델스존의 할아버지기도 한 그 명석한 유대인 학자에게 칸트는 은근히 경쟁심을 느꼈음에 틀림없다. 『순수이성비판』의 재판본에서 멘델스존의 견해를 비판하는 내용을 특별히 실을 만큼 칸트는 그를 계속 의식했다.

멘델스존에 따르면 영혼이 단순하다는 사실은 영혼이 사라지지 않고 불멸한다는 것을 보증해 준다. 어떤 사물이 단순하다고 가정해 보라. 단순하다는 것은 복합물로 이루어진 것이 아니라는 뜻이고 더 이상 쪼개질 수도 없다는 뜻이다. 그렇기에 단순한 사물은 나누어져 감소되거나 사라질 수 없다. 감소된다는 것은 부분들로 나누어져 그 부분들이 하나씩 없어진다는 말인데, 단순한 사물은 부분으로 나눌 수가 없기 때문에 소멸할 수 없다.

채도표의 검은 색깔들이 점점 흐려지면서 흰색으로 변화하듯이 존재하던 사물들은 정도에 따라 차츰 감소되어 무로 변화한다. 갑자기 검은색이 흰색으로 바뀔 수는 없듯이 존재가 무로 바뀔 수는 없다. 그런데 영혼은 단순하므로 정도(degree) 차이를 가질 수 없고 결국 존재하던 영혼은 사라질 수 없다. 즉 단순한 영혼은 불멸한다는 것이 멘델스존의 결론이다. 이성심리학의 다른 동조자들 역시 영혼이 부분을 가진 합성체라면 불멸할 수 없다고 생각했기에 모두 영혼이 단순하다는 견해에 동의했다.

칸트도 사물이 소멸하려면 정도(degree)에 따른 감소가 필요하다는 점을 인정한다. 그러나 그는 영혼에는 정도가 없다는 멘델스존의 입장과 달리 영혼은 정도를 가지고 있다고 주장했다. 그것은 우리가 의식에 떠올리는 관념들을 생각해 보면 자명한 것이다. 우리의 머릿속에 명료하게 떠오르는 관념들도 있지만 어떤 관념들은 너무 흐릿하게 떠올라 그것이 무엇이었는지 좀체로 알 수 없는 것들도 있다. 아주 선명하게 각인되어 있던 첫사랑의 얼굴도 오랜 세월이 흐르면서 조금씩 분명함의 정도가 흐릿해지다 결국 전혀 기억할 수 없는 순간이 온다. 이처럼 의식에는 많은 정도가 존재하므로 영혼이 단순하다거나 불멸한다는 멘델스존의 주장은 잘못되었다는 것이다.

영혼의 동일성에 대한 칸트의 반박

영혼은 하나라는 이성심리학자의 영혼의 동일성(Einheit) 테제는 영혼의 인격성을 위해 가정된 것이다. '인간은 인격을 가졌다'고 말할 때 그 인격이란 무엇을 말하는 것일까? 이는 다중인격장애(multiple personality disorder)를 생각해 보면 쉽게 알 수 있다. 다중인격장애는 한 사람이 살면서 겪은 다양한 경험들이 한 사람의 것으로 동일시되지 않고 여러 개로 나타나는 증상이다. 심리학자 캐머론 웨스트의 『다중인격』에는 24개의 자아를 가지고 있었던 지은이의 경험이 기록되어 있다. 그는 어린 시절 근친상간과 강간의 기억에서 벗어나기 위해서 자신의 자아를 분리시켜 왔다고 한다. 그 덕분에 그의 인격 중에는 네 살의 데이브, 여덟 살의 클레이……. 이런 식으로 총 24개의 인격이 생겨나게 되었다.

네 살의 데이브, 여덟 살의 클레이를 각기 서로 다른 인격으로 간주하는 것을 병리적으로 보는 데서도 알 수 있듯이, 상식적인 차원에서 인격은 경험한 것을 하나로 묶을 수 있을 때만 가능한 표현이다. 사실 여덟 살의 클레이와 네 살의 데이브 등 여러 개의 인격이라고 말할 때조차 그렇다. 왜냐면 여덟 살의 클레이라는 말은 적어도 여덟 살이 될 때까지 경험한 것들이 클레이라는 하나의 자아에 귀속되기에 한 개의 인격으로 간주할 수 있는 것이다. 이와 달리 사과를 먹는 순간의 클레이와 엄마의 품으로 달려가는 순간의 클레이, 소풍 가는 순간의 클레이를 모두 같은 클레이라고 할 수 없다면 인격이라는 말은 성립조차 할 수 없다.

이성심리학자들은 영혼이 수적으로 하나라는 동일성 테제를 전제함으로써 영혼의 인격성을 증명하려고 한다. 이처럼 이성심리학자들이 영혼의 인격성을 고집하는 이유는 이것을 포기할 경우 발생하는 난감한 상황 때문이다. 우리에게 인격이 없다면 종교와 도덕은 불가능하다. 우리가 하느님 앞에 불려가서 여덟 살 때 문방구에서 몰래 장난감을 훔친 일에 대해서 심판을 받는다면? 다중인격자는 아마도 그건 내가 아니고 여덟 살의 클레이라는 다른 아이의 짓이라고 주장할 것이다. 그때 하느님은 늙어서 죽은 다중인격자 대신 클레이라는 소년을 데려와 영혼에서 그 인격만을 떼어내어 지옥으로 보내야 할까? 만일 그렇게 된다면 그 다중인격자는 지옥으로 보내진 것일까 아닐까? 여기서 내릴 수 있는 결론은 최후의 심판이니 양심의 가책이니 천국의 보상이니 하는 종교적 어휘들이 제대로 기능하기 위해서는 탄생에서 죽음까지 동일성을 유지하는 하나의 인격이 존재해야 한다는 것이다.

그래서 성경에는 다중인격을 저주하면서 어떻게든 인격을 하나로 통합하려는 시도가 종종 등장한다. 다중인격은 항상 귀신들림(possession)으로 표현된다. 예수가 귀신들린 자에 붙은 사탄을 물리치는 기적을 행하는 일화가 그것을 잘 보여준다. 일화에서 재미난 것은 귀신이나 악마는 한 명이 아니라는 점이다. 언제나 귀신이나 악마는 늘 무리지어 다니는 복수적 존재인데, 예수는 이들을 한꺼번에 내쫓는다. 이 엑소시즘(exorcism)의 과정은 사실상 강력한 동일성을 부여함으로써 이 무리들을 하나의 단일한 인격체로 흡수 통합시키는 것에 다름 아니다.

우리가 누군가에게 책임을 묻거나 처벌을 하려는 것은 이미 누군가의 인격이 하나라는 것을 전제하기 때문이다. 살인을 저질렀지만 종교적 참회에 의해 그 누구보다도 경건해진 사형수를 생각해 보면 이 점은 분명하다. 예전의 살인자가 지금 신부처럼 경건해진 이 사람과 하나의 동일한 인격이라는 것을 가정할 때만 우리는 그를 사형에 처할 수 있다. 과거의 선업에 대해 보상을 할 때도 이런 동일성이 요구된다. 바로 그 점에서 보상과 처벌은 동전의 양면과 같은 것이다. 보상의 논리란 일종의 저주 혹은 협박이기도 하다. 오늘 비록 너의 미덕을 보상받지만 내일 네가 악덕을 저지른다면 너는 결코 처벌을 면치 못할 것이다.

이런 점에서 보면 안정된 종교생활과 건전한 도덕을 염원하는 이들이 영혼의 인격을 보장하기 위해 인격의 동일성 테제를 고수하는 것은 너무나 당연한 일이다. 바로 도덕적 실천의 욕구가 영혼이 하나라는 오류추리로 우리를 이끄는 것이다. 그러므로 영혼의 동일성 테제는 일종의 철학적 푸닥거리라고 할 수 있다. 이성심리학을 옹호하는 철학자들은 예수가 귀신들의 무리를 내쫓고 한 사람의 인격을 되찾아준 일을 철학적 방식으로 흉내내는 것이다.

논리적 관점에서 볼 때 영혼이나 의식의 동일성은 내가 떠올리는 표상들을 결합하는 형식적 조건, 일종의 동일한 이름일 뿐이다. 우리가 창문을 보다가 고개를 돌려 벽에 걸린 클레의 그림을 본다고 하자. 창문을 보는 순간의 나와 클레의 그림을 보는 순간의 나는 수적으로 동일하다고 볼 수 없다. 그것은 서로 다른 각각의 의식 상태이기 때문에 수적으로도 다른 나이다. 단지 '나'라는 명칭에서만 동일할 뿐이다. 서로 다른 나들 사이에는 이전의 무수한 '나'들이 의식한 것을 지금의 나에게 전달하는 종합작용이 존재하기에 우리가 그 명칭을 동일하다고 말할 뿐이다.

다시 한번 예를 들자면 이런 것이다. 동범의 트럭으로 부산에서 사과상자를 싣고 왔다. 대전에서 이 사과상자를 오렌지를 실은 영진의 트럭에 옮겨싣고 다시 서울로 올라왔다. 그리고 서울에서 영진의 트럭에 실려 있던 상자들을 포도상자를 실은 진호의 트럭에 옮겨 실었다. 지금 진호의 트럭에는 사과, 오렌지, 포도가 다 실려 있다. 그러나 진호의 트럭에 모든 과일이 다 실려 있다고 해서 동범, 영진, 진호의 트럭이 모두 같은 하나의 트럭이라고 말할 수 있을까? 물론 그렇게 말할 수 없다. 이 트럭들은 그 이름에서만 동일할 뿐이다.

그러므로 의식이 수적으로 하나이며 그 때문에 동일성을 지닌다는 주장은 성립할 수 없다. 건전한 사회생활과 실천적인 삶을 위해서 인격의 동일성을 가정할 수는 있다. 하지만 철학자의 양심으로 그 수많은 서로 다른 자아들을 하나의 자아라고 말할 수는 없다. 더구나 이 무수하게 많은 자아들이 단지 하나의 자아로서 현실에 객관적으로 존재하는 양 말해서는 결코 안 된다. 그러나 칸트가 의식의 복수성을 언급하는 것으로서 논의를 끝내는 것은 아니다. 그는 영혼과 같은 하나뿐인 정신적 실체를 부정하긴 했지만, 여전히 인식의 영역에서 자아의 질적 동일성을 확보해야 할 필요성을 느꼈다. 그래서 그는 복수적 자아들 사이에서 과거의 표상을 전달하는 종합작용을 하는 선험적 통각의 동일성을 상정함으로써 문제를 교묘히 해결하고자 했다. **즉 자아는 하나가 아니라 복수적이지만 그 복수적 자아들에 수적이지 않은 동일성(Identität)을 부여하는 선험적 통각이 존재한다.** 선험적 통각은 수적 동일성(Einheit)이 아니라 질적 동일성(Identität)을 부여하며, 경험되지는 않지만 경험의 전제조건이 되는 것이다.

외부 사물의 관념성에 대한 칸트의 반박

영혼의 실체성, 단순성, 동일성 비판에 이어서 칸트가 다루는 것은 형이상학자들의 영혼개념과 한 쌍으로 주장되는 이 세계의 관념성 문제이다. 그는 세계의 사물이 한갓 관념에 불과하다는 관념론을 비판하는 데 매우 심혈을 기울였다. "관념론과 비교해서 …… 대상이 확실한 것일 수 있음을 주장하는 것이 (나의) **이원론**이다"(A367). 이 말에서 우리는 그가 관념론을 반박하기 위해 이원론을 사용한다는 점에 주목해야 한다. 칸트가 자신을 선험적 관념론과 경험적 실재론을 주장하는 이원론자로 규정한 것은 매우 유명하다.

일반적으로 관념론(Idealimus)은 외부 사물의 존재를 의심하는 견해를 뜻한다. 이에 대립하여 우리가 감각하는 그대로 사물들이 존재한다는 주장을 실재론(Realismus)이라고 부른다. 그러나 그는 관념론을 달리 정의함으로써 기존의 관념론을 반박하면서도 스스로를 관념론자라고 불렀다. 칸트는 관념론자란 외부 **대상의 존재를 부정하는** 자가 아니라 "외적 대상의 실재성을 **어떤 가능한 경험에 의해서도 확실히 알 수 없음을 인정하는 자**"(A368)라고 정의한다. 이에 따라 칸트는 관념론과 실재론을 네 가지로 분류한다.

선험적 관념론 | 선험적 실재론
경험적 관념론 | 경험적 실재론

선험적 관념론은 사물이 단지 우리의 표상이며 우리가 보는 그대로 사물이 존재하는 것은 아니라고 주장한다. 이와 같은 선험적 관념론에 대립하는 것은 선험적 실재론이다. 선험적 실재론은 우리들의 감성과 무관하게 사물들이 존재한다고 본다. 공간을 예로 들어보자. 선험적 관념론자에게 공간은 **감성의 형식**이고 감성 밖에 독립적으로 존재하는 것은 아니다. 그러나 선험적 실재론자는 **감성과 상관없이** 공간이 실제로 존재한다고 본다. 언뜻 듣기에 선험적 실재론은 우리의 상식적 견해인 경험적 실재론과 유사한 듯하지만 사실은 그렇지 않다. 선험적 실재론자는 나중에는 경험적 관념론자 노릇을 한다. 왜 그럴까? 우리는 인식과 상관없이 공간과 사물이 독립적으로 존재한다는 말을 눈을 감고 있는 동안에도 우리가 감각한 그대로 세상이 존재한다는 뜻으로 받아들인다. 그러나 선험적 실재론자들에게 중요한 것은 '감성과 상관없이'이다. 선험적 실재론에서는 감성과 상관없이 세계가 존재하므로 우리가 감각하는 대로 세계와 사물이 있다고 말할 아무런 근거가 없다.

그러니까 선험적 실재론의 주장은 눈을 감을 때도 세계가 그대로 있다는 말이 아니라 우리가 눈을 뜨고 있어도 제대로 볼 수 없는 장님이라는 소리이다. "우리가 눈뜬 장님이라면 당신은 어떻게 공간의 실재성을 주장할 수 있소?"라고 선험적 실재론자에게 묻는다면 그는 이렇게 대답할 것이다. "공간은 물론 있지요. 그건 감성의 눈으로 볼 수 있는 게 아니라 이성의 순수한 눈을 통해서 볼 수 있는 것이라오." 결국 선험적 실재론에서 실재론은 우리가 감각한 대로 세상이 있다는 의미가 아니라 우리가 사유한 대로 세상이 있다는 의미에서의 실재론이다. 그러므로 감각을 통한 우리의 모든 경험은 환상이며 결코 믿을 수 없다. 감성에 대한 불신 때문에 선험적 실재론자는 경험적 관념론자가 될 수밖에 없는 것이다.

만일 선험적 실재론자가 꼭 경험적 실재론자 노릇을 하려고 한다면 데카르트처럼 신학적 방식에 호소해야 한다. 데카르트는 먼저 물체는 우리의 감각과 무관하게 존재한다고 주장한다. 그리고 나서 물체의 존재는 신이 보증해 주는데 그 신은 의심할 바 없이 선하기 때문에 우리의 감각을 속일 리 없으므로 우리가 보는 대로 물체들이 존재한다고 믿어도 좋다고 주장한다. 그러나 선한 신의 존재는 철학적이기보다는 신학적이며 이런 존재를 상정하는 것은 철학자들에게는 너무 거추장스럽다. 그래서 결국 선험적 실재론자들의 대부분이 우리가 감각하는 것은 환상에 불과하다는 경험적 관념론의 입장을 채택하게 되는 것이다.

이와 달리 선험적 관념론자는 경험적 실재론자일 수밖에 없다. 그는 사물 자체가 우리가 경험한 것과 똑같다고 보지 않는다는 점에서 관념론자다. 그는 경험한 사물은 우리의 표상이라고 믿는다. 그러나 경험한 모든 것의 실재성을 믿는다는 점에서 실재론자다. 그는 경험이 환상이 아님을 믿는다. 사물이 한갓 우리의 표상이라고 믿는 동시에 환상이 아님을 어떻게 믿을 수 있을까? 이런 이상스런 믿음을 가능케 해주는 것이 바로 선험성이다. 경험 그 자체만으로는 우리가 경험하는 세계가 환상이 아님을 정당화할 수 없다는 점에서 칸트는 자신이 관념론자임을 자처했지만, 경험의 보편적인 조건인 감성과 오성의 형식 즉 선험적 형식을 마련함으로써 경험이 보편적이고 타당한 실재성을 지닌다는 점을 확신했다. 그러나 그 **선험적 조건이 진정한 실재는 아니고 인식형식에 불과하므로 선험적 관념론인 것이고, 경험상으로는 그와 같은 선험적 형식을 벗어나 달리 경험할 어떤 가능성도 원천봉쇄되어 있으므로 경험적 실재론이다.** 그는 모든 것이 머릿속에만 존재하는 환상이라는 관념론자들에 반대하여 대답한다. "외부 사물에 대한 경험은 우리가 우리 자신을 느끼는 내적 경험처럼 확실하며 보편타당하고 객관적인 것입니다."

그러나 칸트의 설명을 듣다 보면 어쩔 수 없이 의문이 생긴다. 세계가 경험한 그대로 있는 게 아니라면 세계가 실재한다고 말할 수 있을까? 차라리 경험적 관념론자들처럼 경험한 그대로 실재하는 게 아니므로 세계는 환상이라고 말하는 것이 더 정직해 보인다. 도대체 실재한다는 건 무엇일까? 칸트는 선배 철학자들이 사용하던 관념론의 정의만 바꾸어놓은 것이 아니었다. 그는 실재론의 정의 역시 완전히 바꿔놓았다. 실재론의 전통적 용법으로 보자면 칸트의 경험적 실재론이란 우리의 표상이 표상이라고 해서 헛된 환상이라고 치부할 필요는 없고 그 표상도 충분히 보편타당하게 볼 수 있다는 주장에 불과할 뿐, 실재 그 자체에 대해서는 말하는 바가 없다. 오히려 사물 그 자체, 즉 물자체는 알 수 없다고 한 점에서 보자면 그의 주장은 반(反)실재론이라고 할 수 있을 것이다. 그는 세계의 실재성에 대해 대답해야 할 자리에서 계속 보편타당성만을 언급하고 있을 뿐이다.

이 철학자는 혹시 사오정 아닐까? 물음을 잘못 알아듣고 엉뚱한 대답을 계속하니 말이다. 그러나 잘못된 것으로 들리는 이 대답에 바로 칸트의 위대성이 숨어 있다. 그는 전혀 다른 대답을 통해 새로운 질문의 지평을 열어 놓은 것이다. 칸트의 대답을 들으며 우리는 실재성의 정의를 다시 한번 묻게 된다. 도대체 있다는 것은 뭘까? 그리고 없다는 것은? 못을 박으려고 망치를 찾는다고 하자. 집에는 망치가 없다. 그때 우리는 "망치가 없네"라고 말한다. 물론 철물점에 가면 망치는 있다. 그럼에도 불구하고 집에 망치가 없다고 말할 때 우리가 잘못 말한 것은 아니다. 망치가 있다는 말과 망치가 없다는 말 모두

가 참이라는 것은 말 자체로는 모순이다. 그러나 우리는 모순에 빠지지 않는다. 있다는 말과 없다는 말을 특정한 조건 하에서 사용하기 때문이다. 집에 망치가 없다는 것은 지금 곧 사용할 수 있는 방식으로 손에 잡히는 곳에 그 사물이 있지는 않다는 뜻이다. 망치가 있다고 할 때도 비슷하다. 망치는 지금은 쓸 수 있는 방식으로 내 앞에 있지만 내일이 되어 누군가 훔쳐갈 수도 있고 시간이 지나면 녹슬고 부서져 없어진다. 그럼에도 우리는 망치가 있다고 말하는 데 어떤 어려움도 느끼지 않는다.

이것은 실재성 개념이 어떤 조건 아래에서 어떻게 정의되느냐에 따라 매우 상이하게 쓰일 수 있는 것이고, 또 그렇게 쓰일 때 비로소 의미있음을 보여준다. 칸트는 실재성 개념이 지닌 다양한 스펙트럼을 이해했다. 우리가 사는 이 현상세계에서 우리에게 의미있는 방식으로 사용할 수 있는 실재성의 정의가 중요할 뿐이다. 칸트는 우리의 표상이 우리 외부의 사물들과 일치하고 있느냐 아니냐를 그토록 심각하게 고민할 필요가 없다고 생각하는 것 같다. 사물들이 설사 표상에 불과하다고 할지라도, 우리가 그 사물에 대해 공통의 의견을 형성하고 보편적인 인식을 기반으로 소통할 수 있다면 그 사물의 실재성을 주장하기에 충분한 것이다. 특히 보편타당성을 의미하는 실재성의 개념만으로도 근대 과학의 기반은 충분히 확립될 수 있었다.

선험적 관념론인 동시에 경험적 실재론이라는 칸트의 이원론에는 하나의 개념을 절대화하려는 맹목과 독단을 피하고 개념의 조건화를 통해 하나의 개념을 개념 사용자에게 유의미한 것으로 만들어

내려는 비판적 시도가 들어 있다. 실재성을 인간에게 '보편타당하게 인식됨'이라는 뜻으로 제한할 경우 실재론과 관념론은 아무런 모순도 없이 의미있게 쓰일 수 있다. 칸트는 많은 철학자들이 특정한 조건화를 고려하는 대신 하나의 개념, 하나의 법칙을 절대화하는 잘못을 범함으로써 그동안 철학사에는 관념론과 실재론의 대립이라는 그토록 불필요하고 무의미한 논쟁들이 등장했던 것임을 정확히 지적하고 있는 것이다. 물론 니체와 같은 철학자는 법칙과 개념을 절대화하는 오류에서 칸트 자신이 결코 자유롭지 못했다는 것을 여러 번 지적하며 칸트를 신랄하게 비판한다. 그러나 들뢰즈가 이미 언급했듯 적어도 그 지적과 비판의 전통이 칸트철학의 고유한 문제의식 아래에서 시작되었음을 부정하기는 힘들다.

칸트는 영혼의 실체성, 단순성, 동일성과 여기서 도출되는 외부세계의 관념론을 비판함으로써 당대의 세 가지 철학적 이슈 중 첫번째 문제를 잘 해결했다. 이 이슈들과 관련해 우리는 칸트가 다음과 같이 맹세하는 것을 상상해 볼 수 있을 것이다.

1. 나는 형이상학자들의 "영혼" 개념을 퇴치하겠습니다.
2. 나는 세계에 대한 서로 대립된 태도가 낳는 모순 즉 "이율배반"을 해소하겠습니다.
3. 나는 신학자들의 "신 존재 증명"이 헛되다는 것을 보이고자 합니다.

첫번째 서약은 성공적으로 이루어졌다. 이제 두번째와 세번째가 남아있다. 두번째 서약을 지키기 위해 칸트는 이율배반을 다루는 선험적 우주론을 구성한다.

순수이성의 이율배반

이율배반(Antinomien)은 서로 모순되는 입장이지만 우리가 그 입장들에 대해 찬반을 정할 수 없을 만큼 팽팽하게 대립하는 두 주장들 간의 싸움을 의미한다. 이율배반은 경험상으로는 확인할 수 없어 경험적 확증도 불가능하지만 경험적 반박도 불가능하다. 이율배반은 이성이 이끄는 대로 따라가면 도달하는 논리이기 때문에 이성을 벗어난 궤변이라고 할 수도 없고, 이성의 논리이기 때문에 피하거나 없애버릴 수도 없는 것이다. 이 때문에 많은 정직한 영혼의 소유자들은 회의주의자가 되어 외친다. 둘 중 하나의 논리만을 옳다고 우기는 것은 독단론에 불과할 뿐이므로 나는 차라리 모른다고 말하련다.

칸트는 이런 태도가 정직할지는 모르지만 성숙한 태도라고 볼 수 없다고 생각했다. 그가 보기에 회의주의자는 부모의 싸움에 당황해 "몰라 몰라" 하면서 울음을 터뜨리는 어린아이와 같은 존재이다. 그건 딱하기는 하지만 결코 권장할 만한 태도는 아니다. 그러므로 그는 고집센 부모와 같은 독단론자들을 진정시키고 또 어린아이와 같은 회의주의자를 품에 안고 엄숙하게 말한다. **이율배반은 "결코 근절시킬 수는 없는 가상"이지만 "무해한 것으로" 만들 수는 있소**(B450). 이를 위해 그는 언성을 높여 싸우는 바람에 서로의 주장이 뒤섞여 제대로 들리지조차 않는 독단론의 아수라장을 차분히 정리하는 자리를 마련한다.

칸트가 『순수이성비판』 속에 마련해 놓은 논쟁의 자리에서는 네 개의 테마에 대한 대립적 주장들이 발표되었다. 테마별로 정리해 보자면 첫째는 세계의 시간과 공간에 관한 견해, 둘째는 물질에 대한 견해, 셋째는 인과법칙에 대한 견해, 넷째는 세계의 필연적 원인에 대한 견해이다.

정립 : 시간에는 시작점이 있고 공간에는 끝이 있다.
반정립 : 시간은 시작점이 없고 공간은 끝이 없어 둘은 무한하다.

정립 : 물질은 더 이상 쪼갤 수 없는 작은 부분으로 이루어진다.
반정립 : 물질은 무한히 분할된다.

정립 : 인과법칙을 벗어난 자유에 의한 원인이 있다.
반정립 : 자유는 없다. 모든 것은 인과법칙에 따른다.

정립 : 세계의 원인인 필연적 존재가 있다.
반정립 : 필연적인 존재는 어디에도 없다.

위의 네 가지가 유명한 칸트의 이율배반론이다. 증명방식에서 독특한 것은 네번째 이율배반을 제외하고는 간접증명을 사용한 점이다. 간접증명은 자신의 주장을 직접 증명하는 것이 아니라 반대주장이 잘못되었음을 보임으로써 자기 주장을 정당화하는 증명방식이다. 이해가 안 간다면 수학시간에 배웠던 귀류법을 떠올리면 된다. '$\sqrt{2}$가 무리수임을 증명하시오'라는 문제를 풀 때 $\sqrt{2}$가 유리수라고 가정한 후 모순이 도출됨을 보임으로써 무리수라는 사실을 증명했던 기억이 어렴풋이 날 것이다. 같은 방식으로 시간·공간에 끝이 있다는 주장을 증명할 때는 시간과 공간의 끝이 없다고 가정을 하고 그 가정이 모순됨을 보임으로써 시간과 공간의 무한성을 보여준다. 이율배반의 증명은 다음과 같이 이루어진다.

'시간에는 시작점이 있고 공간에는 끝이 있다'에 대한 증명
만일 시간에 시작점이 없다고 하자(전제의 부정). 그럼 지금 시점에 이르기 전까지 무한한 양의 시간이 흘러갔을 것이다. 그런데 무한한 시간의 양이란 우리가 아무리 큰 분량을 생각해도 도달할 수 없는 양이다. 그러므로 무한한 시간이 존재한다고 말하면 우리는 현재의 시점에 이르는 흘러간 **시간 전체**를 생각할 수 없다. 따라서 시간의 시작이 있고 그 시작에서부터 시간이 더해져야만 이 세계를 이루는 시간 전체를 생각할 수 있다.

공간의 경우도 비슷한 방식을 따른다. 공간에 한계가 없다면 공간은 무한해져서 공간으로 구성된 세계를 하나의 전체로서 생각할 수 없다. 그러므로 공간에는 한계가 주어져야 우리는 세계 전체를 떠올릴 수 있다.

논리가 비교적 간단하고 타당한 것 같은데도 다 읽고 나면 모호하고 뭔가 속은 것 같은 느낌도 들 것이다. 이 증명을 이해하기 위해 주목해야 할 것은 무한성과 동시에 세계의 전체성을 주장하는 것이 불가능하다는 점이다. **전체성은 각 부분들을 종합해서 즉 양적으로 더해서 얻어질 수 있는 개념인데 무한성은 종합이 불가능한 개념이다.** 아무리 큰 양을 생각해도 그 양에 무언가를 더할 수 있으므로 무한성을 상정하는 이상 완전하게 종합하는 일은 불가능하다. 그러므로 세계를 하

나의 전체로 생각하는 사람이라면 세계가 무한하다고 주장해서는 안 된다. 이처럼 이율배반의 첫번째 주장은 네가 세계를 하나의 전체로서 보려면 너는 시간·공간의 한계를 정해야 한다는 것이다. 논증의 포인트는 '무한성=전체성'이라는 잘못된 등식을 세우는 사람들의 오류를 보이는 것에 있다.

'시간에는 시작점이 없고 공간에도 끝이 없다'에 대한 증명
이 논증도 역시 간접증명을 사용해서 자기 주장의 반대입장을 가정한 후 증명을 시작한다. 시간에 시작점이 있다고 해보자. 그 시작점에 선행해서 그 시작점을 발생시킨 공허한 시간이 있었을 것이다. 그러나 시간밖에 존재하는 공허한 시간은 아무것도 발생시킬 수 없다. 그러므로 시간의 시작점이 있다고 보아서는 안 된다.

공간에 끝이 있다고 해보자. 그렇다면 세계는 세계 외부의 공간에 의해서 한계지워져야 한다. 그러나 세계를 떠난 세계 외부의 공간은 불가능하므로 공간의 끝은 없다.

비슷한 논리로 나머지 이율배반들의 증명이 이루어지는데, 칸트와 그의 동시대인들에게는 매우 명료한 논리일 테지만 우리에게는 알쏭달쏭하기만 하다. 그 각각의 논리를 세세하게 이해하려 애쓸 필요는 없다. 여기서는 정립의 주장들과 반정립의 주장이 지닌 성격들을 살펴보고 결국 정립과 반정립의 대립이 궁극적으로 칸트와 그의 동시대인들에게 고민거리가 되었던 이유를 알아차리는 것이 더 중요하다.

정립의 주장은 형이상학적이고 신학적인 세계관을 대표한다. 시간의 시작점을 주장하는 것(제1이율배반)은 그 시작의 순간에서 시간을 창조한 신의 존재를 인정하려는 시도이며, 더 나눌 수 없는 단순한 실체로 물질이 구성되어 있다는 것(제2이율배반)은 라이프니츠의 모나드론을 의미한다. 인과법칙에서 벗어난 자유로운 원인(제3이율배반)은 제1원인으로서의 신을 상정하는 신학적 견해이며, 세계의 필연적 원인이 있다(제4이율배반)는 주장 역시 신의 존재를 정당화하기 위한 것이다. 이와 달리 반정립은 신학에 반대하는 유물론적이고 과학주의적 세계관을 지닌 사람들의 견해이다.

　제약받는 것과 제약의 관계라는 논리적 차원에서 정립과 반정립의 대립을 설명해 볼 수도 있다. 만일 제약받는 것 A가 있다면 반드시 그것을 제약하는 것 A′가 있을 것이고 또 그 A′를 제약하는 A″가 있을 것이다. 이런 식으로 우리는 제약의 계열을 일관성 있게 지속적으로 추리해 나갈 수 있다. 즉 반정립의 견해들에서 보여지듯 이성은 **일관성과 통일성의 욕구**를 가지고 있다. 그러나 동시에 우리의 이성은 제약의 계열을 무한히 늘어나는 꼬리처럼 늘어뜨리고 싶어하지 않고 하나의 완결된 전체로서 깔끔하게 완성해 보려는 욕구를 가지고 있다. 이런 **완전성과 전체성의 욕구**가 우세할 경우 사람들은 정립을 주장하게 된다. 한 시점에서 앞선 시간을 찾아 무한히 과거로 거슬러 올라가거나 원인의 원인을 찾아 끝없이 후퇴하는 대신 그 사유의 계열을 완성하게 하는 시작점을 가정하는 것이다. 자신은 시작이면서 다른 것에 의해 시작되지는 않는 것, 자신은 원인이면서 아무런 원인도 갖지 않는 것, 즉 무제약적인 것을 정립함으로써 전체성을 추구하는데, 이 무제약적인 것이 바로 자아, 신, 세계와 같은 이념들이다.

이와 달리 반정립은 제약의 논리를 벗어날 수 있는 것은 자연과 현실의 경험세계에서 찾아볼 수 없다고 주장한다. 거기에는 단 한 번의 예외도 없다. 이런 주장이 유물론적이고 근대의 과학적 사유를 의미한다는 점은 세번째 이율배반의 반정립을 보면 쉽게 드러난다. 이 세계에는 어떤 자유원인도 없고 모든 것들은 필연적으로 원인을 갖는다는 주장은 바로 근대과학의 기초가 되는 인과법칙의 필연성을 인정하는 것이기 때문이다. 그렇다면 위대한 근대인의 한 사람인 칸트가 정립을 진지하게 숙고할 필요가 있을까? 칸트는 네 가지 정립이 모두 낡은 신학적 세계관을 반영하기에 근대인이라면 주저없이 폐기해야 할 견해들이라고 선언해야 할 것이다. 그러나 칸트는 그렇게 선언하는 대신 이율배반은 "인류의 지고지중(至高至重)한 물음"(B491)임을 강조한다.

그는 이율배반의 항쟁에는 이성의 고유한 관심이 표현되어 있다는 점에 주목한다. 반정립은 철저히 경험론에 입각한 것으로 그 "사유의 일관성과 규칙의 통일성"이 빛나는 입장이다(B494). 이와 달리 정립은 독단론이고 경험법칙에 위반되는 사유이다. 하지만 여기에는 이성의 위대한 관심, 즉 실천적 관심이 들어 있다. 모나드처럼 단일한 실체로서 자아가 있고, 그 자아가 자연의 인과법칙에 종속되지 않고 어떤 행위의 자유로운 원인이 될 수 있어야 한다는 실천적 관심을 가진 사람이라면 정립을 지지하지 않을 수 없다. 반정립은 실천적 관심을 철

바바라 크루거(Barbara Kruger), 「당신들의 광증이 과학이 된다」, 1981년

반정립의 정신은 제어할 수 없는 호기심의 정신이다. 반정립의 정신은 "이 사건의 원인은 무엇이며 또 그 원인의 원인은 무엇일까?" 하는 물음을 끊임없이 묻는다. 또한 반정립의 정신은 이 원인으로 인해 생기는 결과는 무엇이며 그 결과의 결과는 무엇인지 직접 확인해 보고 싶어 한다. 이 지칠 줄 모르는 이성의 관심에는 모종의 광증이 내재해 있었다. 원자폭탄은 반정립적인 이성의 놀라운 성과인 동시에 그 이성 속의 광증이 가져올 파국을 명증하게 보여주었다. 칸트가 이율배반의 논의에서 과학적 이성에 대립하는 정립적 이성의 중요성을 그토록 강조했던 것은 그 자신이 반정립적 이성의 광증을 직감했기 때문일지도 모른다.

저히 빼앗아 버리기 때문이다. 세계와 구별되는 신의 존재가 없으니 사람들은 선한 삶에 대한 아무런 의지도 못 가질 것이고, 단일 실체로서 영혼이 존재할 가능성과 자유의 가능성이 없으니 선한 행위의 주체도 있을 수 없다. 정립은 또한 반정립이 의문을 끝없이 계속 제기하는 것과 달리 의문을 남기지 않는 산뜻한 해답을 찾고 싶어하는 이성의 관심을 충족시킨다.

반정립에도 이성의 관심이 표현되어 있다. 비록 실천적 관심은 충족시킬 수 없지만 사변적 관심에 큰 이익을 준다. 반정립은 경험법칙의 일관성을 통해 자연에 대한 명확한 인식을 지속적으로 확대하도록 만든다. 그리고 실천적 관심과 사변적 관심을 혼동하는 이성의 바보짓을 방지한다. 즉 신이나 영혼을 자연 속에서 찾아보려는 이성의 어리석은 시도를 물리치는 것이다. 그러나 칸트는 반정립이 이성의 어리석은 혼동을 견제하는 것을 지나쳐 경험법칙을 실천 영역에까지 확장시키려는 오만불손을 저질러선 안 된다고 지적한다.

중요한 것은 인간이 실천적 관심이든 사변적 관심이든 자신의 관심에서 해방될 수는 없다는 사실이다. 따라서 이성이 지닌 고유한 관심이 무엇인지 충분히 이해하고 그 관심에 맞게 이성의 활동영역과 활동방식을 규정한다면, 이율배반은 무해하다. 물론 무해해진 경우에도 이율배반은 이성의 서로 상반된 욕구로서 일관성의 욕구와 완전성의 욕구를 각각 표현하면서 결코 제거될 수 없는 것으로 남아 있기는 할 것이다.

이런 방식으로 칸트는 이성의 상이한 욕구를 밝히고 관심의 영역을 분류함으로써 이율배반의 문제를 해소하겠다는 두번째 서약을 지켰다. **이율배반의 모순이라고 표현되었던 것은 사실은 모순이 아니라 한 쪽을 위해 다른 한 쪽을 무시할 수 없는 이성의 상이한 관심**이라는 사실이 드러났다. 그는 이율배반의 모순을 풀어주기를 기대하는 사람들에게 이율배반은 결코 모순이 아니라는 점을 보임으로써 문제를 해결했다. 이 점을 분명히 하기 위해 그는 이성의 관심 영역을 표현하고 명시해 주는 이원론을 제시하였다. 이성의 사변적 관심이 머무는 지대인 경험적 현상계와 이성의 실천적 관심을 위한 지대인 가상계──물자체 영역의 구분이 그것이다. 이와 같은 이원론은 이미 순수이성의 오류추리를 해결하기 위한 방식으로 선험적 관념론과 경험적 실재론을 제시했을 때 등장한 바로 그 이원론의 사유이다.

순수이성의 이상

이제 신존재 증명의 허구성을 밝히겠다는 칸트의 마지막 서약이 완수되는 장으로 이동하자. 칸트는 이율배반론을 통해 이성의 실천적 관심을 위해서는 현상과 자연세계를 넘어서야 할 필요가 있다는 점을 밝혔다. 물론 사변적 관심에 충실하려면 현상이라는 감성계에 머물러 있어야 하겠지만 말이다. "감성계의 외부에 한 걸음을 내디딜"(B595) 필요에서 시작된 첫번째 탐구는 물론 필연적 존재인 하느님에 대한 연구다. 이런 하느님의 존재를 칸트는 이상(理想)이라고 이름붙인다.

이상(Ideal)

하느님은 어떻게 생긴 분일까? 남북전쟁 시기 미국에서 자란 어린 흑인노예 소녀라면 하느님은 아마도 자기의 주인처럼 백인 남자의 모습을 하고 있을 것이다. 물론 우리에게도 하느님은 백인 남성의 모습을 하고 있는 경우가 대부분이다. 하느님을 마음으로 형상화하면서 흑인 여성이나 황인종 여성을 떠올리기는 어려울 것이다. 그래서 진보적인 신학자들은 하느님의 구체적 형상에 남성중심주의나 서구중심주의가 짙게 배어 있다고 비판하면서 하느님 어머니라고 부르기를 시도하거나 흑인 여성 예수의 상을 만들기도 한다. 이러한 시도는 **하느님이라는 문자에서 우리가 상상력을 가지고 그려내는 것, 즉 하느님의 모노그램**(Monogramm)에 들어 있는 성적이거나 인종적인 편견을 새로운 종류의 모노그램을 제시함으로써 전복하려는 것이다.

그런데 하느님의 이상은 이런 모노그램과 다른 것이다. 하느님을 상상적으로 그려보지 않을 때도 우리는 하느님에 대해 어떤 보편적 규정을 내릴 수 있다. 전지전능하다, 무소부재하다, 완전하다, 자비롭다 등등. 이처럼 칸트는 신과 같은 **하나의 이념에 어떤 개체적 규정을 떠올리는 것**, 특히 어떤 전형적이거나 표본적인 규정을 부여하여 이해하는 것을 이상(Ideal)이라고 한다. 이상은 이념과 달리 전능하다든가 완전하다든가 하는 개체적 규정이 들어가 있다는 점에서 이념과 다른 것이며, 우리가 마음속으로 그려보는 하느님의 모습처럼 상상력의 산물인 모노그램과도 다른 것이다.

칸트는 하느님이라는 이상을 현실에 존재하는 것으로 인정할 순

없다고 생각한다. 그렇다고 이 이상을 단순한 망상으로 취급할 수도 없다고 한다. 이상은 우리가 이성을 사용하는 데 매우 긍정적인 역할을 하기 때문이다. 단지 다른 사물들처럼 하느님도 경험할 수 있다고 주장할 때 하느님의 이상은 망상으로 전락하고 마는 것이다. 그래서 칸트는 신이 우리가 보고 만질 수 있는 다른 사물처럼 현실에 존재한다고 주장하는 신학자들의 어리석은 견해를 반박하고자 한다.

하느님의 존재를 증명하는 여러 가지 방법들

나는 눈을 감는다. 그리고 한 떼의 새들을 본다. 그 영상은 1초, 또는 아마 그보다 더 짧은 순간 동안 지속된다. 나는 내가 몇 마리의 새를 보았는지 모른다. 그렇다면 새들의 숫자는 확정적인 것일까, 아닐까? 이 문제는 신의 존재 여부와 관계가 있다. 만일 신이 존재한다면 새들의 숫자는 확정적이다. 왜냐하면 신은 내가 몇 마리의 새를 보았는지 알고 있기 때문이다. 만일 신이 존재하지 않는다면 새들의 숫자는 불확정적이다. 왜냐하면 그 숫자를 셀 수 있는 존재가 아무도 없기 때문이다. 그러한 경우 나는 (말하자면) 열 마리 미만에서 한 마리 이상의 새를 보았지만 아홉 마리, 여덟 마리, 일곱 마리, 여섯 마리, 다섯 마리, 네 마리, 세 마리, 또는 두 마리의 새를 본 게 아니다. 나는 10에서 1 사이의 어떤 숫자를 보았지만 그것은 9, 8, 7, 6, 5 등의 숫자를 본 게 아니다. 이 전체적인 숫자는 인식이 불가능하다. 그러므로 신은 존재한다.(보르헤스, 「새의 숫자와 관련한 논증」)

소설가 보르헤스는 이런 알쏭달쏭한 방식으로 하느님의 존재를 증명했지만, 전통적으로 신학자들이 하느님의 존재를 증명하려고 했던 방법들은 크게 세 가지로 나뉜다.

1. 존재론적 증명
2. 우주론적 증명
3. 자연신학적 증명

칸트는 존재론적 증명을 선험적인 증명이라고 부르고, 나머지 두 개의 증명을 경험적인 증명이라고 부른다. 존재론적 증명은 우리의 경험적 사실에 호소하지 않고 하느님이 절대적 필연존재자라는 이성의 순수한 개념에 의거해서 증명을 펼친다는 점에서 선험적이다. 이와 달리 우주론적 증명과 자연신학적 증명은 우리의 경험에서 직접 신이 존재한다는 사실을 끌어내는 경험적 증명방식이다.

존재론적 증명

칸트는 존재론적 증명이 불가능하다는 점을 보이는 데 가장 심혈을 기울인다. 그가 보기에 이 증명은 세 가지 증명 중에서 가장 엉터리 같은 증명방식이면서 놀랍게도 나머지 두 증명의 토대가 되는 것이다. 우리는 하느님에 대해 '완전하다'는 보편적인 규정을 가지고 있다. 이것은 우리가 하느님의 완전함을 경험했기 때문에 내리게 된 규정은 아니다. 단지 우리가 가장 완전한 존재자를 가리켜 하느님이라는 개념으로 부르기로 했기에 그런 규정이 생긴 것이다. 완전성은 모든 가능한 속성을 다 포함하는 개념이다. 하느님이 완전한 자라는 정의를 인정하는 한에서 우리는 그에게 현존(Existenz)이라는 속성이 들어 있다는 점을 인정할 수밖에 없다. 만일 하느님이 현존하지 않는다면 완전성은 현존이라는 속성을 결여하고 있다는 이유로 불완전한 존재가 되어버린다. 이것은 신은 완전한 자라는 본래의 정의에 위배되는 것이다.

바로 이런 증명의 방식을 존재론적 증명이라고 부르는데, 이것을 주장하는 사람들은 삼각형의 예를 들며 우리에게 말한다. "삼각형은 세 각을 가진 도형이다. 당신이 삼각형의 개념을 받아들이기만 한다면 그것이 세 각을 가진다는 사실도 필연적으로 받아들여야 한다. 마찬가지로 하느님은 현존하신다. 만일 당신이 하느님이 완전한 자라는 정의를 받아들이면서 현존하신다는 것을 부정한다면 세 각을 가지지 않은 삼각형이 있다고 우기는 것만큼이나 어리석은 모순을 범하는 것이다."

그러나 칸트가 보기에 이런 주장에는 특정한 오류가 있다. 개념의 경우와 현실에 존재하는 사물의 경우를 혼동하는 것이다. 개념이 존재하기 위해서는 규정 가능하기만 하면 된다. 세모난 원, 둥근 네모 이런 것들은 서로 모순을 범하는 경우이므로 규정 자체가 불가능하다. 하지만 유니콘의 개념은 어떨까? 우리가 유니콘을 현실에서 찾아볼 수 없어도 뿔 하나를 가진 날개 달린 말이라는 개념이 규정 불가능한 것은 아니다. **개념적으로 규정 가능하다고 해서 그것이 곧바로 현실에 존재한다고 주장할 수는 없다.**

어떤 개념이 하나의 사물로서 현실에 현존한다고 말하기 위해서는 개념 자체의 분석으로는 부족하다. 현존한다는 것은 경험의 원리에 따르는 것이지 모순율에 따르는 것이 아니기 때문이다. 칸트의 표현을 사용하자면 **존재론적 증명에는 개념의 가능성을 뜻하는 "논리적 술어"와 현실에 정말 있는 것을 뜻하는 "현존의 술어"에 대한 혼동이 들어 있**다. "그러므로 존경하옵는 신학자 여러분, 그대들이 그토록 좋아하는 삼각형의 예는 삼각형의 개념적 가능성을 가지고 하느님의 경험적 현존성을 보이려는 바보짓에 불과합니다."

칸트는 아주 유명한 예 하나를 제시하면서 자신의 논의를 마무리한다. 독일에서는 은화의 단위를 탈러라고 한다. 여기 나의 주머니 속에 백 탈러가 있다. 내 주머니 속에 두둑한 백 탈러는 어떤 가난뱅이가 꿈꾸는 상상 속의 백 탈러와 개념상으로 다른 내용을 가지지는 않는다. 그러나 현실적으로 상상 속의 은화와 내 주머니 속의 은화는 다르며 내 주머니 속의 은화는 현존성을 가지고 있다. 정말 은화가 주머니 속에 있느냐 없느냐는 은화라는 개념을 분석해서 알 수 있는 것이 아니다. 결론적으로 말하자면 "현실의 대상은 나의 개념 중에서 분석적으로 포함되어 있지 않고, 나의 개념에 종합적으로 보태어진다."(B627)

우리가 어떤 개념이 현실적으로 존재하는지를 알기 위해서는 그 개념의 외부, 즉 경험으로 나와야 한다. 그러나 하느님이라는 순수한 이상은 그 개념의 외부로 나갈 수단을 가지고 있지 않다. 이런 점에서 칸트는 하느님은 사고될 수 있을 뿐이지 그 현존을 증명할 수는 없다고 말한다. 우리가 보기에는 엉터리로 느껴지는 존재론적 증명은 철학사에서는 강력한 힘을 발휘해 왔다. 이것은 11세기에 성 안셀무스에 의해 제시되었다가 200년 후에야 비로소 아퀴나스에 의해 반박되었다. 그러나 근대철학자 데카르트는 『성찰』에서 다시 이 증명을 사용하였고, 칸트가 『순수이성비판』에서 다시 이것을 반박하는 것이다.

우주론적 증명

칸트는 우주론적 증명이 존재론적 증명보다 철학적 구색을 갖춘 것이라고 생각한다. 적어도 이 증명은 자연스러운 추리 방식을 가지고 우리의 이성에 호소하기 때문이다. 안셀무스의 존재론적 증명을 반박했던 아퀴나스는 『신학대전』이라는 유명한 책에서 우주론적 증명을 존재론적 증명의 유력한 대안으로 제시했었다. 우주론적 증명은 세계 안에 어떤 사물이 현실적으로 존재한다는 경험에서 출발한다. 존재론적 증명이 신의 선험적인 개념에서 신의 현존을 이끌어내려고 했다면, 우주론적 증명은 세계에 대한 우리의 경험에서 신의 현존을 이끌어내려고 하는 것이다. 어떻게 세계에 대한 경험에서 신의 현존이 요구되는 것일까?

우리가 경험할 수 있는 이 세계의 사물들은 모두 그렇게 존재하게 된 원인이 있다. 내 창문 앞에 핀 복사꽃은 따스한 봄 날씨와 촉촉한 봄비가 원인이 되어 존재한다. 봄비는 구름이 머금은 습기가 원인이다. 그 구름의 습기는 푸른 바닷물이 증발한 것이 원인이다. 또 푸른 바닷물의 원인은······. 이렇게 끝없이 원인이 이어지면서 인과 연쇄가 계속되면 결국 이 원인계열의 시작에 존재하는, 자신은 아무런 다른 원인을 갖지 않고 다른 것의 원인일 뿐인 필연적인 존재자를 추리해내게 된다. 하느님은 그런 필연적 존재자로서 현존성을 갖지 않을 수 없다. 따라서 하느님은 우리 곁에 존재하신다는 것이 바로 우주론적 증명이다.

칸트는 우주론적 증명을 다음과 같이 비판한다. 우주론적 증명에서 사용되는 인과성의 법칙은 우리의 경험세계에만 적용할 수 있는 것이다. 이것은 우리가 사는 '세계 안'에서 인과법칙은 계속 원인을 추적하는 과정을 무한히 반복할 뿐 최초의 필연적인 원인을 찾아낼 수는 없다는 뜻이다. 결국 최초의 필연적 원인을 찾기 위해서는 '세계 밖'으로 나아가야 한다. 하지만 인과성은 세계 밖에서는 아무런 의미도 없다. 그러므로 우주론적인 증명은 세계 밖에서는 아무런 의미도 가질 수 없는 인과법칙을 사용하여 세계 밖의 필연적 존재자를 추리해낸다는 점에서 오류를 범하고 있다.

또한 우주론적 증명은 인과법칙을 통해 추리해낸 필연적 존재자의 개념에서 현존을 도출한다는 점에서 다시 존재론적 증명을 재탕하고 있다. 칸트는 이런 점에서 **우주론적 증명은 음성변조된 존재론적 증명에 불과하다**고 비아냥거린다. 엄마양의 목소리를 흉내내어 아기양 일곱 마리를 잡아먹는 동화 속의 늑대처럼 존재론적 증명은 우주론적 증명이라는 조금 변조된 음성을 내면서 우리를 기만한다. 이미 반박된 존재론적 증명의 방식을 슬그머니 재도입하여 우리를 현혹하는 것이다.

자연신학적 증명

이제 우리에게는 마지막 증명 가능성이 남아 있다. 완전성 개념에 대한 순수한 사유에서도, 세상에 현존하는 사물에 대한 경험에서도 하느님의 현존을 증명할 수는 없었다. 하지만 살아가면서 가지게 되는 어떤 특수한 경험은 하느님의 현존에 대한 강한 확신을 불러일으킨다. 이렇게 말하는 사람들은 특수한 경험에 호소하는 자연신학적 증명의 옹호자들이다. 이 증명은 정확히 말하면 경험으로부터가 아니라 감탄으로부터 시작한다. What a wonderful world! 영화 「굿모닝 베트남」의 마지막 자막이 올라가면서 아름다운 베트남의 자연림에 폭격기가 뜨는 장면을 배경으로 루이 암스트롱의 목소리가 잔잔히 울려퍼지던 노래의 한 소절. What a wonderful world…….

얼마나 멋진 세상인가! 옆에서 스무 살의 뽀송한 청년들이 신음하며 죽어가는 전쟁터에서조차 사람들은 사랑에 빠지고 아름다움을 느낀다. 위대한 시인 두보가 달과 별의 아름다움이 기가 막히다고 읊었던 것도 전장의 한가운데에서였다. 우리가 만나는 자연세계의 아름다움, 그 오묘하고 놀라운 질서에 너무도 빈번히 감탄하면서 우리는 신의 존재를 직감한다. "주 하느님 지으신 모든 세계, 내 마음속에 그리어 볼 때 하늘의 별, 울려 퍼지는 뇌성, 주님의 전능 우주에 찼네……"라는 찬송은 꼭 기독교도들만의 감탄은 아닌 것 같다. 그리고 이런 감탄으로부터 '이렇게 멋진 세계에 질서와 목적을 부여한 자가 없을 리 없다. 그러므로 신은 존재한다'는 추론이 성립한다.

칸트는 우리의 미약한 오성으로 알아차릴 수 없는 우주의 비밀 때문에 우리의 말은 어눌하게 되고 사고는 중지된다고 표현한다. 너무나 멋진 이 세계 앞에서 냉정한 철학자 칸트 역시 겸손해지는 것이다. 그는 감탄에서 자연발생적으로 생겨난 자연신학적 증명에 고개 숙여 커다란 경의를 표한다. 그러나 철학적 사유의 힘찬 손길이 이 철학자의 숙여진 고개를 밀어 올린다. 고개를 들고 똑똑히 바라보면 자연신학적 증명에는 아주 빈약한 논증이 있을 뿐인데, 그것은 사실 논증이라기보다는 욕구라고 부르기에 더 적합한 것이다. 우리가 만나는 이 아름다움이 그저 우연의 산물일 뿐이라면 얼마나 허무하겠는가? 자연신학적 논증에는 이 아름다움을 무(無)의 심연 속으로 사라져 버리게 할 수는 없으므로 세계 속에 이 아름다움의 합목적성을 부여하고 필연적으로 만든 어떤 존재가 있어야 한다는 이성의 매혹이 들어 있다. 칸트는 이런 매혹이 만들어낸 자연신학적 태도에 유용한 점이 많이 있다고 생각한다. 우리가 좌절하지 않고 끊임없이 탐구를 계속해 나가는 것은 최고 창조자에 대한 신앙 때문이다. 그러나 이런 유용성과 합리성에도 불구하고 자연신학적 증명으로 하느님의 현존을 밝힐 수 있는 것은 아니다.

자연신학적 증명의 논증과정은 다음과 같다. 세계 안에 존재하는 각 부분은 인공적 건축물의 부분들처럼 서로 통일되어 아름다운 합목적성을 자랑한다. 건축물이 아름다운 통일성을 갖는 것은 건축에 사용된 자연재료들이 우리의 목적에 굴종하도록 우리가 의지와 오성을 발휘하였기 때문이다. 마찬가지로 이 세계라는 위대한 건축물도 인간의 오성을 초월하는 초인간적 의지와 오성이 어떤 목적을

라헬 루스(Rachel Ruysch), 「꽃이 있는 정물」, 1689년

화가는 크리스탈 꽃병에 꽂힌 색색의 아름다운 꽃들을 그려 놓았다. 보드랍고 풍부한 빛이 꽃다발에 아우라를 부여하고 있다. 17세기 네덜란드 정물화의 인기 주제는 꽃이었다. 그런데 이것이 자연에 대한 찬미가 아니라 세상의 무상함을 나타내는 상징이었다고 한다. 아무리 아름다운 꽃잎도 덧없이 져버리고 우리의 삶도 결국엔 사라진다. 자연신학적 논증은 네덜란드 꽃 정물화처럼 무상함의 정조에 기반한 것이다. 모든 세계의 아름다움이 단지 우연의 산물일 뿐이라면 너무 허탈하지 않은가? 사람들은 이런 허탈감을 지우고자 세계의 아름다움에 질서와 목적이 있으며 그것들을 부여한 자가 바로 신이라고 주장하고 싶어했다. 이것이 자연신학적 논증의 기원이다.

가지고 감독·연출을 맡아 만들어낸 산물일 것이다.

그러나 자연신학적 증명에서 사용된 유비추리는 지극히 예리한 선험적 비판을 견디어낼 수 없다. 자연신학적 증명에 사용된 유비추리를 통해 형식의 우연성을 밝힐 수는 있지만 질료의 우연성을 밝혀낼 수 없다는 점에서 그렇다. 합목적성과 정합성의 의도를 받아들이지 않는 질료가 있다면 어떤 일이 발생할까? 우리가 에펠탑을 지으려는 합목적성을 가지고 있더라도 지푸라기나 진흙이라는 질료에 그런 합목적성을 부여할 수는 없는 것이다. 그러므로 자연신학적 증명이 사용하는 유비추리로는 기껏해야 자기가 처리하는 재료에 항상 많은 제한을 받는 세계건축가(Weltbaumeister)로서의 하느님에 다가갈 수 있을 뿐이지 질료 자체를 만든 세계창조자(Weltschöpfer)로서의 하느님이라는 이상에는 도달할 수 없다. 즉 질료를 창조한 하느님의 존재는 증명불가능하다.

따라서 자연신학적 증명은 감탄과 찬미에서 비롯된 경험적 논증을 잠시 멈추고 질서와 합목적성을 가진 세계의 현존에 주목한다. 그리고 세계가 현실적으로 존재한다는 사실에서 그 세계의 현존 가능성을 규정하는 필연적인 존재자의 현존을 추리해낸다. 여기서 증명은 다시 우주론적으로 비약한다. 이런 점에서 자연신학적 증명은 가면무도회에 참가한 우주론적 증명이라고 할 수 있다. 감탄과 경탄을 불러일으키는 아름다운 가면을 쓴 무도회의 여주인공처럼 화려한 가면을 쓰긴 했지만 자연신학적 증명의 가면을 벗겨보면 우주론적 증명이 들어 있기 때문이다.

이처럼 "최고존재로서의 유일한 근원존재의 현존에 관한 자연신학적인 증명의 근저에는 우주론적 증명이 있고, 우주론적 증명의 근저에는 존재론적 증명이 있다. 그리고 이 세 방법 이외에 어떠한 방법도 사변적 이성에 열려져 있지 않기 때문에, 만일 오성의 모든 경험적인 사용을 훨씬 넘어 있는 명제의 증명이 가능하다고 한다면, 단지 이성의 순수한 개념에 의한 존재론적 증명이 유일하게 가능한 증명이다"(B658). 그런데 가장 처음에 칸트가 증명했듯이 존재론적 증명은 헛되고 불가능한 것이므로 신의 현존을 증명하려는 하늘 아래의 모든 시도는 헛되고도 헛되다.

이념의 규제적 사용과 구성적 사용

선험적 자아를 실체로 믿고 순수이성의 이념과 이상이 경험될 수 있다고 믿는 것은 일종의 환상이다. 칸트는 오류추리, 이율배반, 이상의 문제를 비판적으로 검토하면서 환상을 제거한다. 그런데 이런 환상의 논리를 걷어내고 난 후 무엇이 남게 되는가? 영혼, 세계, 신의 이념들은 비판의 날카로운 화살에 풍선처럼 펑 터져 눈 앞에서 사라져 버리는가? 비판은 영혼, 세계, 신의 이념들을 터뜨리는 방식이 아니라 설득의 방식으로 이루어진다는 사실을 우리는 이미 살펴보았다. "나는 영혼, 세계, 신이라는 그토록 아름다운 애드벌룬을 무자비하게 터트리는 고약한 사람은 아니라오. 다만 이 세 가지 이념들이 가까이 있어 손으로 금방 잡을 수 있다고 착각하는 사람들에게 이념들이 물자체라는, 우리의 감각이 도달할 수 없는 먼 영역에 있다는 점을 알려주려 한다오"라고 칸트는 말하는 것 같다.

칸트는 확실히 비판철학이 날아가 꽂히는 화살이기보다는 현명하고 부드러운 목소리이기를 더 원했다. 그래서 그는 이성의 두 가지 사용법을 구분한다. 먼저 이성이 약간만 손을 뻗으면 이념을 잡을 수 있다고 착각할 때 이성은 구성적으로 사용된다. **구성적**(konstitutiv) **사용이란 이성의 순수개념인 이념이 감성의 영역에서 무언가 실제로 구성해낼 수 있다고 믿는 것이다.** 쉽게 말해 신이나 영혼의 이념이 경험될 수 있다고 착각하는 것이다. 그러나 이념들의 애드벌룬은 아주 멀리 그리고 높이 떠 있다. 그 진실을 직시하고 멀리 있는 이념을 바라보며 오성의 활동이 더 멀리 나아가도록 독려하는 사용법이 존재한다. 이와 같은 **이념의 규제적**(regulativ) **사용은 이념들이 현상을 탐구하는 오성의 성과들을 정돈하고 통일해 주는 역할을 하는 것**을 말한다. 이성은 항상 오성을 통해서만 대상과 관계하는 방식으로, 즉 통제적으로만 사용되어야 한다.

만일 이념이 없다면 피로에 지쳐 아무 여인숙이나 짐을 풀고 모험을 포기한 사람처럼 오성은 자신의 성과들을 정돈하고 통일하는 지속적 시도에 게을러질 것이다. 칸트는 구성적으로 사용되는 이성을 "태만한 이성"이라고 비판한다. 왜냐하면 구성적 사용에는 "인간이 그의 자연 연구를, 그것이 어느 곳에까지 도달했건 간에, 절대적으로 완결된 것으로 보고, 따라서 마치 이성이 할 일을 완전히 성취한 듯이 이성을 휴식하도록 하는"(B717) 태도가 들어 있기 때문이다. 여기서 이성은 모든 것에 대한 인식이 완결되었다는 일종의 자기

기만을 보여준다.

 칸트는 이성의 기만성을 거듭 지적하면서 매우 겸손한 태도로 선험적 변증론을 마무리한다. "변증적 가상은 그 판단에 있어 기만적이지만 이런 판단에 기울어지는 관심의 차원에서 보자면 매혹적이고 자연스러운 것이었으며 미래에도 여전히 그러할 것이다. 그 때문에 나는 이 소송의 기록을 상세하게 작성하고, 이것을 인간 이성의 연보(年報) 중에 보관하여 앞으로 비슷한 잘못을 막는 데 참고하도록 하였다"(B731). 그가 우리에게 신신당부하며 거듭 말하는 충실한 조언을 다시 한번 떠올려 보자. "여러분은 인식의 영역에서 이성을 결코 구성적으로 사용해서는 안 되고 반드시 규제적으로만 사용해야 하는 것입니다!"

선험적 방법론

『순수이성비판』은 커다란 두 개의 부분으로 나누어진다. 먼저 선험적 감성론, 선험적 논리학은 모두 **선험적 원리론**에 속한 것이었다. 오성의 범주와 원칙들의 분석, 그리고 조금 전까지 살펴본 선험적 변증론은 다시 선험적 논리학에 서술되어 있는 부분이었다. 선험적 변증론을 마지막으로 해서 선험적 원리론이 끝나고 또 하나의 부분인 **선험적 방법론**이 시작된다. 칸트철학의 논리적 체계를 이해하기 위해서는 첫번째 부분인 선험적 원리론을 읽는 것으로 충분하다. 그러나 철학자로서 그의 고유한 문제의식, 그의 소망과 욕구를 알고 싶다면 선험적 방법론을 읽어 볼 필요가 있다. 내가 아는 한 칸트 연구자는 『순수이성비판』의 선험적 방법론을 무협지처럼 흥미진진하다고도 표현했다. 선험적 방법론은 선험적 원리론과 달리 읽기가 어렵지 않다. 선험적 방법론에 나타난 많은 것들, 칸트와 그의 동시대인들이 철학이라는 이름 하에 상상했던 것, 선배철학자들에 대한 솔직한 평가, 예컨대 흄에 대한 칸트의 엄청난 애정고백을 보면서 우리는 그의 숨결을 아주 가까이서 느낄 수 있다.

순수이성의 인식 전체에 대한 총괄을 우리가 구상하는 하나의 건축물로 비유해 본다면 나는 다음과 같이 말할 수 있다. 우리는 선험적 원리론에서 건축물의 건축재료를 두루 세어보았고 이것으로 어떤 건축을 할 수 있는가, 얼마 만큼 높고 견고한 건축을 할 수 있는가를 결정했던 것이라고. 우리는 하늘에라도 닿을 것처럼 탑을 그렸지만 우리가 저장하고 있던 건축재료는 겨우 한 채의 집을 세우기에 적당할 정도였다. 그 집의 넓이는 경험의 평지에서 하는 인간 활동에 알맞았고, 그 집의 높이는 평지를 내려다보기에 충분할 따름이었다. 결국 탑을 세우려고 했던 대담한 시도는 재료의 부족 때문에 실패로 돌아간 것이다. 그런 시도에 사용되었던 언어의 혼란은 말할 필요도 없다. 이 언어의 혼란은 건축 계획에 관해서 노동자들을 서로 분열시키지 않을 수 없었고, 따라서 이들은 세계로 흩어져 각자가 자기 설계대로 특수한 건축을 세웠다.

그러므로 우리의 문제는 재료보다도 오히려 설계에 있다. 우리에게 주어져 있는 저장물에 알맞고, 동시에 요구를 채울 만한 건축물을

에드바르트 뭉크(Edvard Munch), 「불안」, 1894년

"모든 변화들은 나를 불안하게 만든다." — 칸트가 친구 헤르츠(Herz)에게 보낸 편지에서.
칸트는 어떤 변화 속에서도 굳건히 서 있을 체계와 방법론을 찾고 싶어했다. 그러나 니체는 모든 종류의 체계와 방법에의 욕구를 비판한다. "나는 모든 체계 짓는 자들을 믿지 않으며 그들을 피해 간다. 체계에 대한 의지는 온전함의 결여를 나타낸다(체계를 세우려는 의지에는 성실성이 결여되어 있다)." (니체, 『우상의 황혼』)

설계하는 일이 필요한 것이다. 왜냐하면 우리는 우리의 전능력을 다해도 미치지 못하는 무모한 맹목적 설계를 감행하지 않도록 경고를 받았긴 하지만, 그렇다고 해서 견고한 주택의 건설을 단념할 수는 없기 때문이다.(B735)

칸트는 견고한 주택의 건설을 단념할 수 없는 우리의 본성을 **순수이성의 건축술**이라고 표현한다. 인간 본성에 대한 이런 생각들은 이미 선험적 원리론에서도 살짝살짝 드러나 있다. "인간의 이성은 본성상 건축술적이다. 즉 그것은 모든 인식을 하나의 체계에 속하게 할 수 있다고 간주"(B502) 하는 원리이다. 이처럼 칸트가 앞부분에서 보여준 인간본성과 철학에 대한 매력적인 정의들은 선험적 방법론에 이르면 보다 풍부하고 문학적으로, 그러나 매우 정직하고 통쾌한 스타일로 다시 등장한다. 이 금욕주의적이고 경건했던 철학자는 하루 단 한 번뿐이었지만 그래서 늘 친구들과 함께였던 점심식사에서 그런 유쾌하고 신나는 화법으로 친구들 모두에게 사랑을 받았으리라. 선험적 방법론을 직접 읽으면서 여러분이 그 유쾌한 점심에 초대받을 수 있도록 우리의 칸트 읽기는 여기까지!

3부
칸트와 그의 멋진 친구들

1. 『순수이성비판』의 철학사적 의미

세계적인 수리 물리학자인 펜로즈(R. Penrose)의 『황제의 새 마음』을 뒤적이다가 정말 공감이 가는 몇 구절을 발견했다. 일반인들을 위한 개론서에서 그는 이렇게 첫 구절을 시작하고 있었다. "수식이 하나 등장할 때마다 독자가 반으로 준다는 자주 인용되는 경구에도 불구하고 나는 이 책의 여러 곳에서 수학 공식을 사용하였다. 만일 당신이 수학 공식을 두려워하는 독자라면(대부분의 독자들이 그러하겠지만), …… 이 불쌍한 수식을 이해하기보다는 음미하는 수준으로 잠시 들여다본 후 다음 문장으로 서둘러 넘어가기 바란다. 얼마 후에, 자신이 좀 붙으면, 그냥 지나갔던 수식으로 되돌아와 거기에 담긴 독특한 특성들을 이해하려 해보기 바란다."

칸트에 대한 이 개론서에는 공포스러운 수식들 대신 철학사에 익숙하지 않은 독자들에게 낯설고 지루한 철학적 개념들이 등장한다. 펜로즈의 수식처럼 『순수이성비판』의 체계와 칸트의 철학개념들에 대한 간단한 설명이 추가될 때마다 책을 집어던지는 독자들이 생겨났을 것이다. 그러나 펜로즈가 그의 가여운 수식들을 자주 사용할 수밖에 없었듯이 나 역시 그럴 수밖에 없었다.

사실 많은 철학자의 개념들은 현대 수학과 물리학의 수식보다 훨씬 더 불쌍하다. 사람들은 현대 과학의 수식 앞에서 그 난해함에 당황하지만 그렇다고 무가치함을 논하지는 않는다. 우리들 사이에는 이 수식들이 현대 물질문명에 뭔가 거룩한 기여를 하고 있다는 잠정적인 기대와 합의가 있는 것이다. 하지만 철학적 개념들이 처한 현실은 척박하고 비루하다. 난해한 체계나 개념이 가까스로 이해된다 하더라도, 아니 이해되자마자 사람들은 "그래서? 뭐 어쨌다는 거야?"라고 투덜거린다. 사람들의 "그래서?"라는 단도직입적인 물음에 답하지 못하고 어물거린다면, 철학은 무가치하고 무용한 것으로 전락한다. 한 철학자의 그 철학이 지금 무슨 의미와 가치가 있는가? 그도 아니라면 그 철학은 현대적 사유를 테마로 한 역사의 무대에서 어느 시간 대에 어떤 비중으로 등장하는 배우인가? 이런 질문에 철학은 항상 답하기를 요구받는다. 성실하고 진지한 마음으로 이 책의 2부까지 읽어온 독자는 지금쯤 인내심을 가지고 참았던 질문을 터뜨릴 것이다. 그래서? 결론이 뭐라는 건데?

그러면 이 책의 저자는 더듬거리면서 말할 것이다. "아 그…… 그니깐 칸트의 선험철학은 프로크루스테스의 침대 같은 거예요. 그 거인은 아테네의 성문을 지키고 있다가 아테네로 들어오는 나그네들을 침대에 눕혔다잖아요. 중세 고문대에서처럼 키가 작은 사람은 잡아 늘이고 키가 큰 사람은 침대 크기에 맞게 잘려졌대요. 감성과 오성의 두 형식은 물자체를 그대로 받아들이지 못하고, 학문적 지식이

자크 데리다(Jacques Derrida, 1930~2004)
데리다는 조금이라도 빨리 어떤 결론과 대답이 주어지기를 재촉하는 독자들에게 충고한다. 한 사상의 철학적 의미가 뭐냐고 성급하게 묻지 마시오! "나는 …… 나쁜 독자들의 경망을 예견할 수 있다. 이것이 내가 고발하는 무서운 독자들인데, 그들은 결정되기, 결정하기에 의해 자신들이 결정되기에 급급한 이들이다. 그것은 나쁜 일이다. 나는 나쁨의 또 다른 정의를 알고 있는데, 자신의 독해를 미리 결정짓는 것이 그것이다." (데리다, 『엽서』)
나쁜 독자는 언제나 복종할 태세를 갖추고 있다.
그가 궁금해 하는 것은 오직 자신이 복종할 내용이 뭐냐는 것뿐이다.

라는 도시 안으로 들어오기 전에 물자체를 나그네들처럼 다 적당한 키로 늘이거나 잘라버리는 겁니다. 도시생활에 적응하려면 가혹하지만 이런 조처가 필요하다는 거지요. 이것이 선험적 분석론과 선험적 감성론의 결론이구요. 그걸 잊고서 신과 같은 이념들을, 그러니까 주님의 은총 덕택에 프로크루스테스의 침대 크기보다 훨씬 큰 거인이나 턱도 없이 작은 난쟁이를 아테네 거리에서 봤다는 종교인들의 주장은 다 어불성설이다. 그러므로 유언비어 퍼뜨리지 말고 이성의 한계와 현실을 직시하자. 그게 선험적 변증론의 결론이지요."

그러나 독자들은 이 말을 듣고 나서 버럭 화를 낼 것이다. "아 그건 다 읽어서 알고 있다니까! 우리가 궁금한 건 도대체 이 모든 것의 철학적 의미가 뭐냐고?"

프로크루스테스의 침대라는 순응성

최근 『제국』이라는 멋진 저서로 나의 다정한 친구가 된 네그리(A. Negri)와 하트(M. Hardt)가 여러분이 원하던 답변을 해줄 것이다. "언제나 시인은 찬사를 즐기는 존재지요. 그러니 칸트에 대한 냉정하고 객관적인 평가를 시인에게 기대하진 맙시다. 대신 시인 친구를 위해 우리의 견해를 밝힙니다."

임마뉴엘 칸트의 작업은 근대적 사유의 정점에 서 있다. 칸트의 사상은 엄청나게 풍부하며, 수많은 방향으로 나아가지만 칸트의 선험적 원리만큼 "유럽 근대성의 정점"을 보여주는 사유는 없다(『제국』 125쪽). 선험적 원리를 근대성의 정점으로 이해하기 위해서는 근대성의 사유에 들어 있는 두 가지 계기에 주목해야 한다. 우리에게는 두 개의 근대성이 존재하는 것이다.

하나의 근대성은 혁명적 인본주의이다. 모든 면에서 신과 신의 율법에 대한 예속을 거부하는 전사로서 인간의 모습은 혁명적이다.

신이 아닌 인간 이성의 구성적 능력이 충분히 인간 자신에게 의미있는 지식들을 생산해낼 수 있다는 자신감들이 여러 저자들에게서 표현된다. 이미 단테(A. Dante)는 15세기부터 우리에게 속한 '가능한 이성의 모든 힘'을 검토하고 활성화하는 일의 중요성을 강조했다. 또한 니콜라우스 쿠자누스(Nicolaus Cusanus)와 같은 학자는 이성의 운동은 인간에게 피로를 주는 운동이 아니라 새로운 빛과 열을 만들어내는 즐거운 운동이라고 표현했다. 초월적인 신이 아니라 인간 정신 자체가 신성한 지식 기계로 이해되어야 하며(피코 델라 미란돌라), 그리하여 단순한 인간 호모(homo)가 인간 자신의 강력한 실천을 통해서 풍부해진 호모호모(homohomo), 즉 균형잡힌 인간으로 상승해야 한다는 것이다(보빌루스).

이처럼 근대성의 시작은 혁명적이었으며 낡은 질서는 근대성의 새로운 시작들에 의해 무너졌다. 칸트가 선험철학을 기획하면서 고민했듯이 중세의 초월적 구도는 폐기되어야 하고 인류는 내재성의 구도로 이동해야 한다. 칸트 선험철학의 동기는 과거와 절연하고 세계와 삶에 대해 새로운 패러다임을 제안하고 선포하는 것으로 보여졌다.

그러나 또 다른 근대성의 개념이 존재한다——**반동적 인본주의**. 유럽 근대성의 혁명은 자신의 테르미도르(Thermidor, 반동)에 빠져버렸다. 호모호모(homohomo)라는 새롭고 위대한 인간상에 다시 초월적 구도가 이식된 것이다. 내재성을 고수하려는 창조적 세력들과 초월적 질서를 재건하려는 세력들 간의 갈등 속에서 칸트의 선험철학은 점점 반동적 근대성의 강력한 무기로 변질되어 버린다. 그 이유는 다음과 같다.

선험철학의 기본 아이디어는 매개성이다. 우리는 물자체와 직접 만날 수 없고 단지 감성과 오성이라는 형식의 매개를 통해서만 사물과 관계할 수 있다. 이질적인 것은 항상 매개되어야 한다는 사유는 선험적 도식론에서도 계속된다. 감성과 오성이라는 이질적 능력들이 만나기 위해서는 항상 구상력의 선험적 도식을 통한 매개작용이 있어야만 한다. 언제나 도처에 매개가 있을 뿐이다. 매개 없이 우리는 경험할 수도, 사랑할 수도, 소통할 수도 없다는 칸트의 아이디어는 철학에 국한된 것이 아니라 모든 분야에 적용된다.

철학적으로 칸트에 의해 확고하게 정립된 매개 메커니즘은 사회적·정치적 영역에서는 의회나 합의기구라는 대표체를 작동시킨다. 대중들은 항상 직접적이고 절대적인 방식으로 자신의 욕망을 실현할 수 없고 정치적 경험도 불가능하다. 대중들이 스스로 실천하는 자기구성운동은 언제나 미리 구성된 질서, 보편적인 선험적 매개체에 굴복할 때만 타당한 것으로 인정받을 수 있다. 따라서 대중들이 즉각적으로 자신들의 자유를 존재 속에서 확립할 수 있다는 주장은 전복적 망상에 불과하다. "이것이 칸트철학의 주요 동기(leitmotif)다. 선험적인 것의 필요성, 모든 직접성(immediacy) 형식의 불가능성, 존재에 대한 이해 및 존재의 행위에 들어 있는 모든 생기적 모습에 대한 배격"(네그리/하트, 『제국』, 126쪽)이다.

프로크루스테스의 침대에서 늘어나거나 잘려진 대중의 순응적 욕망만이 거리를 마음놓고 활보할 수 있다. 미처 교정받지 않은 낯선 자가 돌아다닐 경우 우리는 그리스 신화에서처럼 거인 경찰을 불러야 하며 낯선 자를 합법적인 시민으로 인정해서는 안 된다는 지침을 칸트는 내려준다. 그러므로 칸트의 선험적 변증론에는 두 가지 주장이 동시에 들어 있다. 중세의 허구적 초월성을 거부하는 웅변적 혁명성과 더불어 경찰국가를 위한 이데올로기적 지침을 널리 계도하는 반동성. 이와 같은 두 개의 유럽, 두 개의 근대성이 칸트철학 속에서 선명하게 드러난다.

독수리 같은 "그러나!"

칸트에 대한 네그리와 하트의 입장은 분명하다. "모든 계몽주의의 구름이나 (선험철학이라는) 칸트적 몽상 바깥"으로 나가야 한다(『제국』, 463쪽). 인본주의나 선험철학이 제안하는 '약화된 초월성'에 만족하지 말라! 이들의 반-칸트주의는 의회나 유엔과 같은 보편적 대표체에 의존하지 않는 정치, 화폐를 매개로 하지 않는 경제의 가능성을 찾으려는 욕구에서 비롯된 것이다. 이 두 사람의 답변은 어느 정도 '그 모든 것의 철학적 의미'를 묻는 이들을 만족시켰을 것이다. 이번엔 『순수이성비판』의 철학적 혹은 철학사적 의미를 조금만 더, 풍부하게 설명해 달라고 부탁하는 이들을 위해서!

철학사적으로 칸트의 선험철학은 흄의 강력한 회의주의를 주춤거리게 만들었으며 선험적 통각이라는 개념을 통해 근대의 주체성

개념을 확고하게 확립했다. 또한 그의 철학은 독일관념론의 방향을 결정했다. 그가 사물 자체를 인식할 수 없다고 단언해 버렸기 때문에 독일철학은 달라져 버렸다. 그의 후배철학자들은 하나같이 어떤 대가를 치르더라도 물자체를 파악하겠다는 것을 최고의 목표로 삼았다. 그들은 험준한 산악에 첫발을 내딛는 등반대원의 심정으로 물자체에 자신들의 깃발을 꽂고자 했다. 물자체는 '자아'(피히테), '자연'(셀링), '정신'(헤겔) 등 다양한 이름으로 불리게 되었고 정복되었다고 천명되었다. 독일철학계 전체가 현상을 덮고 있는 선험적 베일 뒤를 보려는 열망에 휩싸이게 된 것이다. 우리는 이 강력한 열망을 칸트 이펙트(effect)라고밖에는 부를 수 없을 것이다.

이러한 칸트철학에 대한 철학사적 지도 그리기는 두 가지 경우엔 무척이나 유익하다. 하나는 시험준비용. 교양시험이나 대학원 입학시험에서 이러한 기본 뼈대에 따라 출제수준에 맞는 적당한 살을 붙여쓰면 된다. 그 다음엔 퀴즈 프로그램에 나가서 상금을 타려고 할 때. 그러나 살면서 이런 기회가 찾아오지 않는 사람들에겐 이런 물음의 방식을 권한다. "그래서? 칸트적 사유의 결론이 뭔데?"가 아니라 "그러나 칸트 당신의 철학적 전제들은 좀 의심스럽지 않아?" 혹은 "그러나 내 생각엔 말이지······."

독일의 철학자 구스도르프(G. Gusdorf)는 "모든 철학이 철학의 완결을 은근히 희망하지만 어떤 철학도 그 소원을 이루지 못한다"고 말한 적이 있다. 칸트도 헤겔도 자신의 철학이 모든 철학의 완결판이라고 자부했지만 그것은 그저 한 철학자가 일생을 통해 모색한 자기 사유의 완결성을 뜻할 뿐이다. 시인이나 화가들이 작품을 통해 자신의 독특한 세계관(Weltanschauung)을 표현하듯이 철학자들은 저술들을 통해 자신의 세계관을 표현한다. 중요한 것은 우리가 지금 마주하고 있는 세계관의 결론이나 보기좋게 정리된 철학적 의미가 아니라 부딪침이다. 하나의 강력한 사유는 언제나 또 다른 강력한 사유와 만나기를, 아니 누군가의 사유가 무시무시한 속도로 달려와 부딪쳐주기를 기다린다. 우리는 "그래서?"라는 무척 도전적인 듯 보이지만 사실은 비둘기의 걸음처럼 얌전하기 짝이 없는 물음 대신 독수리처럼 비상하는 "그러나!"를 드높이 외치며 칸트철학에 달려들어야 한다. 철학사는 별들의 피할 수 없는 부딪침을 통해 이어진다.

가장 빛나는 별들의 부딪침—칸트와 니체

"내 편을 드는 것은 필요하지도 않으며, 그러한 것을 바라지도 않는다. 그보다는 낯선 식물을 대할 때 갖게 되는 어느 정도의 호기심과 비판적 저항, 이런 것들을 가지고 나를 평가하는 것이 가장 현명한 자세이다." 니체가 푹스(K. Fuchs)에게 보낸 편지에 쓴 이 구절은 그가 다른 철학자들을 대면할 때 항상 견지했던 원칙이기도 하다.

근대성 철학의 정점으로 이해되는 칸트가 후일 탈근대철학의 선구자로 불리게 될 스물세 살의 니체에게는 얼마나 낯설고 신기한 식물이었을까? 니체는 금세 칸트에 매혹되었고 「칸트 이래의 목적론 혹은 유기적인 것의 개념에 대하여」(Zur Teleologie oder zum

Begriff des Organischen seit Kant)로 박사학위논문을 준비하기도 한다. 이 계획은 포기되었지만 니체는 편지글과 그의 전 저작에 걸쳐 칸트를 언급하면서 이 철학적 거장과의 대결의식을 드러낸다. 야스퍼스(K. Jaspers)와 같은 철학자는 니체철학의 근본토대가 칸트적 비판철학의 변형에서 얻어졌다고 지적한다. 이러한 지적은 전적으로 타당하다. 조금 더 나아가서 니체철학은 칸트를 넘어선 칸트에 도달함으로써 완성된다고 말해야 한다. 예를 들어 니체의 가장 난폭한 발언으로 알려진 '신의 죽음'은 칸트철학에 대한 철저한 검토를 통해서만 그 혁명적 의의를 드러낸다.

니체의 "신은 죽었다"는 어떤 의미에선 진부한 선포이다. 이미 근대의 시작과 더불어 자명해진 진리이기 때문이다. 그것은 이미 칸트가 지루할 정도로 강조했던 것이고 이미 하나의 상식이 되었다. 니체의 선언이 있기 전에 신은 학문적 가판대에 진열할 수 없는 유통기한이 지나버린 통조림이라는 것이 밝혀졌고, 건전한 상식의 소유자라면 누구도 학문적 영양소를 섭취하기 위해 그 부패한 통조림을 먹으려 하지 않았다. 그래서 균형있는 시대감각의 소유자였던 칸트는 니체가 신의 죽음을 선포하기 1세기 전쯤에 이미 『순수이성비판』의 '선험적 변증론'에서 늙은 하느님께 귀띔했던 것이다. "종교적이고 도덕적인 회랑을 벗어나면 위험하니까 교회 밖으로 나오시는 건 절대 안 됩니다. 그러시기엔 하느님 몸이 너무 약해지셨거든요……."

그러니 이처럼 이미 상식이 된 주장을 가지고 니체가 새삼스레 놀라운 발견인 양 떠들고 다닌다면 우스운 일일 것이다. 사실 니체의

'신의 죽음' 선포가 지닌 철학적 중요성은 다른 데 있다. 그 중요성은 새로운 니힐리즘의 도래를 고지하는 것이다. 종교와 전통철학이 영원불변하는 신이나 이데아의 세계를 강조하여 변화하는 현실세계의 허무함과 무가치함을 주장하는 방식이 고전적 니힐리즘이었다면, 새로운 니힐리즘은 더 이상 신이나 천국, 피안의 세계 등에 호소하는 순진한 방식을 취하지 않는다. 니힐리즘은 근대의 풍토에 적응하기 위해 훨씬 교활해졌다. 그것은 종교가 아니라 과학을 통해 생성·변화하는 생기발랄한 세계를 부정하고 허무에 빠뜨리는 니힐리즘이다. 이 때문에 니체는 신의 죽음을 선포한 후 곧바로 과학비판에 착수함으로써 새로운 니힐리즘의 위험을 경고한다.

근대철학과 더불어 근대학문 일반은 신의 죽음을 진리로 받아들이면서 이 죽음을 통해 열리는 새로운 인간의 길, 즉 과학의 대로를 걷기 시작한다. 근대인은 신이라는 불변하는 제1원인을 제거하고 과학적 인과법칙을 선택한 것이다. 이런 선택의 철학적 정당화가 칸트의 이율배반 논의이다. 우리는 제1원인을 받아들이거나 아니면 과학적 인과성을 받아들여야 하는 배타적 선언(disjunction)의 상황에 서 있다. 둘 다 선택할 경우 모순에 빠져버리는 이 상황을 해결하기 위해 칸트가 제시하는 방식은 일종의 식민지적 분할통치이다. 전통적인 종교의 논리, 철학적 제1원인의 법칙으로 도덕과 실천의 영역을 통치하고 인과의 법칙으로 과학과 근대학문의 영역을 통치하자는 협상으로 이율배반은 해소된 듯 보인다.

이 순간 니체는 "그러나!"라고 외친다. 제1원인과 인과법칙의 논리가 칸트의 주장대로 인간의 사유가 양방향을 향해 뛰어갈 때 도달하는 두 개의 극단적 지점일까? 니체는 제1원인과 인과성 사이의 은밀한 공모를 폭로한다. 과학적인 인과연쇄를 따지는 "'인식의 행동'은 하나의 재귀행동이다. 그것은 본질에서 보자면 하나의 무한한 뒷걸음이다." 인과성은 무한한 뒷걸음질에 불과하고 제1원인은 그 무한한 인과연쇄의 뒷걸음질을 정지시키는 것이다. 이때 "정지시키는 것(이른바 제1원인[causa prima]에게서, 무제약적인 것에서 등)은 게으름이며 피로이다"(니체, 『권력에의 의지』, 575번). 그러므로 제1원인이란 피로에 의해 중단된 인과계열의 끝에 불과할 뿐 인과성과 질적으로 다른 것이 아니다.

제1원인이든 과학적 인과의 계열이든 모든 사건에는 하나의 불변하는 원인과 그것이 낳는 하나의 결과가 있다. 물론 제1원인은 과학적 인과처럼 계속 소급되는 원인을 갖는 것이 아니라 자유에 의한 인과성(Kausalität aus Freiheit)을 지닌다. 그러나 니체가 보기에 인과의 출발점이 자유든 자연의 원인이든 간에 세계의 사건들은 전부 보편적인 인과율의 논리로 환원될 수 있음을 가정하는 것이다.

중세인들이 세계의 영원한 창조주로서 신을 숭배하며 자연에서 신의 지문(指紋)을 발견했다면, 근대인들은 세계의 영원한 작동원리인 인과법칙을 숭배하며 과학적 인과성의 도장을 마구잡이로 찍어대는 것이다. 신의 지문이든 과학의 인과성 도장이든 이 단조롭고 천편일률적인 무늬로는 결코 자연의 활발한 생성과 운동을 포착할 수 없다. 근대인들은 중세인과 다를 바 없이 동일성의 철학을 신봉하는 것이다. 동일성의 철학 아래서 모든 사건과 사물을 인과법칙에 따라 재단하는 과학의 파시즘은 전례없이 무시무시한 방식으로 생성하는 세계를 파괴하게 될 것이라는 예견, 이것이 신의 죽음을 통한 니체의 진정한 전언이었다.

    니체는 '선험적 변증론'에 나타난 칸트의 기본전제에 의문을 제기하고 제1원인과 인과성의 숨겨진 결탁을 비판함으로써 '힘에의 의지'와 '영원회귀' 같이 자신만의 고유한 철학개념들을 창조한다. 그가 이 철학개념들을 사용하여 칸트를 비판하는 가장 중요한 논점은 인과 개념이 일종의 실체성을 전제한다는 것이다. 그러나 칸트가 전제하고 있듯이 원인과 결과는 서로 독립적으로 존재할 수 있는 실체가 아니다. 오히려 원인과 결과는 서로 의존적이라고 할 수 있다. 이와 같이 **원인과 결과의 의존성**에 주목하는 사유는 니체뿐 아니라 불교 역시 공유하고 있는 사유방식이다. 불교에서는 이것을 "상호인과성"(mutual causality)이라고 부르면서 연기법을 설명해 주는 중요한 개념으로 제시하고 있다.(한자경, 『불교철학의 전개』, 47쪽)

    예를 들어 풋사과를 먹고 아담이 배탈이 났다고 했을 때 흔히 우리는 풋사과의 덜익음이 배탈의 원인이며, 배탈은 풋사과라는 원인에 의해 도출된 결과라고 말한다. 그러나 풋사과의 덜익음과 배탈은 서로 독립적으로 존재하는 두 사건이 아니다. 이때 아담이 배탈이 나기 전에도 풋사과는 이미 나뭇가지에 덜익은 채로 달려 있었으므로 독립적인 원인사물이 아닌가라고 반문할 수 있다. 그러나 그때의 풋사과란 배탈의 원인이 아니다. 만일 이것을 원인이라고 말한다면 우리는 아담이 먹지 않은 풋사과가 아담이 앓은 배탈의 원인이라고 말하는 셈이 된다. 이처럼 우리는 원인과 결과를 상호배타적인 독립 존재로 규정할 수 없다. 풋사과가 아담의 시원치 않은 장과 '만날' 때만 풋사과는 비로소 배탈의 원인이 된다. 따라서 원인과 결과를 분리해서 독립적인 것으로 사유할 수 없다. 그러므로 결과가 원인에 의존해서 생성될 뿐만 아니라 **원인도 결과에 의존해 생성된다.**

원인과 결과가 연달아 일어나는 "상속관계(Nacheinander)가 있는 것이 아니라 상입(相入)관계(Ineinander)" 즉 원인과 결과가 서로 의존하는 관계가 있는 것이다(니체, 『권력에의 의지』, 631번). 따라서 원인과 결과가 독립적으로 존재한다고 생각하는 것은 일종의 착각이다. 니체가 보기엔 "언어상으로 우리는 인과라는 것에서 벗어날 수가 없"을 뿐이기에 원인과 결과를 구분하는 것이다(『권력에의 의지』, 551번). 실제로 존재하는 것은 "사건의 복합체"이며 원인과 결과, 주체와 객체, 행위자와 행위 등 논리학상의 대립에서 얻어진 개념이 그 사건의 복합체 속으로 "잘못 꾸려 넣어진 것"이다.(위의 책, 552번)

니체는 칸트가 인과성을 설명하면서 전제로 삼은 실체성의 **허구적 논리를 산출하는 것은 언어나 개념**이라는 점을 분명히 하고 있다. 풋사과, 아담, 사과나무가 심어진 땅, 그 나무 사이를 지나가는 바람, 이런 것들은 사실상 상호적 연관성을 띤 세계 속에서 결코 구별되지 않는 사건이다. 단지 우리가 아담, 풋사과와 같이 서로 독립적 개별자들이 미리 있고 그것들이 인과적 사건을 이루는 양 인식하는 것뿐이다. 그래서 우리가 앞의 설명에서처럼 풋사과와 아담의 만남이 배탈이라는 사건을 구성한다고 말할 때조차 주의해야 한다. 즉 풋사과, 아담 등의 개별사물들이 있고 그들의 만남이 사후적으로 존재하며 사건을 구성한다고 생각해서는 안 된다. 오히려 존재하는 것은 사건이며 사건 속에 우리는 개념의 논리로서 개별사물을 구성하는 것이다. 마찬가지로 칸트가 말하는 도덕적 주체도 언어가 만들어낸 허구적 산물이며 따라서 우리의 인간적 관점의 산물이라고 해야 한다.

칸트가 니체의 이런 반박을 들었다면 뭐라고 대꾸할까? "이봐 영리한 젊은이, 바로 그걸세. 내가 판단형식을 통해 지성의 범주표를 도출한 이유도 우리의 경험이란 것이 인간의 언어적 틀 밖을 벗어나기 힘들다는 점에서였다네. 중요한 것은 언어적 범주가 설령 허구라고 할지라도 우리의 경험은 그 허구를 벗어나 사물 자체와 직접적인 만남을 가질 수 없다는 것이라네. 경험의 인과성이 언어적 산물에 불과하다는 점은 이미 판단형식에서 내가 인과범주를 도출했기 때문에 나오는 필연적 귀결인 셈이지. 사물 자체의 영역에서 내가 거론한 자유에 의한 원인(제1원인) 역시 실체성을 가정한다는 자네의 지적도 인정하겠네. 자유에 의한 원인은 신학의 영역에서는 신이라는 제1원인을 말하고 도덕의 영역에서는 일종의 선험적 자유(transzendentale Freiheit)로서 자유롭게 행위를 시작할 수 있는 도덕적인 독립 주체를 말하는 것이지. 이 주체는 활동과 분리된 채 따로 존재할 수 없다는 점에서 데카르트의 실체개념과는 분명 다르지만 다른 존재들과 아무 연관 없이 독립적으로 활동을 시작할 수 있다는 점에서 일종의 실체라고도 할 수 있다네."

칸트는 많은 부분에서 니체의 지적에 동의할 수 있을 것이다. 단지 두 사람은 실체성에 대해 상이한 가치평가를 내리게 될 뿐이다. 니체는 실체성이 우리의 삶에 생겨난 악성종양이라도 되듯이 이것을 혐오하고 어떻게든 제거하려고 애쓴다. 하지만 칸트는 실체성을 인정할 뿐만 아니라 기꺼이 그것을 사랑한다. 칸트는 실체성을 모든 적의 공격으로부터 보호해 주는 거북이의 단단한 등껍질처럼 유용한 것으로 느끼는 듯 보인다. 두 사람이 보여주는 이 상이한 태도, 실체성에 대한 혐오와 애호는 우리의 철학과 삶에 어떤 결과를 가져오는 것일까?

칸트, 오! 우리의 야전용 침대

니체는 이렇게 말했다. "사람들은 자신의 친구에게 쉬는 곳이어야 한다. 그러나 딱딱한 침대, 야전용 침대여야 한다." 창조하는 자, 사유하는 자는 언제나 전쟁의 와중에 있다. 그들은 전쟁터를 떠나 고향으로 돌아온 군인마냥 모든 긴장을 풀어버릴 수 없다. 깊이 잠들어버리는 순간 진부함과 상투성이라는 무서운 적이 그의 목을 베어버릴 것이기 때문이다. 야전용 침대는 다시 싸우기 위해 잠시 눈을 붙이는 곳이다. 그런 의미에서 칸트는 여러 철학자들의 좋은 친구였다. 많은 철학자들이 칸트라는 야전용 침대에서 휴식했고 곧 일어나 자신들의 적을 찾아 떠나갔다.

'선험적 변증론'에서 칸트는 이성이 자아, 세계, 신에 대한 피할 수 없는 환상을 가지고 있다고 말한다. 그리고 이 환상이 우리의 과학적 경험세계를 침범하지 못하도록 해야 한다고 말함으로써 경험적 현상세계의 지위를 확고히 하는 듯이 보였다. 하지만 일련의 언급들을 통해 칸트의 후배철학자들은 선험철학의 핵심이 '구성'에 있다는 것을 알아차린다. 피히테가 말했듯이 대상에 대한 인식은 우리가 구성하는 것이며, 인간의 창조적 활동능력의 산물이다. 달리 말해서 현상세계 역시 우리의 불가피한, 그러나 창조적인 하나의 환상에 불과하다.

쇼펜하우어 역시 칸트에 대해 비슷한 결론을 내린다. 현상은 마야의 베일(the veil of Maya)이다. 쇼펜하우어의 작품을 읽으면서 칸트에 대한 관심을 키웠던 니체도 마찬가지였다. 경험세계는 우리가 생리적, 본능적, 사회·역사적 차원에서 구성해낸 일종의 퍼스펙티브(perspective, 관점·전망)다. 그러나 이와 같은 결론에 머물렀다면 니체는 칸트의 아류에 불과했을 것이다. 니체는 하나의 보편적이고 일반적 환상이 아니라 우리의 활동에 의해 무한히 증식하는 환상들, 니체 자신의 용어로는 수많은 퍼스펙티브의 생산이 가능하며 생의 고양을 위해 이런 생산이 반드시 필요하다고 단언한다. 그러한 단언으로써 그는 칸트의 영토 밖으로의 위대한 첫발을 내딛었다.

니체는 칸트의 환상에 반대한 것이 아니라 칸트적 환상의 빈곤함에 반대한다. 니체가 보기에 이 빈곤함은 칸트의 실체성 애호 취향에서 비롯된 것이다. 회의주의에 대한 공포에 떨며 인식의 확실하고 견고한 지반을 찾는 데 깊은 관심을 가졌던 칸트로서는 그런 취향이 어쩔 수 없는 것이었을지도 모른다. 아무튼 칸트에게는 보편적이고 일반적인 사유형식, 개별적 경험의 변덕이나 변화 속에서 독립성을 견지할 수 있는 안전한 사유형식이 필요했다. 즉 그에게는 **사람들 사이에서 보편적으로 통용될 수 있는 단 하나의 환상**이 필요했다. 니체가 칸트를 불임의 철학자라고 비난했던 이유는 그 때문이다. 무한히 창조적인 생산능력을 가진 우리가 왜 아이를 하나만 낳아야 하는가? 왜 하나의 환상만을 고수해야 하는가? 하나의 환상만을 고수한다는 것은 아름다운 풍경을 담고 있을 수많은 창들이 달린 성채에 살면서 창문 하나만 열어두고 같은 거리풍경을 매일 바라보는 것처럼 지루하고 어리석은 일이다. 니체는 환상이 아니라 환상들을, 무한히 다양한 방향으로 열린 수많은 창들을 원했다.

우리가 사용하는 언어적 판단 형식을 분석함으로써 범주표를 도출했던 것에서 확인할 수 있듯이 하나의 보편적이고 객관적인 사유형식은 하나의 보편적이고 객관적인 언어형식이 전제될 때만 가능하다. 이는 하나의 동일한 언어로 말할 때만 하나의 동일한 사유형식을 가질 수 있다는 뜻이다. 그러므로 공식적인 환상을 욕망하는 철학자는 필연적으로 공식적인 언어를 욕망하게 된다. 그런 철학자들은 우리가 오직 한 가지 방식으로 말하고 생각하는 것을 자랑스러워 하라고 권유한다.

실체성 혐오자인 니체는 이 점에 주목한다. 새로운 환상을 생산한다는 것은 새로운 언어들을 생산한다는 것이다. 과학적 인과법칙의 실체성을 제거하는 일 역시 실체성을 파괴하는 언어의 창조를 통해서만 가능하다. 우리는 공식적 언어의 수행을 되풀이하는 앵무새 노릇을 그만두어야 하는 것이다. 이런 점에서 볼 때 의미의 실체성과 고정성을 파괴하고 풍부한 의미를 실어나르는 니체의 스타일은 단순히 문학적 취향에서 기인한 것이 아니다. 그 매력적인 아포리즘과 메타포들은 니체의 철학적 결론에서 비롯된다. 그는 시적 언어들로 공식적 표현과 의미망에 갇혀 있는 우리의 언어생활을 해방시킨다. 니체는 이렇게 외치는 것 같다. 너의 언어로부터 해방되어라. 하지만 이 외침은 언어는 감옥이기에 언어 밖에서 직접적으로 세계와 만나라는 뜻이 아니다. 언어는 감옥이지만 동시에 감옥을 나가는 열쇠이기도 하다. 그래서 이 외침은 이렇게 해석될 수 있다. 너의 언어를 찾아라! 그 언어에서 끊임없이 떠나오고 그 떠남을 통해 끊임없이 생산하라!

"그러나" (우리도 독수리 같은 '그러나'를 외쳐보자) 칸트에 대한 니체의 평가는 너무 일방적이고 가혹한 것이 아닐까? 칸트는 제3이율배반에서 선험적 자유를 거론했다. 선험적 자유가 현상세계의 인과법칙에 일방적으로 규정되는 존재가 아니라 이 세계 속에 새로운 인과계열을 시작할 수 있는 자발적 존재를 가정하는 것이라면, 니체의 철학적 결론과 마찬가지로 칸트의 결론 역시 다양한 윤리적 실천과 행동을 통한 새로운 세계의 생산적인 창조에 가 닿을 수 있지 않을까?

칸트의 보수성을 넘어서는 칸트철학의 혁명적 이해 가능성은 후일 푸코와 들뢰즈 같은 철학자들을 통해 밝혀진다. 그러나 니체는 현

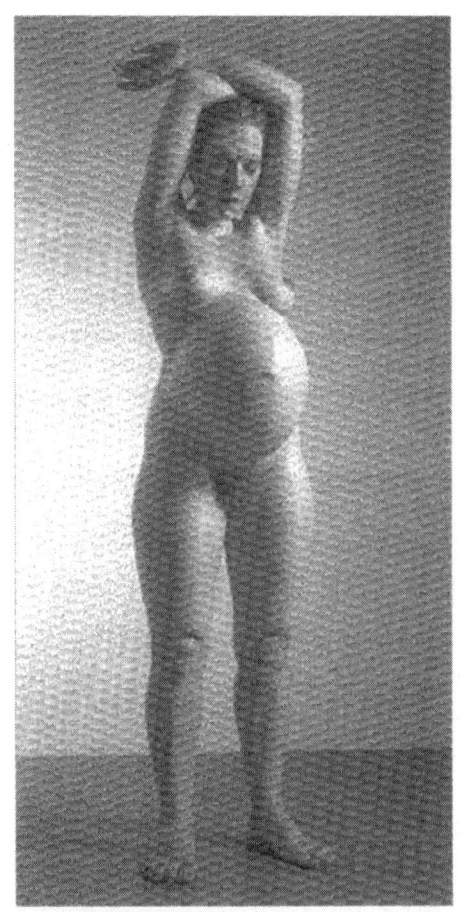

론 뮤익(Ron Mueck), 「임신한 여인」, 2002년

철학은 무한한 생산능력을 지닌 다산의 사유이다. 혹은 여러 개의 창이 달린 사유이다. "우리는 단 하나의 사물을 이해하기 위해 상이한 여러 풍경들, 여러 인식론들을 편력하게 될 것이다. 아마 여러 목소리로 이야기해야 할 것이다. 여러 개의 문이 있는 이러한 언어활동을 나는 철학적이라고 부른다."(세르, 『기식자』)

대철학자들처럼 칸트철학에 너그러울 수 있을 만큼, 칸트철학에 대한 생산적 독해를 시도할 수 있을 만큼, 칸트의 영향력에서 안전거리가 확보된 시대에 살고 있지 않았다.

니체는 선험철학의 블랙홀에 빨려 들어가지 않기 위해 칸트를 맹렬히 공격할 뿐이다. 니체가 보기에 칸트는 자신이 그토록 열렬히 찬양했던 선험적 자유를 마음껏 누릴 수 있는 작은 용기조차 가지지 못했다. 선험적 자유를 실행한 결과들이 인과의 법칙에서 벗어날 수는 없었지만 선험적 자유라는 원인 자체는 과학적 인과법칙의 무거운 사슬에서 벗어나 세계를 새로이 창조할 하나의 계기라는 점이 분명했다. 그러나 실천이성(praktische Vernunft)에 의해 열리는 세계 창조의 가능성 앞에서 칸트는 두려움에 떠는 것처럼 보인다. 그 결과 실천이성은 새로운 언어와 새로운 세계를 정립하는 입법가로 활동하기를 포기한다. 실천이성은 인과법칙에 반항하지만 그것은 단지 마음속에서 이미 빛나고 있는 보편타당한 도덕법칙과 의무에 복종하기 위해서일 뿐이다.

이로써 어떤 초월적 권위에도 굴복하지 않겠다던 선험철학의 최초 기획은 무산된다. 들뢰즈의 비판적 논평에 따르면 우리가 신, 국가, 부모에 복종하기를 그만두려고 하는 순간 실천이성이 나타나 우리가 유순해져야 한다고 설득한다. 이 점에서 이성은 또 하나의 노예 상태를 의미한다(들뢰즈, 『니체와 철학』, 162쪽). 실천이성은 외적 권위의 내면화에 불과하며 사람들은 거기에 저항적 향기를 풍기는 신학이 숨어 있다는 것을 곧 발견한다.

칸트의 영화적 기억 이론에 대한 베르그손의 비판

"우리의 기억이란 어떤 것이지요?"『순수이성비판』 초판본의 선험적 연역을 통해서 이 물음에 대한 칸트의 대답을 예상해 볼 수 있다. "기억이란 영화와 같은 거라고 할 수 있습니다. 우리는 낱장 낱장의 영화필름에 시공간을 하나씩 촬영합니다. 우리의 기억은 이 촬영된 필름을 다시 돌려 재생하는 것입니다. 인식작업도 영화작업과 똑같습니다. 우리의 세 가지 인식활동인 각지, 재생, 재인을 생각해 봅시다. 이 활동들은 새 필름에 이미지를 찍어 재생하고 순서대로 돌리며 하나의 영화를 완성하는 일에 해당할 것입니다." 이렇게 원자적인 이미지들이 쌓여 우리의 기억과 인식이 만들어진다는 아이디어는 칸트 시대에는 일반적인 것이었다. 기억과 인식에 대해 이런 영화적 모델을 제안했던 사람들은 관념연합론자들(associationist)이다. 이들은 사물의 이미지를 담고 있는 관념들이 연합하여 집합을 이룬 것을 의식이라고 보았기 때문에 이런 명칭을 얻게 되었다.(황수영, 『베르그손―지속과 생명의 형이상학』, 31쪽)

프랑스의 철학자 베르그손(H. Bergson)은 칸트철학을 결정적으로 뒤흔들기 위해 **칸트의 관념연합론적 전제**를 비판한다. 베르그손의 공격은 니체처럼 저돌적이고 화려하지는 않다. 그는 얌전하고 내성적인 철학자이며, 바느질의 비유를 자주 사용했고, 특별히 호전적인 문제를 선호하지는 않았다. 그러나 우리가 잘 아는 현대철학자 들뢰즈는 베르그손 사유의 위력을 감지하여 그 사유를 주체와 실체성을 강조하는 동일성 철학을 공격하는 데 적극적으로 활용한다. 특히 그는 베르그손의 철학을 통해 칸트철학을 전복시키고 니체철학을 생산적으로 해석하는 방식을 익혔다. 들뢰즈의 책 『영화 1. 운동-이미지』와 『영화 2. 시간-이미지』 역시 베르그손의 철학에 기대어 칸트적 의미의 영화적 사유를 넘어서는 새로운 영화 이미지, 혹은 시간 이미지의 가능성을 검토하는 작품이다.

베르그손은 우리의 기억이 분리된 의식필름들의 집합이라는 견해에 반대하여 우리의 의식이나 기억은 유기적인 전체를 이루고 있다고 주장한다. 베르그손의 기억이론을 가장 잘 설명해 주는 사례는 프루스트(M. Proust)의 『잃어버린 시간을 찾아서』에 나오는 마들렌 과자 이야기다. 이 소설가는 베르그손의 사촌이자 그의 열렬한 철학적 팬이기도 했으며 칸트에게 공격적이었던 쇼펜하우어의 신봉자이기도 했다. 어느 날 저녁 『잃어버린 시간을 찾아서』의 주인공은 홍차에 마들렌 과자를 적셔서 입에 넣는 순간 자신이 유년기를 보낸 콩브레 시절 전체를 생생하게 떠올리게 된다. 주인공은 콩브레의 과거가 그전에 한 번도 체험하지 못했던 형태로 영원성 속에서 솟아올랐다고 고백한다.

이 마들렌 과자를 통한 콩브레 체험이 왜 칸트철학에 대한 단호한 반대로 해석되는 것일까? 프루스트는 그 과거가 한 번도 체험하지 못했던 형태로 솟아올랐다고 말함으로써 기억에 대한 상식적 견해를 거부하고 있기 때문이다. 관념연합론자들이나 칸트의 주장대로라면 마들렌 과자 이야기는 의식에 차곡차곡 쌓여 있던 콩브레의 관념들을 꺼내 다시 재생하는 것으로 이해되어야 한다. 이것이 일반적으로 우리가 '과거를 회상한다'고 할 때 의미하는 것이다. 그러나 베르그손은 과거가 필름처럼 이미 고정된 형태로 보존되어 점점 쌓여가는 것이라기보다는 눈길에서 굴려지는 눈사람처럼 시간이 지남에 따라 커지는 것이라고 말한다. 기억의 서랍을 아무리 뒤져봐도 과거의 이미지를 그대로 보여주는 영화필름, 스냅사진 따위들은 들어 있지 않다. 과거의 순간순간은 쌓이는 것이 아니라 단단히 뭉쳐져 더 이상 분리할 수 없게 된 하나의 전체다. 이것이 베르그손적 영감을 통해 프루스트가 형상화하고자 한 우리의 기억과 시간에 관한 진실이다.

그러므로 어떤 완전한 기억, 완벽한 회상도 불가능하다는 것, 이것이 베르그손적 기억이론의 마지막 결론은 아니다. 중요한 것은 뭉쳐진 과거를 다시 풀어내는 과정을 통해 우리가 매번 새로운 과거를 체험한다는 점이다. 즉 우리를 회한에 떨게 하는 지나간 시간, 돌이킬 수 없는 고정된 시간은 결코 존재하지 않는다. 과거의 시간은 언제나 마들렌 한 조각이나 노래 한 소절, 모르는 여자가 짓는 한 순간의 표정, 혹은 시내버스 번호 같은 사소한 계기들을 통해 반복되지만 전혀 새로운 방식으로 반복된다. 이렇게 새로운 차이를 내며 반복되는 시간을 니체는 영원회귀의 시간이라고 부른 적이 있다.

기억을 통해 '되찾은' 유년기와 사랑하는 연인과의 시간은 잃어버렸다가 다시 주운 빛바랜 물건이 결코 아니다. 모리스 블랑쇼(M. Blanchot)는 이 새롭게 되찾은 시간을 시간의 바깥(dehors)에 존재하는 '순수시간의 체험', 예술이 그 방법을 발견하고 사용하는 시간의 체험이라고 명명한다(블랑쇼, 『미래의 책』, 25쪽). 물론 블랑쇼의 말대로 순수시간의 체험은 예술적이다. 그러나 이 말은 순수시간 체험이 현실에서 유리된 일종의 시적인 수사법이라는 뜻은 아니다. 그것은 우리 의식의 진정한 현실이다.

그럼에도 불구하고 베르그손의 기억이론과 시간체험을 비현실적인 것으로 생각하는 것은 우리가 모르는 사이 이미 칸트철학의 시간관을 전제하고 있기 때문이다. 이에 따르면 시간은 하나의 점을 연결한 직선으로 간주되고 이에 기초해 기억은 그 순간의 점들에 보관된 이미지들의 전체로 간주되는 것이다. 그러나 베르그손에 따르면 칸트의 시간관은 **'공간화된 시간'** 이해에 불과하다.

'공간화된 시간' 이해는 시간의 질을 무시하고 시간을 양화하는 것이다. 우리가 체험하는 시간은 종이 위의 점들을 연결한 직선의 길이로 나타날 수 없다. 점들을 하나하나 세며 연결하듯이 1초, 2초, 3초 하며 시간의 흐름을 수처럼 셀 수 있는 것은 시간을 공간 표상으로 뒤바꾸어 놓기 때문이다. 베르그손은 박사학위논문(『의식에 직접 주어진 것들에 대한 시론』)에서 양 50마리의 예를 든다. 우리는 수를 셀 때 시간 속에서 하나, 둘, 단위들을 더하며 센다고 믿는다. 그런데 양을 한 마리 두 마리 하는 식으로 세려면 양들의 구체적 차이는 무시되어야 한다. 이놈은 작은 코, 저놈은 눈처럼 흰 털 하는 식으로 차이를 부각시키면 그 양들을 결코 셀 수 없다. 양들의 동질성을 가정한 후에만 세는 행위가 가능하다. 그러나 동시에 양들은 서로 구별되어야 한다. 독립적 개체로 구별되지 않으면 셀 수 없기 때문이다. 수

살바도르 달리(Salvador Dalí), 「서랍이 달린 밀로의 비너스」, 1936년

기억에는 순간순간의 필름을 쌓아놓은 서랍이 없다. 프루스트는 베르그손에 심취하여 이렇게 썼다. "만일 우리의 정신적인 삶이 끊임없이 풍요로워진다면, 또 우리 역사의 우여곡절들이 서로 서로 영향을 주고 받으면서도 옷장 속에 쌓여지는 물건들처럼 정신 속에 쌓이는 것이 아니라 우리 속에서 용해되는 것이라면, 우리였던 것을 되살려 낼 수 있는 기억은 없다. 우리는 오늘 저녁의 우리 영혼을 영원히 다시 가져볼 수 없는 것이다."(프루스트, 『잃어버린 시간을 찾아서』)

량화에 필요한 최소한의 구별은 공간의 구별을 통해서만 얻어진다.

공간적 구별을 통해 매 순간마다 우리가 센 양들이 50마리라고 인식되기 위해서는 그 양들의 이미지를 직관적으로 보존하고 있어야 한다. 그런데 "이런 이미지의 보존이 일어나는 곳은 시간이 아니라 공간이다. 시간은 그것이 연속적일 경우 각 개체들을 구분할 수 없게 하나로 섞을 것이며 불연속적인 경우 매 순간에 하나의 개체들만 대응함으로써 전체를 단일한 표상 속에 통일할 수 없다. 오직 공간만이 불연속적 단위들을 하나로 통일하는 장이 될 수 있다"(황수영, 『베르그손―지속과 생명의 형이상학』, 41쪽). 그러므로 우리가 수를 세면서 체험한다고 믿는 시간의 흐름은 사실상 시간체험이 아니라 공간체험에 지나지 않는다. 이 시간은 수량화의 시간이며 그 때문에 수학과 물리학의 시간이다.

베르그손은 공간화된 시간이 과학적 지식을 구축하는 것에는 유용하지만 우리가 실제로 체험하는 **지속으로서의 시간**을 표현해 주는 것은 아니라고 강조한다. 그리고 이렇게 공간화된 시간은 경험의 일부만을 설명하는 형식에 불과하다. 물론 칸트는 이런 비판을 기꺼이 수긍할 것이다. "물론이오, 내 물음은 '과학의 기반이 되는 선천적 종합판단은 어떻게 가능한가'였지. 그러니 내게 중요했던 것은 수학과 과학의 객관적 경험에 대한 형이상학적 정당화였소. 그것을 위해 나는 신학적 세계를 제외한 세계의 어떤 부분, 삶의 어떤 부분도 희생할 준비가 되어 있소. 신학적인 삶을 위해서는 이미 물자체란 이름으로 세계를 이원화했으므로 내겐 문제가 될 것이 아무것도 없다오."

칸트, 혹은 계몽의 악덕

수학과 과학의 정당화를 위해 삶의 특정 부분을 배제하는 방식이 칸트에게 문제가 될 것은 없었다. 그러나 인류에게는 문제가 될 뿐 아니라 일종의 대재앙이 되었다. 『계몽의 변증법』에서 아도르노(Th. W. Adorno)와 호르크하이머(M. Horkheimer)는 칸트류의 계몽적 사유가 어떤 특징과 심각한 폐해를 지니는지 지적한다.

시간과 공간이라는 우리의 세계 인식의 감성적 틀이 수량적 모델로 제한되어 이해될 때 우리가 경험하는 모든 사물들은 이 제한에 따를 수밖에 없다. 계산가능성과 유용성의 척도에 들어맞지 않은 것은 존재하지 않는 것이다. 이에 따라 칸트가 코페르니쿠스적 전회라고 불렀던 '우리가 대상을 따르는 것이 아니라 대상이 우리를 따른다'는 인식론적 주장은 실천적으로는 다음을 함축하게 된다——우리는 대상들의 고유한 가치와 의미를 따르지 않는다. 오히려 대상들이 우리의 유용성 척도에 따라 위계적으로 배치되어야 한다. 이 위계적 배치를 벗어나 "숫자로 환원될 수 없는 것, 나아가 결국에는 하나로 될 수 없는 것은 가상(Schein)으로 여겨진다."(호르크하이머/아도르노, 『계몽의 변증법』, 29쪽)

코페르니쿠스적 전회를 통해 달성되는 선험철학은 인간이 감성과 오성을 통해 대상을 조작할 수 있는 능력과 권리를 가졌다는 철학적 정당화가 되어버린 셈이다. 따라서 칸트가 『순수이성비판』에서 정립한 것은 인간에 의한 자연세계의 무한한 약탈가능성에 불과하게

코카콜라 산타클로스 광고 시리즈

호르크하이머와 아도르노는 칸트의 선험철학이 문화산업의 시대에 진정한 전성기를 맞이하고 있다고 주장한다. 이제 우리는 문화산업의 선험적 구성작용을 거치지 않고서 어떤 사물도 인식할 수 없는 듯 보인다. 산타클로스에 대한 아이들의 순수한(!) 상상조차도 다국적 기업의 마케팅 전략의 구성적 산물이다. 우리가 어린 시절 상상했던 산타클로스의 모습은 겨울철 비수기 광고전략으로 코카콜라의 붉은 마크와 콜라의 흰 거품의 이미지를 각인하기 위해 만들어진 것이다. 산타의 다정한 이미지는 저명한 미술가 선블럼(H. Sundblam)에 의해 1931년에 고안된 것이다.

된다. 두 철학자에 의하면 "자연 지배는 『순수이성비판』이 사유를 가둬놓은 원을 실제로 그린다"(호르크하이머/아도르노, 『계몽의 변증법』, 55쪽). 심각한 자연파괴를 동반한 무분별한 개발은 『순수이성비판』의 인식론적 결론을 실체로 실행해본 것에 지나지 않는다는 뜻이다.

베르그손은 칸트의 시간관이 인간의 풍부한 시간경험을 경직되고 빈곤하게 이해했다고 지적했다. 마찬가지로 호르크하이머와 아도르노는 칸트철학이 인간 정신의 왜소화라는 대가를 치르고서만 그 정당성을 확보할 수 있었다고 주장한다. 선험적 통각의 종합활동을 통해 대상은 우리를 따르고 이로써 우리의 정신과 세계는 마침내 하나가 되지만, 그것은 정신과 세계를 둘 다 형편없이 축소함으로써만 가능해졌다는 것이다. 정신은 단지 수학적 장치로 환원되었고 세계는 이 장치가 반복적으로 찍어내는 생산물로 축소되었다. 이것은 동시에 철학적 인식의 왜소화이기도 하다. 왜냐하면 철학을 비롯해 모든 학문적 "판단은 언제나 이성이 대상 속에 주입해 놓은 것만을 단순히 반복하기 때문이다."(『계몽의 변증법』, 55쪽)

『순수이성비판』 전체를 통해 칸트는 인식의 정당한 영역을 확보하려고 노력했다. 그러나 두 철학자가 보기에 칸트는 결과적으로 인식이라는 행위를 송두리째 포기해 버렸다고 할 수 있다. 인식의 과제는 단순히 인지하고, 분류하고 계산하는 데 있는 것이 아니다. 그렇다면 인식을 수학의 계산가능성과 과학의 예측가능성으로 축소하는 것은 인식의 구제가 아니라 인식의 포기이다. 칸트는 "감히 알려고 하라!"라는 계몽의 모토를 외치며 인식하려는 열렬한 희망을 계몽의

조나단 반브룩(Jonathan Barnbrook), 「진화」, 2001년
인류는 진화했고 문명은 진보한다고들 한다. 인간 능력이 과학적 합리성으로 축소되는 것이 진화이고 그러한 합리성에 의해 재단되는 세계의 상태가 진보라면 우린 분명히 진화했고 진보했다. 그러나 발터 벤야민은 탄식하길 "죽어 경직되어 가고 있는 세계를 두고 진보를 이야기하다니 도대체 무슨 소리인가?"

미덕으로 제시했지만 자신도 모르는 사이 그는 인식을 협소화함으로써 계몽의 가장 치명적 악덕을 범하고 말았다. 따라서 니체가 칸트철학은 지적 본능의 퇴화이며 칸트는 지적 정직성을 전혀 가지지 못한 철학자라고 비난했을 때, 니체는 이 현대철학자들의 칸트 비판을 선취하고 있는 것이다.

계몽은 신학적 사유에 반대해 모든 것을 과학적 합리성에 의해 파악하려 했던 나머지 또다시 과학적 합리성을 절대화하는 신화와 미신에 빠져버렸다는 그들의 비판은 칸트의 『순수이성비판』을 검토해 볼 때 매우 타당한 측면을 지닌다. 하지만 아도르노를 비롯해 아렌트(H. Arendt), 료타르(J. Lyotard) 등 여러 현대철학자들은 칸트 자신에 의해 극복되는 칸트철학의 가능성에 깊은 관심을 갖는다. 그래서 그들은 모두『판단력비판』에 주목한다.『순수이성비판』속에 존재하는 과학적 인간은 동일성의 원리에 의해서 규정되지 않는 타자 및 다른 사물들과 단절된 채 남아 있다. 그렇지만『판단력비판』의 미학적 인간은 숭고(Erhaben)의 체험을 통해 자신과 갈등을 일으키는 타자의 존재를 예감하며 갈등의 상황을 해소하기 위한 방안을 모색하고 있다.

이와 같은『판단력비판』의 문제의식을 통해『순수이성비판』이 근대철학에 불러일으켰던 충격과 흥분이 현대철학에도 다시 한번 재현될 수 있을까? 우리 시대는 새로이 칸트 르네상스를 맞이할 수 있을까? 칸트는 진정으로 자신의 철학을 전복시키고 자신의 경계를 넘어갈 수 있을까? 이 모든 물음에 답하기 위해 우리는 이제『판단력비판』을 읽어야 한다.

2. 들뢰즈와 칸트
—능력들 간의 심연을 넘어서는 법

계몽주의의 블랙메일을 넘어서

들뢰즈와 함께 칸트를 읽어나갈 때 자연스럽게 떠오르는 의문이 하나 있다. 왜 들뢰즈는 『칸트의 비판철학』이나 『차이와 반복』에서 칸트를 자신의 철학적 사유의 동반자로 택했을까? 물론 들뢰즈가 사유의 친구로 삼은 이들이 칸트뿐만은 아니다. 들뢰즈는 베르그손, 니체, 스피노자에게서 철학적 도제수업을 충실히 받았다. 그렇지만 칸트를 이 철학자들 사이에 함께 두는 것은 아무래도 어색하다. 칸트는 합리성, 이성 개념에 거리를 두는 들뢰즈나 푸코와 같은 프랑스 사상가들의 친구라기보다는 그들과 대립전선을 형성하는 모더니스트의 원조 격이며, 좀더 적나라하게 말하자면 원흉에 가까운 철학자가 아닐까? 그러나 이런 식의 질문에는 이미 푸코가 '계몽주의의 협박 (blackmail)'이라고 불렀던 것이 숨겨져 있다. 그리고 이 협박의 정조에는 네가 나의 친구가 될 수 없다면 너는 나의 적이 틀림없다는 단순논리, 이 세상에는 친구 아니면 적뿐이라는 유치한 흑백논리가 들어 있다. 그런 논리에 기반하여 계몽주의는 우리에게 늘 양자택일을 강요한다.

너, 계몽(enlightenment)을 믿고 합리적인 삶, 구원받은 삶을 살아갈래? 아니면 계몽을 거부하고 비합리주의에 빠져 저주받은 삶을 살아갈래? 지하철에서 '예수천국, 불신지옥'을 외치는 사람처럼 계몽주의 논리에는 늘 협박이 숨어 있다. 이봐, 계몽주의를 거부한다면 네게 남는 것은 오로지 광기어린 삶뿐이야. 네가 이성을 거부한다면 너는 정신분열자의 삶을 살아가게 될 거다. 이것의 예증으로 에이즈로 죽은 푸코, 들뢰즈가 사용했던 정신분열증(schizophrenia) 개념이 거론된다. 그러나 진정한 계몽의 철학적 에토스는 계몽주의의 협박을 거부하는 데서 시작될 수 있다. 중요한 것은 이성이나 합리성의 본질적 핵심이 무엇이냐는 것이지 여기에 우리가 찬성하느냐 반대하느냐가 아니다. 합리주의 진영 대(對) 비합리주의 진영이라든가 모더니스트 대 포스트모더니스트라는 식의 일반적인 구분은 무의미한 것이다.

우리가 진정으로 관심을 기울여야 할 것은 역사적 존재로서 우리 자신을 분석하는 작업이며 그 정교한 작업 속에서 밝혀지는 우리의 '현재적 한계성'이다. 달리 말하면 이것은 '자율적 주체로서 우리 자신을 정립시키는 데 무엇이 더 이상 필요치 않은가를 밝힘'으로써 우리가 지금 처한 한계상황을 묘사하고 그 한계를 넘어가야 한다는 뜻이다. 푸코는 **합리성에 대한 교조적인 충실성을 유지하는 것이 아니라**

카라바조(Caravaggio), 「의심하는 토마」, 1599년

"우리는 지나치게 단순하고 권위적인 대안의 형태로 표현되는 모든 것을 거부하지 않으면 안 된다. 예컨대 계몽주의를 수용하고 그 합리주의의 전통 안에 머무르든지, 아니면 계몽주의를 비판하면서 그 합리성의 원칙을 저버리든지 하라는 단순논리가 그 예이다."(푸코, 「계몽이란 무엇인가?」)

부활한 예수의 신비조차도 스스로의 오성을 사용하여 직접 확인해 보려는 토마. 그는 성서 속에 등장하는 가장 계몽적인 인물이다. 예수의 구멍난 옆구리에 손가락을 찔러 넣으며 이마를 찡그리는 토마에 대한 묘사는 이 작품이 그려진 1599년에는 혁명적이고 충격적인 표현방식이었다. 화가 카라바조는 작품의 혁신성으로 인해 당국과 마찰이 잦았다. 어느 분야에서든 계몽적인 인물들은 단순한 권위를 강조하는 국가주의적 행태들과 대립한다.

우리 자신의 한계를 넘어서려는 태도(ethos)의 끊임없는 활성화——우리가 흔히 비판정신이라고 부르는 것——가 진정한 계몽의 철학적 에토스라고 말한다. 푸코와 마찬가지로 들뢰즈 역시 칸트를 비판철학자로서 높이 평가한다. 그가 보기에 칸트는 니체만큼이나 계몽과 비판의 이상에 기여한 위대한 철학자다. 칸트는 최초의 총체적 비판을 기획한 철학자였다. 총체적 비판은 쉽게 말해 "아무것도 그것을 피할 수 없는 종류의 비판"이라는 뜻이다(들뢰즈, 『니체와 철학』, 165쪽). 칸트는 어떤 신성불가침의 영역도 남겨두지 않고 철저한 비판을 행하려는 야심찬 기획을 가졌다. 물론 이 기획이 성공적으로 이루어졌는가는 매우 의심스럽지만, 아무튼 어떤 종류의 우상도 남겨두지 않으려 했던 니체의 망치는 바로 칸트의 철공소에서 만들어져 니체의 손에 쥐어진 것임에는 틀림없다.

문제를 발명할 자유에 관하여

들뢰즈가 비판철학의 창시자라는 측면에서 칸트에게 후한 점수를 주고 있다는 점을 감안한다고 하더라도 우리는 다시 물을 수 있다. "지금 우리에게 칸트가 왜 문제인가?" 들뢰즈는 아마 이렇게 대답할 것이다. "우리가 여전히 플라톤주의자, 데카르트주의자, 혹은 칸트주의자로 남을 수 있는 것은 그 **철학자들의 개념이 우리들의 문제들 안에서 다시 활성화될 수 있으며, 우리들만의 고유한 개념들을 창조하는 데 영감을 줄 수 있기 때문이다**"(들뢰즈, 『철학이란 무엇인가』, 45쪽). '문제'라는 말에 주목하자. 칸트가 지금 우리에게 왜 문제적인지를 알기에 앞서서 '문제'라는 용어가 들뢰즈의 사상에서 차지하는 중요성을 잠시 살펴보자.

우리들은 흔히 문제보다는 답에만 관심을 갖는다. 우리가 문제를 읽는 것은 단지 답을 하기 위해서다. 사막에서 물을 찾으며 죽어가는 사람마냥 우리는 외친다. 어서 빨리 저에게 한 모금의 참과 거짓을 주세요. 그것만이 우리의 요구다. 들뢰즈는 이런 태도의 어리석음을 베르그손을 통해 보다 분명하게 깨달을 수 있었다. 들뢰즈는 『베르그손주의』에서 베르그손의 말을 인용하며 다음과 같이 지적한다. "사실상 우리는 참과 거짓이 단지 답에만 관련되어 있으며 답이 주어져야만 참과 거짓의 문제가 시작된다고 믿는 오류를 범하고 있다. 이러한 편견은 사회적이다. 사회와 사회의 암호들을 전달하는 언어행위는, 이미 만들어진 문제들을 마치 '도시의 행정서류철'에서 꺼내온 것처럼 우리에게 '제시하고는' 우리에게 아주 적은 자유의 폭을 허용하면서 그 문제들을 '풀도록' 요구하기 때문이다. 더구나 이런 편견은 어린 시절부터, 학교 교육에서 발생한 것이다 : 문제를 '주는'(내는) 사람은 학교선생이며, 답을 찾는 것은 학생이 할 일이다. 이런 식으로 우리는 일종의 노예상태에 놓여져 있다. **진정한 자유는 문제 자체를 결정하고 구성할 수 있는 능력에 있다.**"(들뢰즈, 『베르그손주의』, 13쪽)

우리의 철학적 능력, 심지어 다른 분야에서조차 능력은 항상 참된 문제를 창조적으로 만드는 정도에 달려 있다. 무능력한 사람이란

68혁명 점거 당시의 소르본 대학
'시험볼 때 질문으로 답하자.'
'배운 건 모두 잊어버려라. 꿈꾸면서 시작하라.'
— 프랑스의 68년 5월, 벽의 낙서들

이미 주어진 문제에 대해 답을 못 찾는 사람이 아니라, "당신 지금 뭐가 문제요?" 하고 물었을 때 도무지 뭐가 문제인지를 모르는 사람이거나 잘못된 문제를 물고늘어지는 사람이다. 그런 점에서 본다면 '계몽주의를 받아들일 것인가 말 것인가' 라는 낡아빠진 문제설정을 **'계몽의 에토스' 라는 새로운 문제설정**으로 바꾸어낸 푸코는 아주 능력있는 철학자라 할 수 있다.

문제설정에 대한 들뢰즈의 강조는 『천 개의 고원』에서 유목과학을 설명하는 부분에서도 다시 한 번 나타난다. 그는 하나의 도그마로서 주어진 문제목록을 가지고 있는 과학을 국가과학 혹은 왕립과학(royal science)이라고 부르며, 이와 달리 지금 당면한 상황에서 새롭게 문제를 만들어내고 그 문제를 통해 당면한 상황의 한계를 초월하는 과학을 유목과학(nomad science)이라고 부른다. 왕립과학의 대표적 모델이 유클리드의 기하학이라면 유목과학의 모델은 아르키메데스의 기하학이라고 할 수 있다. 유클리드 기하학은 정의와 공리같이 이미 정해진 전제가 있고 그 전제들을 통해 정리들을 도출하고 그것들을 체계화하는 작업이다. 이에 반해 아르키메데스 기하학은 정의나 공리에서 출발하지 않는다. 아르키메데스는 "포물선이나 타원같이 원과 다른 성질을 가진 곡선들은 어떻게 길이나 면적을 구할 수 있는가?" 하는 새로운 문제설정을 통해 자신의 시대에 주어진 난관을 극복하려고 했다. 들뢰즈는 아르키메데스 기하학을 유목과학으로서 규정하면서 모든 유목과학은 문제설정적(problematic)임을 강조한다.(이진경, 『노마디즘』 2, 347쪽)

칸트의 고유한 문제설정 ― 자기입법성

칸트는 근대(modern age)라는 새로운 세기의 하늘 아래서 사유했던 철학자였다. 중세는 신학적 콘크리트로 높고 침침한 천장을 만들어 놓은 거대한 건축물에 비유될 수 있다. 이 건축물의 천장을 완전히 때려부수고 푸르고 자유로운 근대의 하늘을 보려는 것이 바로 근대 철학자 칸트의 야심이었다. 이전 세기와 달리 새로운 세기의 하늘과 공기 속에는 인간에게 명령을 내리는 어떤 종류의 초월적 존재자가 있어서는 안 되었다. 인간에게 명령할 수 있는 권리는 오로지 인간 자신에게만 존재해야 한다. 이런 생각을 한 마디로 '자기입법성'이라 규정할 수 있다. 우리는 우리 스스로의 명령만 따르는 자들이라구! 칸트철학의 새로운 문제설정에는 근대인이 지닌 강한 프라이드가 짙게 깔려 있다.

칸트의 새로운 문제의식은 『순수이성비판』에서 가장 선명하게 드러난다. **인간이 사물에 대해 진실된 인식만을 하도록 도와주는 선하고 너그러운 신이 없다면, 우리는 어떻게 참된 판단을 내릴 수 있을까?** 우리가 스스로의 명령만 따르는 자들이라는 이 원칙은 우리 밖의 사물을 인식하는 경우에도 보존될 수 있을까? 칸트는 근대인의 고집 센 원칙을 인식론에서도 끝까지 밀고 나가기로 결심한다. 다른 철학자들은 우리 밖의 사물을 우리가 사물 그대로 알기 위해서는, 신이 미리 그 질서를 맞추어놓았다는 적나라한 예정조화론은 아닐지라도 어떤 변형된 방식의 예정조화론이 필요하다고 느꼈다. 라이프니츠뿐만 아니라 흄조차도 주체와 대상 간의 예정조화 없이는 주체와 객체의 이분법이 만들어내는 깊은 간극을 해결할 수가 없었다.(들뢰즈, 『칸트의 비판철학』, 31쪽)

그러나 칸트는 이런 식의 타협을 단호히 거부한다. 그는 사물과 우리의 인식내용이 일치한다고 가정하는 대신에 사물이 무조건적으로 우리를 따른다고 선언하는데 이것이 바로 그 유명한 '코페르니쿠스적 혁명'이다. 이는 사물이 있고 우리가 사물의 주위를 맴돌면서 어떻게든 사물의 제 모습을 알아내려고 애쓰는 것이 아니라 사물들이 우리의 인식형식을 따라서만 그 모습을 드러낸다는 뜻이다. 코페르니쿠스적 혁명에는 '우리 인식자들은 명령하는 자들이다. 인식의 대상들이여 너희는 우리를 따를지어다!'라는 선언이 들어 있다. 결코 어떤 초월적 존재에도 의존하지 않는 인식론의 건설이라는 새로운 문제설정을 통해 칸트는 아무도 흉내낼 수 없는 참신한 해결책을 발견해낼 수 있었다. "**본질적인 발견은 인식능력이 입법적이라는 것**, 보다 정확하게는 인식능력 속에 어떤 입법자가 있다는 것이다."(『칸트의 비판철학』, 32쪽)

우리의 인식활동에 관여하는 정신능력은 감성, 오성(지성), 구상력(상상력), 이성, 이 네 가지다. 이 네 가지 능력 중에서 감성은 대상을 수용적으로 받아들이는 능력이며, 나머지 세 가지는 자발적인 능력이다. 사물들은 시간과 공간이라는 감성형식을 통해서 우리의 정신에 주어진다. 그러나 우리가 사물이 주어지는 순간 즉각적으로 대상에 대해 입법하는 것은 아니다. 오성, 구상력, 이성의 협력하에 우

그웬 존(Gwen John), 「귀중한 책」, 1920년경

흰 순수건으로 책을 감싸고 경건하게 읽고 있는 소녀. 붉은 표지로 보건대 성경은 아닐 듯하지만 소녀의 태도로 보아 귀중한 책임은 틀림없다. 칸트의 『순수이성비판』은 플라톤의 여러 저작들과 함께 철학의 바이블이라고 불릴 만큼 중요한 책이다. 그러나 들뢰즈는 그림의 소녀처럼 천진한 경건함으로 칸트의 책을 읽지 않는다. 그는 칸트의 철학을 끊임없이 비틀며 새롭게 구성해 나간다. 가령 그는 『칸트의 비판철학』에서 표상을 오성 작용까지 개입한 "다시 거머쥐는 활동"으로 규정한다. 그러나 칸트는 표상을 오성의 활동으로서 보지 않는다. 칸트는 공간과 시간에 대한 해명에서 표상과 개념을 구별하면서 공간·시간이 오성의 개념이 아니라 감성의 표상임을 거듭 강조하고 있다.

루이스 하인(Lewis Hine), 「허약한 아이들」, 1924년

공통감각(상식, common sense)은 이 사진에서 두 어린이의 기형적인 머리와 이상스런 옆얼굴에 주목하기를 우리에게 강요한다. 그것들은 비정상적이므로! 그러나 공통감각의 획득은 칸트 주장만큼 보편적인 일은 아니다. 옴브르단의 실험에 의하면 흑인들은 영화를 보아도 마을의 넓은 광장의 한 구석을 지나가는 작은 암탉만을 볼 뿐이었다고 한다. 칸트에게 항변이라도 하듯 바르트는 말한다. "내가 보는 것은 옴브르단의 실험에서의 흑인들처럼, 중심에서 벗어난 세부, 즉 소년이 입고 있는 옷의 커다란 당통식 칼라, 소녀의 손가락에 감긴 붕대 따위이다. 나는 미개인, 어린아이 혹은 미치광이다. 나는 모든 지식, 모든 교양을 추방하며, 타인의 시선을 물려받기를 거부한다." (바르트, 『카메라 루시다』)

리에게 나타난 것(presentation)을 다시(re) 거머쥐는 활동을 통해 표상(re-presentation)을 만들어냄으로써만 우리는 대상에 대해 입법할 수 있게 된다.

달리 말해 무엇인지 정확하지는 않지만 우리에게 나타나는 무언가가 우리 정신의 능동적 능력(오성, 구상력, 이성)을 통해 '대상'으로 구성되면서 비로소 인식활동이 이루어진다는 뜻이다. 그런데 재미난 것은 표상 형성에 관여하는 오성, 구상력, 이성이라는 세 가지 활동 능력 중에 대장 노릇을 하는 능력이 있다는 점이다. 우리가 사물을 인식하려는 관심을 가질 때 오성은 다른 능력들에게 명령을 내린다. 오성의 지휘 아래서 구상력과 이성이 활동하기 때문에 오성이 인식활동의 입법자가 된다.

그러나 우리가 인식적 관심이 아니라 실천적 관심을 가지고 실천활동을 행할 때 명령을 내리는 입법자는 오성이 아니라 이성이다. 우리가 머릿속의 표상이 현실 속에 실제로 존재하기를 욕구하면서 실천적 관심을 가질 때에는 이성의 명령하에 구상력과 오성이 일사불란하게 움직인다.

이처럼 인식활동이나 실천활동에서 능력의 입법성을 가정하는 데에는 대단한 낙관주의가 숨어 있다. 우리의 능력들이 삐딱선을 타는 놈 하나 없이 하나가 입법하면 다른 능력들은 고분고분 따라주며 일치를 이루는 대단히 선한 본성을 가지고 있다는 것이다. 이처럼 낙관적이고 희망적인 가정이 있을 경우에만 칸트의 철학적 기획은 성공할 수 있는 것이다. 그는 선한 본성을 지닌 능력들 간의 조화로운 일치를 '공통감각'이라고 표현한다. 능력들 간의 조화로운 일치는 세 가지 패턴으로 구분될 수 있다. 우리는 인식적인 관심을 가짐에 따라 오성의 지휘 아래서 이성과 구상력이 조화를 이루는 경우를 '논리적 공통감각'이라고 부른다. 만일 실천적 관심에 따라서 이성의 지도 아래 오성과 구상력이 조화를 이룬다면 그것은 '도덕적 공통감각'이다. 그리고 우리가 아름다움을 느끼는 정신의 능력을 발휘할 때는 구상력과 이성과 오성의 조화가 '미감적 공통감각'을 이루어낸다. 이처럼 칸트는 논리적, 도덕적, 미감적 공통감각을 상정함으로써 종교적 신비주의를 풍기는 어떠한 이론적 전제에도 호소하지 않고 깔끔하게 입법성의 원칙을 고수해 나가는 듯이 보인다.

새로 등장하는 난점의 극복 — 능력들 간의 심연을 넘어서는 방법

새로운 모험에는 언제나 예상치 못한 복병이 숨어 있기 마련이다. 집을 떠나오기 전에 마련해 놓은 지도는 길을 나서자마자 제일 중요한 부분부터 비에 젖어 지워지고, 모험의 선배들에게 전혀 듣지 못했던 장애물이 도처에서 등장한다. 칸트의 지적 탐사 역시 예외는 아니었다. 칸트는 입법성의 원리를 고수하기 위해 선배철학자들과 다른 방식으로 문제를 풀어나간다. 그는 그 과정에서 공통감각 이론을 만들어냈다. 그러나 여기서 예상치 못한 난점이 발생한다.

칸트철학의 가장 독창적인 요소 중 하나이며 공통감각 이론을 요청하는 데 핵심적인 역할을 한 것은 '우리가 가진 능력들의 본성이 서로 다르다'는 이념이다(들뢰즈, 『칸트의 비판철학』, 46쪽). 그의 선배 철학자들은 우리 외부의 대상과 우리의 정신 사이에 커다란 간극이 있다고 보긴 했지만 우리의 정신능력들 간의 차이를 상정하지는 않았고 상정할 필요도 없었다. "감성은 조금 희미한 오성일 뿐이야" 혹은 "오성은 덜 생생한 감성에 불과해", 이것이 선배철학자들의 생각이었다. 그러나 칸트는 달랐다. 그는 정신의 능력들이 서로 완전히 다른 능력이라고 생각했으며 그런 상이한 능력들 간의 조화를 위해 공통감각이 존재해야 한다고 믿었다. 만일 각각의 능력들이 다른 철학자들의 주장처럼 그 명료함이나 생생함에서만 약간 다를 뿐 서로 비슷한 능력이라면 굳이 공통감각이 왜 필요하겠는가? 하지만 칸트에게 능력들은 서로 달라야만 했다. 그 이유는 그의 화려한 인식론적 혁명에서 찾을 수 있다.

코페르니쿠스적 혁명의 이념대로 사물들이 우리를 따른다는 말은 보다 정확하게 풀자면 우리가 현상(Erscheinung)에 대해서만 입법한다는 뜻이다. 우리는 물자체(사물 자체, Ding an sich)에 대해서는 입법권을 행사할 수 없다. 인간 정신은 사물 자체가 정말 어떤 것인지를 알 수는 없으며 단지 우리의 능력을 통해 현상을 적극적으로 구성해냄으로써 입법자로 자처할 수 있는 것이다. 이런 점에서 입법적 원리의 고수는 인간적 능력의 무한성을 인정하는 차원에서 이루어지는 것은 아니라는 점이 드러난다. 물자체는 인간에게 접근금지인 상태지만 그럼에도 불구하고 우리가 필요로 하는 만큼은 인식될 수 있다. 이 때문에 인식적인 차원에서 보자면 물자체는 우리의 관심을 끌지 않는다. 인식하고자 하는 존재인 우리에게 중요한 것은 단지 현상일 뿐!

그런데 현상의 구성을 위해선 완전히 다른 종류의 능력들이 필요하다. 먼저 사물 자체에서 인식의 질료를 받아들이는 수용적 능력(감성)이 있어야 한다. 그리고 이 질료들을 우리의 고유한 방식으로 종합해내는 자발적 능력(오성)이 있어야 한다. 이처럼 능력들이 서로 상이한 역할을 도맡아 줄 때에만 현상의 구성이 가능한 것이다.

현상의 구성을 위해 서로 상이한 원천을 지닌 능력들을 상정하는 순간 새로운 문제가 발생한다. 이토록 다른 두 능력이 어떻게 서로 어울려 인식활동을 할 수 있는 거지? 이건 왈츠와 탱고처럼 완전히 다른 리듬을 몸에 익힌 두 댄서들이 함께 스텝을 밟는 것만큼이나 난감한 것이다. 이 물음을 주체의 차원에서 다시 제기하자면 어떻게 우리는 그토록 수동적 주체이면서 동시에 활동적인 주체가 될 수 있느냐는 것이다.

이 곤란함을 해명하기 위해 칸트는 이렇게 말한다. "아, 그건 말이지요. (도식 작용을 통해) 오성과 감성을 매개해 주는 구상력이 있기 때문에 가능합니다." 하지만 이것은 충분한 답변이 되지 못한다. 스타킹은 고양이와 다른 만큼이나 장미와도 다르다. 마찬가지로 오성은 감성과 다른 만큼이나 구상력과도 다르다. **이 능력들 간의 심연을 어떻게 넘어설 것인가? 수용적 능력과 자발적 능력 간의 일치는 구상력의 등장을 통해 자발적 능력들(오성과 구상력) 간의 일치라는 문제로 넘겨질 뿐, 해결되지는 않았다.**

결국 고심 끝에 나온 칸트의 답변은 이것이다. "아시다시피 이 자발적인 능력들은 착한 본성을 가졌지요. 능력들 간에는 미리 선험적인 조화와 일치가 존재한다는 소립니다. 그런 선험적인 일치를 나는 공통감각이라고 부르지요." 공통감각을 통해 그는 코페르니쿠스적 혁명에서 필연적으로 생겨난 폐해(능력들 간의 심연)를 넘어서려고 한다.

그러나 이 공통감각에는 뭔가 의심스러운 구석이 있다. 이미 전제된 조화라니……. 이건 선배철학자들이 자주 하던 변명과 다르지 않다. 외부 사물과 우리 정신의 일치를 위해 예정조화를 주장하던 이들의 습관이 칸트철학에도 슬그머니 숨어든 것이다. 들뢰즈는 예정조화의 이념이 주체와 대상에서 주체가 가진 서로 다른 능력들의 차원으로 옮겨진 것으로 진단한다. 그러나 들뢰즈의 지적에 따르면 칸트는 이런 문제점을 의식하고 있었다. 『순수이성비판』과 『실천이성비판』을 저술할 당시의 칸트에게 "공통감각은 어떻게 발생하나요?" 하고 우리가 묻는다면 그는 일단은 그냥 믿으라고 말할 것이다. 그건 그가 '공통감각의 발생'이라는 문제를 『순수이성비판』이나 『실천이성비판』에서 해명할 수 있는 종류의 문제로 보지는 않았기 때문이다. 들뢰즈가 언급했듯 "처음 두 비판은 능력들 사이의 관계라는 근원적인 문제를 해결할 수 없었고, 단지 이런 문제가 있다는 것을 밝혀두고, 해결해야 할 궁극적인 과제로서 남겨둘 뿐이다"(『칸트의 비판철학』, 50쪽). '능력들 간의 심연을 넘어서는 법'이라는 궁극적인 과제는 마지막 비판서인 『판단력비판』에 가서야 답을 찾을 수 있다.

능력들 간의 심연 앞에 서기, 그 깊은 수심(水深)에 몸 담그기

들뢰즈는 칸트의 마지막 비판서를 두고 정말 독특하다고 평가한다. "『판단력비판』은 칸트의 말년 저작으로서, 그의 후학들은 끊임없이 그것을 따라 잡기에만 급급할 만큼 모든 사슬이(!) 풀려버린 작품이다. 거기에서 정신의 모든 기능들은 그 한계들, 즉 칸트가 그의 전성기에 집대성한 책들에서 그토록 공들여 세워 놓았던 바로 그 한계들조차도 무상으로 뛰어넘어 버리는 것이다."(들뢰즈, 『철학이란 무엇인가』, 9쪽)

칸트의 세 비판서 사이에는 우리가 어떤 위대한 사상을 만날 때 기대하는 사유의 일관성이나 통일성 같은 것이 존재하지 않는다. 하긴 사유의 일관성이라는 이미지 자체가 어리석다. 사바나만이 계속되거나 툰드라만이 이어지는 지대란 얼마나 우리를 지루하게 할 것인가? 아무리 가도 눈에 보이는 모든 것이 온통 작은 들풀뿐이라면? 혹은 짙은 이끼의 융단뿐이라면? 만일 사유가 이렇다면 문제는 정말 심각하다. 그것은 한없이 지루할 뿐만 아니라 무엇보다도 유치한 사유임에 틀림없다. 몇 년이 지나도 똑같은 소리만을 지껄이는 사상가는 정신적 발육부진에 빠진 것이니까.

사바나가 아름다운 것은 사막과 열대우림 사이를 지나가는 하나의 지대라는 우리의 기대 때문이다. 곧이어 새로운 풍경과 마주치게 될 거라는 그런 기대. 한 사상가의 사상에서 변하지 않고 남아 있는 것은 변하지 않은 게 아니라 미처 변하지 못한 것일 뿐이다. 그래서

한 사상가의 거주지가 어디인지 —사바나 지역인지 툰드라 지역인지 —를 묻는 것은 어리석은 일이다. 대신 우리는 그가 자기 사유의 북극성을 바라보며 어디쯤 가고 있나를 물어야 한다. 다시 말해 그가 지금 어떤 문제의식의 위도를 지나고 있는 중인지에 관심을 기울여야 하고 그 위도를 매순간 기억해야 한다.

하지만 노년의 모험이란 쉽지 않은 법. 늙은 사상가는 더 높은 위도를 향해 나아가기를 두려워한다. "그러나 위대한 저술가가 새로운 탐구를 시작하는 경우가 드문 나이에 칸트는 그를 의외의 과제에 몰두하게 한 문제에 직면하게 된다. **만일 능력들이 이런 식으로 다양한 관계를 이룰 수 있다면(이 관계는 능력들 중 어떤 한 능력의 규제를 통해 이루어지는 관계이다), 당연히 능력들은 모두 함께 자유롭고 '규제되지 않은' 관계를 맺을 수 있어야 한다.**"(들뢰즈, 『칸트의 비판철학』, 146쪽)

쉽게 되풀이하자면 이렇다. 『판단력비판』에서 칸트는 능력들 간의 거대한 심연과 정직하게 대면함으로써 공통감각의 발생에 대한 비밀을 알아내었다. 그 비밀은 논리적이거나 도덕적인 공통감각들에서 보여지는 능력들의 정해진 일치를 위해서는 우선 능력들의 자유로운 일치가 있어야 한다는 것이다. 논리적 공통감각에서는 오성이 입법하지만 도덕적 공통감각에서는 이성이 입법한다는 사실은 능력들이 우리의 관심(이성의 관심)에 따라 상이한 '몇 가지 종류의 균형'을 이룰 수 있음을 보여준다. 그런데 능력들이 이처럼 관심에 따라 규정된 균형이나 일치를 거듭 이루려면 먼저 능력들이 어떤 규제도 받지 않은 채로 자유롭게 활동하고 그 활동을 통해 서로의 조화를 이

뭐야만 한다. 칸트는 논리적 공통감각과 도덕적 공통감각을 발생시키는 근거가 되는 이 자유로운 조화의 가능성을 미감적 공통감각에서 발견한다.

미감적 공통감각은 다른 공통감각들과 달리 자유롭다. 여기서 자유롭다는 것이 무슨 뜻일까? 논리적 공통감각에서는 오성이, 도덕적 공통감각에서는 이성이 입법한다는 걸 알려주면 영리한 학생은 금방 추측할 것이다. 그럼 미감적 공통감각에서는 또 다른 활동능력인 구상력이 오성과 이성에 대해 입법하겠구만……. 그러나 예상 외의 답변이 우리를 기다린다. 구상력은 입법하지 않는다. 미감적 공통감각에서는 지배적 능력에 의해 일방적으로 규제되는 것과는 다른 방식으로 능력들 간의 일치가 존재하며, 이 점에서 우리는 조화(harmony, 일치)가 전제되는 것이 아니라 조화가 '발생' 한다고 말할 수 있는 것이다.

아름다움이 존재하는 곳에서는 어느 것도 명령하지 않는다! 이것이 바로 미감적 공통감각이 자유롭다는 말의 의미다. 명령을 기다리는 대신에 **능력들은 불일치한 상태에서 시작하여 결국에 독특한 일치의 상태에 다다르는 발생의 과정을 겪게 되는, 그런 자유 속에 던져진다.** 그런 자유를 상정함으로써 칸트는 미리 정해진 조화(공통감각)라는 어정쩡한 대답으로 능력들 간의 심연을 살짝 가리는 대신에 진정으로 능력들의 심연 앞에 마주 서서 그 심연 ― 능력들의 불일치 ― 으로 용감하게 뛰어들어 그것을 넘어선다.

미래의 철학, 혹은 새로운 사유의 이미지

미적 공통감각에는 능력들이 '근본적인 불일치 속에서 찾아낸 일치'가 존재한다는 사실이 들뢰즈를 무진장 감동시킨다. "불일치의 일치는 『판단력비판』의 위대한 발견이며, 칸트가 행한 마지막 전도이다. ······ 모든 능력들의 규제되지 않는 활동, 그것은 미래의 철학을 정의하게 될 것이었다"(들뢰즈, 『칸트의 비판철학』, 148쪽). 불일치의 일치가 어째서 위대한 발견이며, 심지어 미래의 철학을 정의할 만한 일이 되는 것일까? 그것은 바로 거기에 우리의 삶에 부합하는 새로운 사유의 이미지가 들어 있기 때문이다.

새로운 사유의 이미지는 사유가 자신을 감금하고 있는 낡은 이미지에서 벗어날 때만 생겨날 수 있다. 철학이 반복적으로 재생산해 내는 **사유의 낡은 이미지는 '미리 생각된 결정'을 제 속에 담고 있다**. 주체와 대상의 일치를 위한 예정조화, 선한 본성을 가진 능력들 간의 예정된 일치를 뜻하는 '미리 전제된 공통감각' 같은 것들. 이 모든 것은 낡아빠진 사유의 이미지들이다. 들뢰즈는 『칸트의 비판철학』이 쓰여진 지 1년 뒤에 출간한 연구서 『프루스트와 기호들』에서 사유의 낡은 이미지들이 우정의 이미지와 닮아 있다고 말한다. "우정처럼 철학은, 사유에 영향을 주는 실제적 힘들과 우리에게 사유하도록 '강요하는' 결정들이 만들어지는 어두운 지대를 모른다. 사유하는 것을 배우기 위해서는 선의지나 공들여 다듬어진 방법만으로는 전혀 충분하지 않다. 즉 참에 다가가기 위해서는 친구로는 부족하다."(들뢰즈, 『프

루스트와 기호들』, 143쪽)

들뢰즈가 철학을 우정에 빗대어 비판하는 것은 매우 흥미롭다. 많은 이들의 우정에는 확실히 불순한 데가 있긴 하다. 무엇보다도 우정을 높이 쳤던 니체조차도 "아교로 붙인 우정보다는 정직한 적이 낫다"고 말한 적이 있다. 우리가 즐겨찾는 깡패, 의리, 액션무비의 스토리가 보여주듯이 어설픈 우정에는 의심스러운 공모, 불순한 의기투합이 자주 끼어든다. 거기에는 니체가 말했듯이 벗에 대한 호의에서 비롯된 접착제처럼 달라붙는 아첨과 함께 하는 자화자찬이 존재한다. 이 점에서 철학은 어설픈 우정을 많이 닮아 있다. 들뢰즈는 우리가 서로 꼭 맞는 마음에서 친구가 되듯이 철학은 이미 선한 본성, 미리 결정된 전제에서 시작하곤 한다는 점을 지적한다. 우정이 그러하듯 낡은 철학, 낡은 사유의 이미지에는 근원적 불일치가 존재하지 않는다.

미리 주어진 어떤 종류의 조화나 일치도 거부한다는 것. 새로운 사유가 낡은 사유와 갈라지는 지점은 여기이며, 이 점에서 미감적 공통감각은 불일치에서 자유로운 일치를 이루게 되는 활동으로서 새로운 사유의 이미지를 구현한다. 그런데 불일치의 일치를 보다 선명히 보여주는 것은 '이것은 숭고하다' 라는 숭고 판단이다. '이것은 아름답다' 는 미감판단에서 구상력은 입법하지 않고 다른 능력과 자유롭게 일치를 이룬다. 이 경우 미감판단은 입법자가 없다는 점에서 앞서의 인식판단이나 도덕판단과 다르지만 일치를 이루기 위해서 능력들 간의 선한 본성을 가정해야 한다면 미리 전제된 결정을 따르는 다른 판단들과 결국 동일해지고 만다. 그래서 우리는 미감판단의 규제되지 않은 일치가 어떻게 생겨나는가를 다시 묻게 된다. 숭고(Erhaben)에 대한 칸트의 논의는 차이가 나는 능력들의 불일치한 상태가 어떤 과정을 거쳐 일치하게 되는지를 보임으로써 『판단력비판』에 이르러 비로소 제기되는 발생의 문제를 해결한다.

우리는 무형 혹은 기형적인 것 즉 너무 광대하고 강력해서 도저히 구상력으로 다 담을 수 없는 것과 부딪혔을 때 숭고를 느낀다. 폐허를 남기고 지나가는 폭풍, 파도가 끊임없이 치솟는 대양과 마주하면서 구상력은 최대에 도달하도록 능력을 발휘해 보지만 자연의 광대함을 전체로서 통일하려는 이성의 욕구를 충족시키기에는 역부족이다. 이때 이성의 욕구와 구상력의 힘 사이에서 커다란 불일치가 나타난다. 이처럼 "구상력이 모든 면에서 자신을 넘어서는 어떤 것을 통해 자기의 한계에 직면할 때 구상력은 자기 고유의 한계를 넘어선다"(『칸트의 비판철학』, 94쪽). 함께 달리는 상대가 훌륭하면 제 능력 이상의 기록을 내는 마라토너처럼, 이성의 자극을 통해 구상력은 감성적 경계라는 자기 능력의 최대치를 훌쩍 넘어가고 드디어 무한(!)을 감지하게 된다. 이를 통해 감성적인 것의 울타리를 넘어간 적이 없는 구상력도 이성처럼 '초감성적 용도'를 가지며 이성과 일치를 이룬다.

숭고에서 볼 수 있듯 능력들의 자유로운 일치는 불일치 상태에 있는 능력들 간의 극한적 투쟁의 결과이다. '자유'라는 말이 능력들의 일치에 대단히 낭만적인 어감을 부여한 나머지 우리는 능력들이

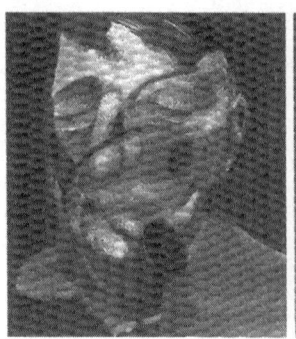  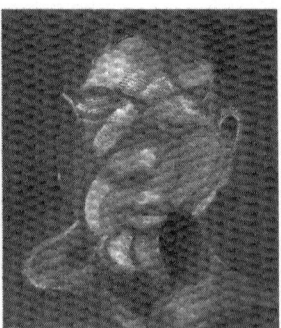

프랜시스 베이컨(Francis Bacon, 1909~1992), 「자화상을 위한 세 습작」, 1974년

들뢰즈는 베이컨의 탈형상적인 작품들에서 구상력의 초험적 사용을 통해 발휘되는 위대한 예술성을 발견한다. 그는 『차이와 반복』에서도 구상력의 초험적 사용을 매우 강조한다. "구상력의 경우는 칸트가 공통감의 형식에서 해방된 어떤 인식능력을 고려하고 이 능력에 대해 진정으로 '초험적인' 어떤 실행을 발견하는 유일한 경우이다. 사실 『순수이성비판』에서 도식화하는 구상력은 여전히 이른바 논리적이라고 불리는 공통감에 종속되어 있다. 그러나 숭고와 더불어 칸트가 말하는 상상력은 자신의 고유한 한계, 상상되어야 한 것, 자신의 최대치에 부딪히도록 강요되고 강제된다. 이때 구상력의 최대치는 또한 자연 안에서는 상상 불가능한 것, 비-형상적이거나 탈-형상적인 것이기도 하다(『판단력비판』 26절). 또 구상력은 자신이 겪는 강제력을 사유에 전달하고, 이로써 사유는 다시 사유하기의 본성과 능력의 근거로서 초-감성적인 것을 사유하도록 강요받는다. 즉 사유와 구상력은 여기서 어떤 본질적인 부조화 속으로 진입하고, 어떤 새로운 유형의 일치를 조건짓는 어떤 상호적인 폭력 속으로 진입한다(27절). 그리하여 숭고 속에서는 재인의 모델이나 공통감의 형식이 실패를 겪는 가운데 사유를 전혀 새로운 방식으로 생각할 기회가 주어진다." (들뢰즈, 『차이와 반복』)

사이좋게 어울려 노니는 자발적이고 구속없는 유희를 떠올리기 쉽다. 특히 오성, 이성이 각각 입법하는 공통감각들과 달리 미감적 공통감각은 어떤 것도 입법하지 않는다는 점이 우리에게 환상을 부추긴다. 그러나 숭고의 분석은 이것이 환상일 뿐 사유에 대해서도, 삶에 대해서도 진실이 아님을 폭로한다. 새로운 사유의 이미지는 분명 자유로운 것이지만 그 자유는 유희의 자유로움이라기보다는 자신의 극한적 능력을 실험하려는 목적으로 상대와 겨루기 위해 아곤(agon)에 모인 자들의 치열한 자유로움이다.

숭고를 통해 드러나는 사유의 이미지가 들뢰즈를 그토록 감동시켰던 것은 무엇 때문일까? 그는 이렇게 말한다. "어떤 철학자인들 사유자의 선의지와 미리 생각된 결정에 더 이상 의존하지 않는 사유의 (새로운) 이미지를 그려내길 열망하지 않겠는가? 구체적이고 위험한 사유를 꿈꿀 때마다, 우리는 그 사유가 어떤 결정과 명시적인 방법에 의존하는 대신 (우연히) 맞닥뜨린 굴절된 폭력에 의존한다는 것을 알게 된다. 그런데 이 폭력은 우리 의지와 상관없이 우리를 본질에까지 안내한다. 왜냐하면 본질들은 명석판명(명확하고 구별되는)이라는 온대지방이 아니라 숨겨진 어두운 지대에 서식하기 때문이다"(들뢰즈, 『프루스트와 기호들』, 150쪽). 들뢰즈는 새로운 사유의 이미지를 통해 이런 말을 하는 것 같다. 삶은 온대지방이 아니다. 부글부글 끓어오르고 피부 속으로 독충들이 파고들고 돌아서면 맹수가 덮치는 곳, 삶은 열대지방이다.

'미리 정해진 생각'을 전제하는 낡은 사유의 이미지가 지닌 문제점은 진정한 삶의 이미지를 담기에는 부적격이라는 것이다. 사르트르(J. P. Sartre)는 『존재와 무』에서 재미난 예를 통해 우연성의 폭력이 난무한 나머지 거의 코미디에 가까워진 삶의 이미지를 보여준다. "사람들은 우리가 자기의 사형집행일은 모르고 있으면서 매일 감옥의 동료들이 사형당하는 것을 보고 있는 한 사형수의 상황에 있다고 흔히들 이야기한다. 그것이 완전히 정확한 것은 아니다. 그보다는 우리를, 사형에 용감하게 대비하고, 사형대 위에서 훌륭한 모습을 보이는 데 모든 노력을 기울이는 동안에 스페인의 유행성 독감에 걸려 죽어버린 사형수와 비교해야 할 것이다." 삶은 좀처럼 의도한 대로는 이루어지지 않는다. 로댕이 되고 싶었지만 변두리 도장 파는 집으로 처박혀버린 삶. 카탈로그를 보고 신중히 골랐건만 막상 발라놓으면 알록달록하게 방 전체를 뒤덮는 벽지 색깔마냥 난감하기만 한 삶.

그런데 숭고와 거기에서 발생하는 새로운 사유의 이미지에 대한 우리의 감탄에는 어떤 우울함과 고통스러운 느낌이 배어 있는 것 같다. 아무것도 미리 우리가 정해 놓은 대로는 되지 않는다. 이런 난감한 결론 앞에서 칸트는 끊임없이 자유에 대해 말한다. 자유를 말하는 그 순간에는 늘 우리 삶을 지배하는 우연성의 폭력을 잊어버리는 건망증이라도 있는 것일까? 그렇지 않다. 칸트는 "우리는 입법자이기는 하나 유한자로서 그러한 것이며 도덕법칙조차 유한한 이성의 사실이다"(『칸트의 비판철학』, 121쪽)라는 점을 분명히 기억하고 있었다. 우리에게는 사물 자체를 그대로 알 수 있는 신적 직관이 존재하지 않으며 선한 의지를 갖든 악한 의지를 갖든 의지한 대로 다 이루

오귀스트 로댕(Auguste Rodin), 「코가 깨진 사나이」, 1864년

"무엇이 로댕으로 하여금 이 두상을, 일그러진 코로 인해서 고통받는 얼굴 표정이 더 고통스럽게 보이는 이 늙어가는 못생긴 사내의 두상을 만들도록 부추겼는지 우리는 알 것 같다. 그것은 이 얼굴 표정 속에 모여 있는 삶의 충만이었다. 이 얼굴에는 대칭을 이루는 면이 하나도 없고 …… 공허하게 남은 자리, 침묵하거나 무관심한 곳이 한 군데도 없다는 사실이 바로 그 이유였다. 삶에 의해 어루만져진 적이 한 번도 없고 오히려 삶에 번번이 얻어맞은 이 얼굴……"(릴케, 『릴케의 로댕』). 위대한 조각가의 대명사로 불리는 로댕에게도 삶은 호락호락한 것이 아니었음이 분명하다. 이 두상은 로댕의 초기작품이다. 생계를 이어가기조차 어려운 시절이었고 모델을 구할 비용조차 없어 그는 이웃집에서 사는 가난한 노인을 모델로 삼았다. 그러나 난방시설도 없는 아틀리에는 너무 추워 점토가 갈라져버렸고 그 결과 코가 깨진 이런 형태가 되었다고 한다. 이 작품은 「지옥의 문」에서 「생각하는 사람」 바로 옆에 배치되었다. 「생각하는 사람」은 제 곁에 놓인 코 깨진 사내의 삶에 대해 고뇌하고 있었을 것이다.

어지는 신적인 자유도 없다. 하지만 그런 무한한 자유를 가정하지 않고서, 우연성의 폭력에 늘 시달리면서도 우리가 자유를 의미있게 말할 수 있음을 칸트는 증명하려고 노력했다.

우리는 인간 역사를 진보시키려는 의지를 가지고 있다. 우리가 자연법칙의 영향만을 받을 뿐 자연 속에서 하나의 원인으로서 새로운 사건을 만들어낼 수 없다면, 다시 말해 어떤 자유도 없다면 진보하려는 의지를 언급하는 것은 무의미할 것이다. 인간은 언제나 (감성적인) 자연의 인과관계 속에 놓여 있다. 그러나 동시에 인간은 자연 속에서 무언가(초감성적인 것)를 의도하는 존재이다. 혁명가든 보수주의자든 중력(자연법칙)에서 벗어날 수는 없지만 혁명가는 앙시앙 레짐에 반대해서 혁명을 일으킬 자유를, 보수주의자는 앙시앙 레짐을 고수할 자유를 가졌다. 하지만 초감성적인 것(혁명의 꿈)이 모두 감성적인 것(자연, 혹은 현실세계) 속에서 실현되는 것은 아니다. 그런데 이처럼 무언가를 다만 꿈꾸고 의지할 수 있을 뿐 아무런 성공도 보장되지 않는 자유란 한바탕 신나는 꿈에 지나지 않을 것이다.

때때로 어떤 의도나 꿈들은 현실화되기 때문에 우리는 초감성적인 것과 감성적인 것의 일치나 조화가 미리 주어져 있거나, 초감성적인 것의 실현을 위해서 감성적인 것이 이성에 종속되어야 한다고 낙관적으로 가정한다. 들뢰즈에 따르면 이런 가정은 칸트의 입장과 정확히 반대된다. 감성적 자연은 결코 이성의 법칙에 종속되지 않고 언제나 자신의 고유한 법칙을 따른다. 자연 혹은 사회적 현실은 우리의 의도를 받아들이기 위해서 우리가 욕구한 사건의 순서를 따라주는

질 들뢰즈(Gilles Deleuze, 1925~1995)

들뢰즈의 긴 손톱을 보라. 그는 손톱을 자르려고 하지 않았다. 그에게 길게 자라는 손톱이란 끝없이 자라나고 성장하는 '사유'의 메타포가 아니었을까? 살아 있는 한 손톱은 자라나고, 살아 있는 한 사유는 성장하며 진화한다. 우리는 사유의 이미지라는 아이디어와 관련해서 들뢰즈 사상의 진화를 살펴볼 수 있다. 『프루스트와 기호들』에서 들뢰즈는 새로운 사유의 이미지를 건설할 필요성을 느끼고 이것을 차이와 생성의 철학이 지닌 중요한 테마 중 하나로 설정한다. 그러나 『차이와 반복』에서 사유의 이미지라는 아이디어는 새롭게 전개된다. 『칸트의 비판철학』에서와 달리 들뢰즈는 칸트를 보다 비판적으로 평가하면서 "칸트의 비판에는 사유의 이미지를 전복해 버릴 새로운 정치적 역량이 부재"한다고 주장한다. 그리고 사유의 낡은 이미지를 버리고 새로운 이미지를 추구하겠다는 들뢰즈의 시도는 사유의 이미지 자체에 대한 거부로 변형된다. 사유가 어떤 이미지를 가지고 있다는 생각이 이미 일종의 전제이며 사유에 대한 낡은 견해라는 통찰이 생겨난 것이다. 따라서 진정으로 새로운 사유의 이미지는 "이미지 없는 사유"라는 역설이 『차이와 반복』 3장의 결론으로 제시된다. 그러나 이런 사유의 변화와 운동은 철학의 미리 주어진 전제를 제거해야 한다는 문제의식을 계속 견지하는 가운데 진행될 수 있었다.

것이 아니라 힘들의 순수한 관계들, 성향들 간의 적대관계를 따른다는 뜻이다(『칸트의 비판철학』, 130쪽). 그리고 이 때문에 우리에게 우연성의 폭력이 발생한다. 숭고 분석에서 능력들의 일치가 능력들의 극한적 경쟁이 이루어낸 결과이듯이 자유를 자연 속에 실현하는 과정, 즉 자연과 인간적 자유의 일치는 힘들이 투쟁한 결과이다. 이처럼 불일치의 일치라는 『판단력비판』의 입장은 칸트의 목적론이나 역사철학에서도 정확하게 되풀이되면서 새로운 사유의 이미지를 구현한다.

새로운 사유의 이미지는 우리들 속에 미리 전제된 능력들 간의 조화를 거부하듯이 초감성적인 것과 감성적인 것의 미리 주어진 조화를 통한 평화로운 자유의 실현이라는 역사적 거짓 이미지도 거부한다. 칸트가 자신의 역사철학적 저술의 제목을 '영구평화를 위하여'로 붙인 것은 그런 거짓 이미지에 대한 조롱이었다. 영구평화란 네덜란드의 한 여관 구석에 걸린 간판으로, 공동묘지를 의미하는 것이었다고 한다. 죽은 이여, 영원한 평화와 안식을 누리시라! 칸트는 그것이 삶이나 역사의 이미지와는 아무 상관이 없다는 것을 보이기 위해 일부러 그런 제목을 택한 것이다.

삶은 능력들의 자발적인 일치나, 입을 떼는 순간 꿈이 다 현실이 되는 마술로 이루어진 것이 아니다. 삶이 마술 같은 것이라면 삶의 아무것도 "우리에게 '수심을 재는 잠수부'처럼 깊이 들여다보도록 강요하지" 않을 것이다(들뢰즈, 『프루스트와 기호들』, 147쪽). 그러나 삶은 평화롭기보다는 폭력적이고, 자발적인 만남보다는 비자발적인,

늘 우리 자신의 한계로 치닫게 하는 마주침으로 가득하다. 달리 말하면 삶은 숭고하다. 그건 반드시 고통의 문틈으로만 쏟아져 들어오는 즐거움이다. 철학이 진정한 목표로서 추구해야 할 새로운 사유의 이미지는 삶의 이런 진실을 포착해야만 한다.

능력의 선험적 사용 vs 초험적 사용

들뢰즈는 『천 개의 고원』에서 상당한 분량을 할애하여 모든 걸 빨아들이는 '사랑의 블랙홀'에 대해 비난한 적이 있다. 시민사회의 진부한 사랑, 결혼, 가족이라는 홈패인 공간에서 벗어나기 위해 친구들과 함께 우정의 위대하고 매끄러운 바리케이트를 치는 일은 얼마나 의미있는 것인가! 그러나 언제나 매끄러운 공간에 홈이 패이고 홈패인 공간에서 매끄러운 것이 솟아오른다. 관념과 느낌을 공유함으로써 시민사회의 고착화된 삶의 방식을 일소하려던 우정의 실천 공동체는 그 관념과 느낌의 공유가 어떤 제한성을 가질 때, 자족적인 순수 폐쇄 집단으로 전락하기도 한다. 그래서 우리는 항상 우정의 정원이 맹인잔치로 뒤바뀌는 것을 경계해야만 하는 것이다. "친구들이 모두 인정했으니 이게 진실이야"라는 식으로 우정에서 불가피하게 발생하는 나이브(naive)함을 경고라도 하듯이 들뢰즈는 말한다. "평범한 사랑이라도 위대한 우정보다 낫다."(『프루스트와 기호들』, 59쪽)

들뢰즈는 철학의 낡은 사유가 서로 일치하는 선한 의지를 지닌 우정의 이미지라면 새로운 사유의 극화된 이미지는 난폭한 애인이라고 주장한다. 사랑은 평범할 때조차 위대한 우정에서 볼 수 없었던 강렬함, 감당키 힘든 폭력을 동반하기 때문이다. 우리는 무엇을 사랑하는가? 롤랑 바르트(Roland Barthes)에 따르면 "내가 사랑하고 또 나를 매혹시키는 그 사람은 아토포스(atopos)다"(바르트, 『사랑의 단상』, 55쪽). 확실히 우리는 알 수 없는 것(inconnaissable)만을 사랑한다. "내가 알았던 모든 사람들 중에서도 확실히 X는 가장 헤아리기 힘든 사람이었다. 그 이유는 내가 그의 욕망에 대해 아무것도 몰랐었다는 데 있다. 누군가를 안다는 것은 그의 욕망을 안다는 것, 단지 그것이 아닐까? 나는 Y의 욕망의 모든 것을 즉각적으로 알아보았다. 그러자 Y는 내게 '속이 빤히 들여다 보이는 사람'으로 여겨졌고, 나는 그를 더 이상 공포 속에서 사랑하는 게 아니라, 어머니가 자식을 사랑하듯 관대하게 사랑하게 되었다"(『사랑의 단상』, 180쪽). Y, 우리는 그와 친구가 되지만 X, 그에게는 열렬한 사랑을 느낀다. 우리에게 잘 알려지지 않은 존재는 얼마나 난폭한 존재인가! 우리는 사전에 자발적으로 이 존재에 대응할 수 없고 단지 비자발적으로, 닥쳐오는 이 존재를 온 몸으로 감당해낼 뿐이다. 그렇기 때문에 사랑은 근본적으로 난폭한 것이다. 바로 이 점에서 들뢰즈는 사랑이 앞서 언급한 삶의 이미지에 그리고 새로운 사유의 이미지에 가장 근접하다고 본다.

　들뢰즈의 견해를 간단히 정리해 보면 이렇다. 먼저 숭고판단에서 이끌어낸 새로운 사유의 이미지가 있다. 『칸트의 비판철학』에서 보이는 이 사유의 이미지는 『프루스트와 기호들』에서는 사랑의 이미지를 통해서 반복된다. 철학과 우정은 예술과 사랑에 비해 삶의 진실

르네 마그리트(René Magritte), 「연인」, 1928년
우리는 얼굴이 베일에 가려진 존재, 정체가 모호한 존재, 일종의 아토포스에 대해서만 사랑을 느낀다. 그러니 사랑은 그 본질상 얼마나 난폭한 것인가.
"아토포스(atopos)는 장소를 뜻하는 그리스어 토포스(topos)에서 유래한 말로 접두사 a는 결여, 부정을 나타낸다. 따라서 이 말은 어떤 장소에 고정될 수 없다는, 더 나아가 정체를 헤아릴 수 없다는 데에서 소크라테스의 대화자들이 소크라테스에게 부여했던 명칭이다." (바르트, 『사랑의 단상』)

에 충분히 가까이 다가가지 못한다. 따라서 사랑의 기호에서 보여지는 비자발적인 것의 고유한 모험을 통해서만 비로소 새로운 사유는 시작된다. 우정/사랑의 대비는 『차이와 반복』에서는 **능력의 선험적**(transzendental) **사용/초험적**(transzendent) **사용**의 대비와 같은 칸트적 어휘로 다시 표현된다. 능력의 선험적 사용은 우리가 논리적 공통감각의 경우에서 보았듯이 오성이 입법하고 다른 능력들이 그 규정에 종속된 채 활동하는 것이다. 이 경우 오성은 '감성적 세계를 절대 넘어가지 마!'라고 구상력과 이성에게 명령하기 때문에 감성의 한계 내에서만 능력들이 활동한다. 이때 능력들은 안전하게 미리 정해진 대로 행위함으로써 '합법적' 사용법을 갖게 된다. 마치 우리가 법이 정해 놓은 테두리에 머물러 있음으로써 합법적인 시민권을 보장받는 것처럼. 칸트는 이런 합법적 사용법을 『순수이성비판』에서 '내재적 (immanent) 사용'이라고 부르기도 한다.

그러나 능력의 또 다른 사용이 있다. 이른바 **능력의 초험적 사용 내지 비합법적 사용**. 그것은 능력들이 허용된 것을 넘어서, 즉 자신의 한계로 주어진 것을 넘어서 자신의 외부와 만나게 되는 일종의 초월적인 사용법이다(『프루스트와 기호들』, 148쪽). 들뢰즈는 『차이와 반복』에서 "인식능력들의 초험적 사용은 공통감의 규칙 아래에서의 인식능력들의 사용과 대립된다"는 점을 분명히 밝히면서 "하나의 인식능력과 다른 능력 사이에 서로 소통되는 것이 있"지만, 그것은 폭력적인 소통이지 결코 "공통감"을 형성하는 것이 아니라는 점을 강조한다.

능력의 초험적 사용이 가능한 것, 즉 능력들이 한계를 넘어가는 것은 결코 자의적이지 않다. 능력들이, 어느 날 놀던 곳에서 벗어나 산을 넘게 되는 소년의 호기심 같은 본성을 가지고 있기에 초험적 사용이 이루어지는 것이 아니다. 숭고분석에서 보았듯이 구상력은 자신의 한계 너머에 있는 엄청나게 크거나 위력적인 대상과 불가피하게 마주친다. 그리고 그 대상에 의해 스스로를 넘어서 무한을 표상하도록 강요당한다.

이때 스스로를 넘어선다는 것은 단순히 양적으로 정해진 한계선 밖으로 나아간다는 것은 아니다. 이런 점에서 능력의 초월은 앞서 예로 든 마라톤 선수의 기록갱신과는 다른 측면이 있다. 숭고판단에서 구상력은 감성계 너머로 총괄능력 자체를 확장할 수는 없다. 들뢰즈는 자신의 고유한 능력 너머에 있는 대상을 만났을 때 능력 속에서 진정으로 발생하는 것은 본성의 변화라는 점에 주목한다. 능력의 초험적 사용에서 구상력은 원래 자기에게 한정된 총괄능력 이상으로 여분의 양적인 확장을 이루는 것이 아니라 자신에게 고유했던 능력(총괄능력)과는 다른 능력으로 변모한다. 즉 감성계에서 사용되는 총괄의 능력과 질적으로 완전히 상이한 능력인 무한을 표상하는 능력으로 바뀌는 것이다. 이처럼 능력의 초험적 사용이라는 칸트적 주제를 통해 들뢰즈는 능력의 본성이든 대상의 본성이든 외부를 사유하는 철학은 고정된 여하한 본성이나 경계도 거부한다는 결론을 이끌어낸다.

능력의 선험적 사용과 달리 초험적 사용은 비자발적이다. 이 비자발성은 모든 경계를 넘어가는 우리 안의 능력들을 초월적으로 사용하는 것이 더 이상 자의적인 선택의 문제가 아님을 의미한다. 우리의 삶은 늘 우리로 하여금 경계를 넘어서게끔 강요한다. 따라서 **경계를 넘어가는 것이 일차적이고 자연스러운 활동이며, 오히려 능력의 선험적 사용에서 드러나는 오성의 자발성이 인위적이고 선택적인 활동이라고 규정할 수 있다.** 그런데 앞서 우리는 능력의 초험적 사용을 가능케 하는 사물들과 우리의 앞을 가로막는 사건들에 대해 슬픈 어조로 우연의 폭력이라 명명한 적이 있다. 우리의 슬픔을 어떻게 처리할 것인가? 들뢰즈는 프루스트의 목소리를 흉내내며 이렇게 말한다. "우리가 매번 반복하는 것은 개별적인 고통이다. 그러나 반복 자체는 언제나 즐거운 것이며, 반복한다는 사실은 일반적인 기쁨을 엮어낸다. 아니 오히려 사실들이란 항상 슬프고 개별적이지만 우리가 사실들로부터 이끌어내는 관념은 일반적이고 즐겁다"(『프루스트와 기호들』, 116쪽). The sorrow is none of my business!"왜냐하면 중요한 것은 관념이고, 슬픔은 단지 어떤 관념이 우선 우리들 속으로 들어올 때 거치는 양식에 불과한 듯하니까"(프루스트, 『잃어버린 시간을 찾아서 11 : 되찾은 시간』). 이게 무슨 오묘하고도 정신나간 소리일까?

반복은 언제나 즐거운 것이다 ─ 무관심적인 기쁨을 위하여

슬픔은 언제 발생하는가? 물론 우연의 폭력이 작용할 때다. 의도했던 일이 의도했던 바와는 전혀 다르게 돌아갈 때 우리는 슬픔을 느낀다. 철학이 이런 슬픔에 대해 아주 오래 전부터 진지하게 숙고해 왔음을 보여주는 단어가 있다. 그것은 그리스어 스콜레(skholē)라는 단어인데 이 단어는 슬픈 걱정과 염려로부터의 자유를 의미한다. 아리스토텔레스는 인간의 활동을 지칭하기 위해 스콜레에 부정접두어 a를 붙여 아스콜리아(askolia)라는 용어를 쓰고 있다. 아스콜리아라는 용어가 보여주듯 활동적 삶에는 항상 불-안정(a-skolia)이라는 부정적인 함의가 따라다닌다(아렌트, 『인간의 조건』, 64쪽). 아! 행위는 슬프다. 왜냐하면 행동이 의도한 바를 얻기가 힘들기 때문이다. 이런 맥락에서 서양철학사에 등장했던 숱한 철학들이 활동적 삶에 대한 관조적 삶의 우위를 강조해 왔다. 행위의 예측불가능성에 더 이상 희롱당하고 싶지 않다는 말이다. 그러나 그런 면책특권은 죽음 속에만 존재한다. 입 밖을 나온 말, 나를 떠난 행동은 모두 기계처럼 혼자 돌아간다. 일단 한 번 스위치를 올리기만 하면 우리는 '행위'라는 보일러통이 끓으면서 내는 소리를 물끄러미 듣고 있거나 지하실에 갇힌 아이처럼 그 보일러통 옆에서 훌쩍거리고 있어야 한다.

그렇다면 행동하려는 욕망을 모두 없애고 가사(假死)상태로 살아가야 하는 걸까? 그럴 수 없다면 행위하면서 슬프지 않을 수 있는 가능성을 찾아봐야 할 것이다. 칸트는 세 비판서 곳곳에서 이런 가능성을 거듭 제시했다. 여러분, 가치와 행복을 분리합시다. "우리가 인생의 가치를 즐기는 것으로(행복에 의해) 평가한다면 쉽게 결정내릴 수 있을 것이다. 그 평가는 영점 이하로 내려갈 것이다. 동일한 조건 하에서 인생을 다시 살라고 한다면 누가 다시 살려고 하겠는가?" 그러므로 행위의 결과에 흔들리지 말자. 들뢰즈는 이런 결론에 도달하기 위해 칸트가 『실천이성비판』의 가장 중요한 테제인 "네 의지의 준칙이 항상 보편타당한 입법이 되는 것처럼 행위하라"를 내놓았다고 평가한다.

행위할 때 그 행위가 이성의 명령(보편타당한 입법)이어야 한다는 원칙의 고수가 중요하다. 이 원칙 이외에 행복의 느낌이나 행위의 결과 따위에 절대로 마음을 빼앗겨서는 안 된다. 왜냐하면 느낌이나 결과에 집착하면 슬퍼지기 마련이니까. 사람들은 칸트의 정언명법을 일컬어 의무윤리학이라고 부른다. 의무윤리학이라는 표현에는 어쩔 수 없는 비난이 숨어 있다. 의무는 우리의 자발적인 발걸음을 무겁게 하는 족쇄와 같다. 그럼에도 불구하고 칸트는 『실천이성비판』에서 의무에 열광했다. "의무여! 우리에게 복종을 요구하는 숭고하고도 위대한 이름이여!"

칸트가 의무에 열광한 이유에 들뢰즈가 붙이는 해석은 흥미롭다. 그는 정언명법을 다음과 같이 설명한다. '법칙은 우리가 해야만 하는 '것'에 대해 말하지 않고 단지 우리에게 '너는 해야만 한다!'고 말하는 것이다"(『칸트의 비판철학』, 144쪽). 그러니까 무엇을 해야 할지, 그 내용이 의무로서 결정되어 있지 않다. 들뢰즈에 따르면 **칸트가 정언명법을 통해 말하는 것은 단지 다른 누구의 도움 없이도 네 스스로 무언가를 결정하여 행위해야 한다는 사실, 즉 자기입법의 사실이 의무로 정해져 있다는 것뿐이다.** 칸트의 의무를 이렇게 해석하는 순간 칸트의 윤리학은 의무에 대한 복종이 아니라 매순간 자유로울 것만을 의무로 규정하는 윤리학으로 변모한다. 이 자유의 윤리학은 슬픔의 문제에 대해 단호하게 대답한다. 스스로 결정하고 용감히 행위하라. 그리고 행위했다면 그 결과 따위에는 동요(슬퍼)하지 마라. 사실 슬픔은 헛된 것이다. 왜냐면 슬픔이 결과를 바꾸어놓지는 않기 때문이다.

아렌트와 같은 정치철학자들의 칸트 연구에서 거론되는 것처럼 『판단력비판』의 무관심성 개념은 행위에 대한 보다 적극적인 모델을 제시해 준다. 무관심성은 의지했던 대상이나 원했던 결과의 현존에는 아무런 관심을 갖지 않은 채로 기쁨을 느끼는 마음의 상태를 지시한다. 결과와 상관없이 언제나 기쁨을 느끼는 마음 상태가 있다구요? 그건 현자라 불리는 몇몇 사람에게나 해당되는 이야기 아닐까? 그렇지 않다. 칸트에 따르면 대상과 무관한 기쁨이 우리 모두에게 존재한다. 바로 우리가 아름다움이나 숭고함을 느낄 때이다. 장미를 보고 아름다움을 느낄 때 우리에게 발생하는 즐거움의 느낌은 우리 안에서 능력들이 자유롭게 활동함으로써 발생하는 것이다. 다시 말해 미적 판단을 내릴 때 우리는 대상에 대해 입법하는 것이 아니라 능력들 자신에 대해 입법한다. 그래서 어떤 사람은 로댕의 조각상을 보면서 아름답다고 느끼지만 어떤 사람은 아무런 감흥도 없을 수 있다. 이때 주목해야 할 것은 **기쁨이 대상에서 오는 것이 아니라 능력들의 자유로운 활동 자체(자기입법성)에서 온다**는 사실이다. 자기입법성은 반복될 때마다 기쁨을 동반한다. 바로 이런 측면에서 들뢰즈는 "반복 자체는 언제나 즐거운 것"이라고 말할 수 있었다.

자기입법의 반복에 내재하는 기쁨은 쾌락이 아니다. 칸트는 기쁨(joy)과 쾌락(pleasure)을 구별하지 않으며, 들뢰즈도 칸트를 다루면서 두 용어를 구별하지는 않는다. 그러나 칸트의 미적 판단에서 대상과 상관없이 존재하는 즐거움(Lust)은 정확히 들뢰즈가 『천 개의 고원』에서 정의했던 내재적 기쁨과 일치한다. 쾌락은 대상의 결여를 전제하는, 다시 말해 없었던 대상이 생겨날 때만 발생하는 즐거움이다. 이와 달리 기쁨은 우리가 대상에 대해 인식할 때나 스스로 판단하고 용감히 행위할 때나 언제든 우리와 함께 한다. 왜냐하면 기쁨은 능력의 활동 자체에서 오는 것이지 대상에 매여 있는 것이 아니기 때문이다.

들뢰즈의 철학을 간추린 하나의 詩句—모든 피고는 아름다워요

능력의 초험적 사용을 다루면서 우리는 능력의 비자발성을 언급했었다. 숭고의 경우와 같이 능력의 사용이 비자발적일 때도 자기입법성을 언급할 수 있는 것일까? 물론이다. 오히려 자기입법성의 참된 근거는 비자발성에서 밝혀진다. 앞에서 언급했듯이 능력의 비자발성은 대상으로부터 압박당하고 이로 인해 자신의 정해진 한계를 넘어서는 새로운 실행을 강요당하는 상황을 뜻한다. 즉 능력은 자기위반과 위법을 강요당한다.

따라서 능력의 비자발성이 의미하는 것은 두 가지다. 첫째, 앞서 언급했듯이 능력의 초험적 사용은 자의적이지 않다. 둘째, 능력의 비자발성은 자기위반과 위법이 능력의 본질적이고 제거될 수 없는 특징임을 증명한다. 그러나 능력의 위법성은 자신의 행위할 바를 명령하는 능력의 자기입법성과 모순되는 특징이 아닐까?

"모든 피고는 아름다워요." 카프카의 『소송』(Der Prozeß)에서 변호사의 가정부 레니가 하는 이 한 마디의 말에 이 물음의 대답이 들어 있다. 레니는 피고가 죄인이 아니며, 오히려 아름답고 매력적인 존재라고 확신한다(이진경, 『들뢰즈와 문학-기계』, 305쪽). 왜냐하면 위법자는 늘 새로운 입법을 감행함으로써 위법자가 된 자이기 때문이다. 자기입법으로서의 법이 '끝없이 실행' 되는 과정은 명령한 것이 파기되는 과정이며 기존 명령어의 문턱을 넘어가는 과정이다. 이 점에서 위법이 입법에 반(反)하는 것이 아니라 입법이 늘 위법을 동반한다고 말해야 한다. 새로운 입법은 항상 결과적으로 위법이 될 뿐이다. 우리가 새로이 입법한 순간 우리는 위반하는 것이며, 우리가 욕망하는 순간 권력은 금지하려 달려온다. 따라서 능력의 위법성은 입법성과 결코 모순되는 것이 아니라 입법성의 결과이다. 들뢰즈는 『칸트의 비판철학』에서 얻어낸 능력의 비자발성과 관련된 통찰들을 『천 개의 고원』에서 권력에 대한 욕망의 선차성 논의로 발전시킨다. 권력이 금지하고 우리가 그 금지된 것을 욕망하는 것이 아니라 우리가 욕망하는 것을 권력은 금지하고 포획한다.

능력의 비자발성에서 우리가 추론해내는 입법과정의 비자발성은 자기입법의 필연성을 의미하며, 이는 자기입법이란 우리가 단지 의지적으로 선택하는 문제가 아니라는 것이다. **우리는 매순간 입법하도록——그리하여 위법하도록——강요당하는 존재이다.** 바로 이것이 굳이 들뢰즈가 다음과 같이 표현했을 때 의미하고자 했던 것이다. "우리는 필연적으로 죄를 범한다. 죄는 시간의 실에 비견되는 도덕적 실과 같다"(『칸트의 비판철학』, 145쪽). 우리는 자신이 입법한 바를 매순간 벗어남으로써 즉 계속되는 자기위반을 통해서만 항상 자기입법하는 존재로 남을 수 있다. 자신에 대해 입법한 후 또 다시 새로운 입법을 감행하지 않는다면 우리는 자신의 노예로 전락하게 될 뿐이다.

들뢰즈는 모든 철학이 각기 고유한 개념적 인물들(personnage conceptuel)을 가지고 있다고 말한 적이 있다. 개념적 인물들은 어떤 한 철학의 생성 혹은 주체로서, 개념들의 창조 자체에 개입한다. 데카르트의 '방법적 회의' 속에서 진정으로 말하는 자(언술행위의 에이전트)는 백치(idiot)다. 그는 모든 이가 다 알고 있는 것을 모른다고 하고 자꾸 의심한다. 즉 그는 이미 전제되고 결정된 철학의 전제를 무효화한다는 점에서 새로운 철학을 생성시켰던 개념적 인물이다. 데카르트의 개념적 인물이 백치라면, 니체의 개념적 인물은 디오니소스일 것이다. 그리고 개념적 인물이라는 들뢰즈의 독특한 철학용어를 그 자신의 사유에 적용시켜 본다면 들뢰즈철학의 개념적 인물은 피고, 기소된 자라고 할 수 있다. 들뢰즈의 개념적 인물은 본성상 탈주하는 존재이며 사후적으로 기소당함으로써 아름다운 피고가 된다. 탈주, 변이적 흐름, 전쟁기계, 유목 등 들뢰즈의 수많은 철학적 개념을 통해 우리는 그 개념들 안에서 살아가며 사랑하고 외치고 명령하는 아름다운 피고를 만나게 될 것이다.

부록

『순수이성비판』을 이해하는 데 도움이 될 책들
『순수이성비판』 원목차
찾아보기

『순수이성비판』을 이해하는 데 도움이 될 책들

가장 널리 읽히는 개론서들로는 스크러턴(R. Scruton)의 『칸트』(김성호 역, 시공사), 회페(O. Höffe)의 『임마누엘 칸트』(이상헌 역, 문예출판사), 카울바하(F. Kaulbach)의 『칸트—비판철학의 형성과정과 체계』(백종현 역, 서광사)가 있다. 인내심이 부족하거나 산책하면서 책 읽기를 좋아하는 사람에게는 첫번째 책을 권한다. 분량도 짧고 간결하게 설명되어 있기 때문이다. 그러나 두꺼운 책을 소화할 시간과 능력이 되는 사람 혹은 칸트철학의 시대적 배경과 『순수이성비판』이 나오기까지 칸트가 거친 사상적 여정에 대한 심도있는 이해를 원하는 사람에게는 다른 두 책을 권한다. 카울바하의 책에는 번역자 백종현 교수의 글이 부록으로 실려 있는데, 관심있게 읽어볼 만하다. 그는 이 글에서 이전에 사용되던 번역어 대신 a priori(선천적)를 '선험적'으로, transzendental(선험적)은 '초월적'으로, transzendent(초험적)는 '초재적'으로 바꿀 것을 제안한다. 그리고 그 제안의 철학적 이유를 밝히고 있다.

여러 측면에서 그의 제안이 타당했지만 몇 가지 이유에서 나는 기존의 번역어(『순수이성비판』, 최재희 역, 박영사)를 따랐다. 아직은 그의 제안에 따라 수정된 『순수이성비판』의 번역본이 나오지 않았으므로 이 개론서를 읽고 『순수이성비판』을 읽을 독자는 어차피 수정되기 전의 개념에 다시 적응해야 한다. 특히 나는 이 책 『순수이성비판, 이성을 법정에 세우다』의 앞부분에서 중세적 초월성에 대항하는 칸트의 비판적이고 내재적인 성격을 강조했다. 그런데 만일 그의 번역어를 따를 경우 '초월철학은 내재적이다'라는, 일상 언어감각으로는 너무 아이러니한 주장을 해야 했다. 그런 이유로 나는 기존의 번역어를 사용했다. 그러나 '오성'(Vernunft) 대신에 지성을, '구상력'(Einbildungskraft) 대신에 상상력을, 각지(Apprehension) 대신 포착을 사용하자는 제안을 따를 수 없었던 것은 아쉬웠다. 개념에 따라 두 번역어 체계를 선택적으로 사용할까 고민하기도 했지만 혼란이 더 커진다는 주변의 권유에 따라 기존의 번역어들을 채택했다.

앞에 소개한 세 권의 책들은 개론서이기는 하지만 그다지 쉽게 읽히지는 않는다. 그러나 이 책을 본 독자가 읽는 데 큰 무리는 없다. 랄프 루드비히(Ralf Ludwig)가 쓴 『순수이성비판―쉽게 읽는 칸트』(박중목 역, 이학사)는 제목만큼 쉽게 읽히는 칸트 소개서는 아니다. 이 책의 미덕은 쉬운 설명에 있다기보다는 『순수이성비판』의 핵심적인 원문들을 읽기 편하게 실어놓았다는 점에 있다. 개론서를 읽고 나서도 『순수이성비판』의 두께와 촘촘한 글씨 때문에 직접 도전하기가 두렵다면 읽어보기 바란다. 같은 이유에서 독자들에게 권하고 싶은 또 다른 책은 『순수이성비판 서문』(김석수 역, 책세상)이다. 이 책은 젊은 칸트 학자가 초판과 재판의 머리말과 들어가는 말 부분만을 한글세대의 감각에 맞게 새로이 번역한 책이다. 나는 『순수이성비판』의 서문을 직접 읽는 것이 칸트철학의 문제의식을 정확하고 생생하게 파악하는 가장 효과적인 방식이라고 믿는다.

이진경의 『철학과 굴뚝청소부』(그린비)는 철학을 전공하지 않은 일반인들이 철학사에 대한 조망 속에서 칸트철학을 이해하는 데 도움을 주는 책이다. 논지가 분명하고도 이해하기 쉬운 책으로 칸트뿐 아니라 근대철학사 전반을 다루는 친절한 교양강의를 듣는 것 같은 즐거움을 제공한다.

* * *

칸트를 비롯해 여러 철학자들에 대한 폭넓은 흥미와 관심을 가지고 있는 독자들에게는 아렌트와 들뢰즈의 책을 권한다. 한나 아렌트는 칸트의 철학적 고민과 성찰을 가장 아름답고 이해하기 쉬운 방식으로 다룰 줄 아는 여성 철학자이다. 정치철학자로서 너무 이상적이고 미국적 성향이 강하다는 비판을 받기도 하지만, 분명 그녀의 저술에는 묘한 매력이 있다. 아렌트는 제3비판서인 『판단력비판』을 주목하면서 현대 정치행위의 새로운 모델을 모색했다. 앞서 소개한 개론서들을 통해 『판단력비판』의 몇몇 개념들을 대략적으로나마 이해한 독자라면 그녀의 책을 충분히 읽어낼 수 있다. 『칸트 정치철학 강의』(김선욱 역, 푸른숲)와 『정신의 삶 1 : 사유』(홍원표 역, 푸른숲)는 아렌트가 대학에서 강의했던 세미나 노트들이다. 진정으로 '정치적인 것'(the political)에 대해 고민해 왔던 독자들은 『칸트 정치철학 강의』를 꼭 읽어보기를 권유한다. 설령 아렌트의 입장에 반대하게 될지라도 비판 과정 속에서 정치철학의 중요한 논점들을 음미할 수 있을 것이다.

칸트철학의 새로운 독해 가능성에 관심을 갖는 독자들은 들뢰즈가 쓴 『칸트의 비판철학』(서동욱 역, 민음사)을 읽어야 한다. 들뢰즈는 칸트에 대한 독특한 해석으로 칸트철학의 지평을 넓혀 놓았다. 나는 이 책을 써나가면서 『칸트의 비판철학』에서 가장 큰 도움을 얻었다. 『순수이성비판』이 니체의 춤추는 책들만을 좋아하던 나를 무겁게 짓눌렀던 순간이 종종 있었다는 것을 고백해야겠다. 그 곤경의 순간에 내가 펼쳐들곤 했던 들뢰즈의 책은 한 철학자의 사상 속에는 무수히 많은 방향으로 뻗어나갈 수 있는 아름다운 사유의 숲길이 펼쳐져 있음을 알려주었다. 물론 그런 발견은 경솔함을 버리고 치밀한 독서를 할 수 있는, 들뢰즈와 같은 사람들에게만 내려지는 축복일 것이다. 『칸트의 비판철학』은 결코 수월하게 읽히지는 않지만 천천히 음미하면서 끝까지 읽어갈 수만 있다면, 칸트철학에 대한 풍부한 이해와 함께 칸트철학의 새로운 가능성에 눈뜨게 될 것이다.

칸트의 아이디어에 충분한 변형을 가함으로써 독창적인 방식으로 자신의 철학을 발전시킨 많은 철학자들이 있다. 나는 독자들이 이들 중에서 특별히 니체와 베르그손의 철학을 공부해 보기를 권한다. 두 사람에게 칸트의 철학은 최고의 목재와 대리석이었다. 그들은 이 질 좋은 소재를 이용해서 자신들의 철학을 탄생시켰다. 그들의 철학

작품들이 아름답고 독특하기 때문에 우리가 소재 자체의 우수성에 주목하게 되는 일은 매우 드물다. 하지만 그 작품들의 위대함은 칸트라는 최상의 품질을 지닌 철학적 사유 없이는 불가능했을 것이다. 그래서인지 나는 니체나 베르그손의 책을 읽다가 문득문득 칸트의 위대성에 감탄하기도 했고, 또 칸트의 책을 읽으며 이 두 철학자를 자주 떠올리기도 했다. 두 철학자를 직접 읽는 것이 가장 좋겠지만 그것이 힘든 사람들은 황수영의 『베르그손—지속과 생명의 형이상학』(이룸)과 고병권의 『니체의 위험한 책, 차라투스트라는 이렇게 말했다』(그린비)를 먼저 읽은 후 두 사람의 안내에 따라 니체나 베르그손의 원전을 보면 독서가 더욱 즐거워질 것이다.

* * *

칸트철학에 대해 치밀하고 전문적인 고찰을 원하는 독자를 위해선 김상봉의 『자기의식과 존재사유』(한길사)와 백종현의 『존재와 진리』(철학과 현실사)를 추천한다. 어떤 사유의 맥락 속에서 『순수이성비판』의 문제의식이 제2비판서인 『실천이성비판』으로 넘어가는지를 고찰하는 것도 무척 중요한 일이다. 여성 철학자 한자경의 『칸트와 초월철학—인간이란 무엇인가』(서광사)는 특별히 두 비판서의 연관성에 주목하여 칸트를 설명하고 있다는 점에서 도움을 준다.

『순수이성비판』에 어느 정도 익숙해진 후에는 『판단력비판』의 논의를 공부할 필요가 있다. 『판단력비판』에 대한 학자들의 관심이 커지면서 한국칸트학회에선 그 연구성과를 모아 『칸트와 미학』(민음사)을 발간하기도 했다. 여기엔 도움이 될 만한 논문이 여러 편 실려 있다. 나는 특히 김상봉의 「칸트와 숭고의 개념」을 매우 즐겁게 읽었다. 더 많은 참고문헌이 필요하거나 칸트 전문가가 추천하는 도서목록이 궁금한 사람들은 『순수이성비판 서문』(책세상)을 번역한 김석수 교수가 책 말미에 적은 책들을 참고하면 된다. 괜찮은 참고서적은 그 외에도 많지만 이 책들 정도가 칸트철학을 공부하면서 특별히 나를 만족시켰던 철학적 사유의 따스한 손들이다. 내가 내민 부끄러운 손과 함께 이 힘센 손들이 여러분을 멋진 사유의 모험으로 잡아당겨 주기를 희망한다.

* * *

지금 소개한 책들 외에 이 책을 쓰면서 도움을 받았던 논문과 책들은 다음과 같다.

김상현, 「칸트의 미감적 합리성에 대한 연구」, 서울대학교 대학원 철학과 박사학위 논문, 2003.
김화경, 「칸트의 '이율배반론'에 나타난 이성비판」, 이화여자대학교 대학원 철학과 석사학위 논문, 1993.
박영욱, 「칸트 철학에서의 선험적 연역의 문제」, 고려대학교 대학원 철학과 박사학위 논문, 1996.
라이너 마리아 릴케, 『릴케의 로댕』, 안상원 역, 미술문화, 1998.
마르셀 프루스트, 『잃어버린 시간을 찾아서』, 김창석 역, 국일미디어, 1998.
막스 호르크하이머 / 테오도어 아도르노, 『계몽의 변증법』, 김유동 역, 문예출판사, 1995 (『계몽의 변증법』, 김유동 역, 문학과지성사, 2001)

모리스 블랑쇼, 『미래의 책』, 최윤정 역, 세계사, 1993.
안토니오 네그리 / 마이클 하트, 『제국』, 윤수종 역, 이학사, 2001.
에른스트 카시러, 『계몽주의 철학』, 박완규 역, 민음사, 1995.
위르겐 하버마스, 『현대성의 철학적 담론』, 이진우 역, 문예출판사, 1994.
질 들뢰즈, 『프루스트와 기호들』, 서동욱·이충민 공역, 민음사, 1997.
질 들뢰즈, 『차이와 반복』, 김상환 역, 민음사, 2004.
질 들뢰즈, 『베르그송주의』, 김재인 역, 문학과 지성사, 1996.
프리드리히 니체, 『권력에의 의지』, 강수남 역, 청하, 1988.
프리드리히 니체, 『유고(1882년 7월~1883/84년 겨울)』, 박찬국 역, 책세상, 2001.
한국칸트학회 편, 『칸트철학과 현대』, 철학과 현실사, 2002.
한자경, 『불교철학의 전개』, 예문서원, 2003.
Skowron, M., "Um Nietzsches paradoxe Religiosität", *Nietzsche Studien : Internationales Jahrbuch fur die Nietzsche-Forschung* 2001, Mazzino Montinari, Wolfgang Muller-lauter, Heinz Wenzel(Hrsg.), Berlin : Wlater de guryter&Co.(「니이체와 역설종교」, 『한국동서정신과학학회지』 제4권, 이희주 역, 2001.)

Cox, C., *Nietzsche : Naturalism and interpretation*, Berkeley : California Univ. Press, 1999.

Platon, *Gorgias*, trans. with notes by Terence Irwin, Clarendon Plato Series, Oxford : Clarendon Press, 1979.

『순수이성비판』 원목차

초판의 머리말 / 재판의 머리말
초판의 들어가는 말 / 재판의 들어가는 말

I. 선험적 원리론

제1부 선험적 감성론
    제1절 공간론
    제2절 시간론

제2부 선험적 논리학

제1문 선험적 분석론

제1편 개념의 분석론
제1장 「오성의 모든 순수한 개념」을 발견하는 실마리
    제1절 오성의 논리적 사용 일반
    제2절 판단에서의 오성의 논리적 기능
    제3절 「오성의 순수한 개념」 즉 범주
제2장 오성의 순수한 개념의 연역
    제1절 선험적 연역 일반의 원리
    제2절 경험을 가능하게 하는 선천적 근거
    제3절 대상 일반에 대한 오성의 관계와 대상의 선천적인 인식 가능성
    〔재판의〕 제2절 오성의 순수한 개념의 선험적 연역

제2편 원칙의 분석론(판단력의 선험적 이설)
제1장 오성의 순수 개념의 도식성(圖式性)
제2장 순수오성의 원칙의 체계
제1절 모든 분석적 판단의 최상원칙〔모순율〕
제2절 모든 종합적 판단의 최상원칙
제3절 순수오성의 종합적 원칙 전체의 체계적인 표시
제3장 모든 대상 일반을 현상체(現象體)와 가상체(可想體)로 구별하는 근거

제2문 선험적 변증론
제1편 순수이성의 개념들
제1절 이념 일반
제2절 선험적 이념들
제3절 선험적 이념들의 체계
제2편 순수이성의 변증적 추리
제1장 순수이성의 오류추리
제2장 순수이성의 이율배반
제1절 우주론적 이념들의 체계
제2절 순수이성의 배반론(背反論)
제3절 「이율배반의 항쟁에 있어서」의 이성의 관심
제4절 단적으로 해결될 수 있어야 하는 한의 순수이성의 선험적인 과제들
제5절 네 개의 선험적 이념 전부를 통해 본 우주론적 문제의 회의적인 표시
제6절 우주론적 변증론을 해결하는 열쇠로서의 선험적 관념론
제7절 이성의 우주론적 자기모순의 비판적 해결
제8절 우주론적 이념에 관한 순수이성의 통제적 원리
제9절 우주론적 이념에 관해 이성의 통제적 원리를 경험적으로 사용하는 일

제3장 순수이성의 이상(理想)
  제1절 이상 일반
  제2절 선험적 이상(선험적 원형)
  제3절 사변이성이 최고존재의 실재를 추리하는 논거
  제4절 하나님 실재의 존재론적 증명의 불가능성
  제5절 하나님 실재의 우주론적 증명의 불가능성
  제6절 자연신학적 증명의 불가능성
  제7절 이성의 사변적 원리에 기본한 모든 신학의 비평

II. 선험적 방법론

제1장 순수이성의 훈련
  제1절 독단적 사용을 할 무렵의 순수이성의 훈련
  제2절 논쟁적 사용에 관한 순수이성의 훈련
  제3절 가설에 관한 순수이성의 훈련
  제4절 증명에 관한 순수이성의 훈련
제2장 순수이성의 규준
  제1절 우리 이성의 순수한 사용의 최후목적
  제2절 순수이성의 최후목적의 규정근거인 최고선(最高善)의 이상
  제3절 억견(臆見)·앎·신앙
제3장 순수이성의 건축술
제4장 순수이성의 역사

※ 이상의 원목차는 최재희 번역의 『순수이성비판』(개정판, 박영사)에
  실린 목차를 따른 것이다.

찾아보기

ㄱ

가능/불가능 93
가상체(Noumenon) 145
가언적(hypothetisch) 추리 156, 157
가언판단 97
각지(Apprehension) 110, 124, 227
감관(Sinn) 109, 147
감성(Sinnlichkeit) 72, 74, 76, 245
감성능력의 원리 77
감성의 직관형식 74
개념(Begriff) 78
개념의 재인작용 116
개념적 오성 88
개념활동 90
개연판단 98
객관성(철학에 있어) 47, 49, 62
객관성(칸트) 64
경험론(Empirismus) 44
경험론자(Empirist) 46, 61, 78
경험의 4원칙 132
경험의 유추(Analogien der Erfahrung) 132, 136

경험적 감관 109, 110
경험적 구상력 109, 110
경험적 사고 일반의 요청(Die Postulate des empirischen Denkens überhaupt) 132, 138
경험적 실재론 175, 176, 177
경험적 직관 76
경험적 통각 109, 110
계몽(Enlightenment) 31, 38, 40, 233, 235, 236, 239, 241
『계몽의 변증법』 233
계몽의 악덕 233, 236
「계몽이란 무엇인가라는 물음에 대한 답변」 31, 38, 41
계몽주의의 협박 238
공간(Raum) 74
공간개념 79, 83
공간론 78~84
공간표상 78, 79, 80, 83, 84
공간화된 시간 230, 232
공통감각(common sense) 248, 249, 253
관계(Relation) 93, 97, 129

관념(idea) 63
관념론(Idealimus) 173
관념성(Idealität) 166
구상력(Einbildungskraft) 109, 113, 114, 127, 245, 256
구상력의 재생활동 114
구성(composition) 54
귀류법 180
규정적 판단력 141
규제적(regulativ) 137
규칙(Regel) 117
근대철학(modern philosophy) 36, 40, 49, 75, 93, 125, 147, 245
근원적 통일작용 118, 119
긍정판단 97
기억 114, 227

ㄴ

"내용(직관)이 없는 사고는 공허하고 개념이 없는 직관은 맹목적이다" 86, 88
내재적(immanent) 41, 42
내재적 사용 270
내적 직관능력 77, 85
내포량 134
네그리(Antonio Negri) 209, 212
논리적 공통감각 250, 255
뉴턴(Isaac Newton) 21, 43, 50, 51, 52, 54, 73
능력들 간의 심연 253
능력의 비자발성 276, 277

능력의 선험적 사용 269
능력의 초험적(transzendent) 사용 269, 270, 271
니체(Friedrich Nietzsche) 37, 178, 214, 215~226, 278
『니체와 철학』 241
니힐리즘 216

ㄷ

다수성 93
단순개념 45, 80
단순관념(simple idea) 46, 81
단순성(Simplizität) 166
단일성 93
단칭판단 96
단테(Alighieri Dante) 210
데카르트(René Decarte) 46, 119, 162, 166, 174, 278
도덕적 공통감각 250, 255
도덕판단 258
도식(Schema) 128, 129, 139
도식화의 원칙 132
들뢰즈(Gilles Deleuze) 178, 238
디드로(Denis Diderot) 52

ㄹ

라이프니츠(Gottfried Wilhelm Leibniz) 21, 43, 45, 49, 73, 80, 183, 245

로크(John Locke) 43, 46, 51, 61, 63
루소(Jean-Jacques Rousseau) 51

ㅁ

매개 127
맹목적 표상 92
멘델스존(Moses Mendelssohn) 29, 166, 167
무제약자(Unbedingtes) 155, 156
무한판단 97
문화산업 234
물리학적 판단 66
물자체(Ding an sich) 70, 145, 176, 213, 251
미감적 공통감각 250, 256
미감판단 258

ㅂ

바르트(Roland Barthes) 248, 268
반성적 판단력 141, 143
배타적 선언(disjunction)의 상황 216
범주(Kategorie) 117, 127
베르그손(Henri Bergson) 227, 228
베르그손의 기억이론 230
변증론(Dialektik) 91, 160
변증적(dialektisch) 159
복합개념 81
복합관념(complex idea) 47

본유관념(innate idea) 45, 46, 119
부정성 93
부정판단 97
분량(Quantität) 93, 96, 129
분석론(Analytik) 90
분석판단 65, 68, 133
분해(resolution) 54
비판철학 241

ㅅ

상상력 → 구상력
상호성의 원칙 136
상호인과성(mutual causality) 218
상호작용 93
새로운 문제설정 244
생각하는 나 119, 161
생각하다(denken) 86
생득관념 → 본유관념
생산적 구상력 115, 128, 129
선언적 추리 156, 157
선언판단 97
선천적(a priori) 64
선천적 종합판단 64, 65, 66, 67, 69, 72, 73
선천적 직관 84
선험성 92
선험적(transzendental) 40, 41, 42, 70
선험적 가상 152
선험적 감성론 74, 75
선험적 관념론 173, 175, 177

선험적 구상력 115
선험적 논리학 74, 86, 90, 91
선험적 도식 129
선험적 방법론 201, 209
선험적 변증론 146, 212, 218, 221
선험적 분석론 90~93, 145, 208
선험적 실재론 173, 174
선험적 연역(transzendetale Deduktion) 105~108, 124
선험적 원리론 201
선험적 자유(transzendentale Freiheit) 220, 224
선험적 통각 118, 119, 120, 121, 125, 235
선험적 통각의 동일성(Identität) 172
선험철학 49, 63, 207, 211, 226, 233
성질(Qualität) 93, 97, 129
쇼펜하우어(Arthur Schopenhauer) 53, 222, 228
수용적 능력 252
수의 도식 129
수학적 원칙 132
수학적 판단 65, 66
순수감관 110
순수개념 93, 117
순수이성의 변증적 추리 158, 159
순수이성의 오류추리 157, 161, 187
순수이성의 이상(Ideal) 157
순수이성의 이율배반 157
순수직관 77
순수한 구상력 110
순수한 통각 110

순수형식 77
숭고(Erhaben) 237, 259, 261
숭고분석 270
숭고판단 258, 268, 271
시간(Zeit) 74
시간계열 131
시간규정 129
시간내용 131
시간론 84~86
시간순서 131
시간총괄 131
"신은 죽었다" 215
실연판단 98
실재론(Realismus) 173
실재성(Realität) 93, 177
실천이성 226
『실천이성비판』 273, 274
실체/속성 93
실체성의 원칙 136
12범주 74

ㅇ

아도르노(Theodor Wiesengrund Adorno) 233
아렌트(Hanna Arendt) 143
아리스토텔레스의 범주표 99
아퀴나스(Thomas Aquinas) 193
아토포스(atopos) 268, 269
양상(Modalität) 93, 98, 129
어떤 시간에서의 존재, 특정 시간에서의

존재, 모든 시간에서의 존재라는 도식 129
엔독사(endoxa) 160, 161
역학적 원칙 132
연상(Assoziation) 114
연역(Deduktion) 105
영혼의 동일성(Einheit) 168
영혼의 동일성에 대한 칸트의 반박 168
영혼의 실체성에 대한 칸트의 비판 164
예정조화 45, 245, 257
오류추리(Paralogismus) 164, 171
오성(Verstand) 72, 76, 86, 140, 245
오성의 내재적 사용 150, 151, 155
오성의 범주 93
오성의 범주형식 74
오성의 순수개념(=범주) 153, 140
오성의 12개념 95
오성의 초험적 사용 150, 151, 155
오성적 직관 88
왕립과학(royal science) 244
외부 사물의 관념성에 대한 칸트의 반박 172
외연량(Volumen) 134
외적 직관능력 77, 85
우주론적 증명 190, 193~194
원인/결과 93
유목과학(nomad science) 244
「의식에 직접 주어진 것들에 대한 시론」 230
이념(Idee) 153, 156, 158
이념의 구성적(konstitutiv) 사용 200
이념의 규제적(regulativ) 사용 200

이상(理想, Ideal) 187
이성(Vernunft) 91, 140, 146, 156, 245
이성심리학자 165, 166, 168, 169
이성의 순수개념(=이념) 153
이성의 통일(Vernunfteinheit) 146
이원론(칸트의) 172
이율배반(Antinomien) 179, 182, 186
이율배반론(칸트의) 180
이율배반의 모순 187
『인간본성론』 47
인간 이성의 특수한 운명 58, 60
인과성(Kausalität) 219
인과성의 원칙 136
인식(Erkenntnis) 89
인식능력 63, 67, 69, 71, 72, 153
인식의 지형학(topology) 150
인식판단 258
인식하다(erkennen) 86
인식형식 71
『잃어버린 시간을 찾아서』 228
입법자 251
입법적 42

ㅈ

자기입법성 245, 275, 276
자기입법의 필연성 277
자발적 능력 252
자연신학적 증명 190, 195~199
재생(Reproduktion) 113, 124, 227
재인(Rekognition) 116, 124, 227

전체성(Totalität) 93
전칭판단 96
정도의 도식 129
정신분열증(schizophrenia) 239
정신의 능동적 능력 249
정언명법 274
정언적 추리 156, 157
정언판단 97
『제국』 209, 212
제한성(Limitation) 93
존재론적 증명(ontologischer Beweis) 190~192
종합작용 112
종합판단 65, 68, 133
지각의 예견(Antizipationen der Wahrnehmung) 132, 134
지성 → 오성
지속성, 결과, 동시존재의 도식 129
지속으로서의 시간 232
직관(Anschauung) 87
직관의 공리(Axiome der Anschauung) 132, 134
직관적 감성 88

ㅊ

『차이와 반복』 238, 265, 269
초월성 40, 41
추리 155, 156
추리능력 153

ㅋ

『칸트의 비판철학』 238, 253, 262, 265
코페르니쿠스적 전회(=코페르니쿠스적 혁명) 69, 233, 246
쿠자누스(Nicolaus Cusanus) 210

ㅌ

통각(Apperzeption) 75, 109, 118
특칭판단 96

ㅍ

판단(Urteil) 140
판단력(Urteilskraft) 140
『판단력비판』 237, 254, 259, 260, 274
판단형식 95, 98
포착 → 각지
퐁트넬(Bernard Le Bovier, sieur de Fontenelle) 50
표상(re-presentation) 249
표상(Vorstellung) 63
푸코(Michel Foucault) 36, 37, 238, 239, 240, 244
프루스트(Marcel Proust) 228
『프루스트와 기호들』 257, 261, 267
프리드리히 빌헬름 2세(Friedrich Wilhelm II) 32
프리드리히 2세(Friedrich II) 31

피히테(Johann Gottlieb Fichte) 31, 53, 213, 222
필연/우연 93
필연적(notwendig) 표상 84
필연판단 98

ㅎ

하트(Michael Hardt) 209, 212
합리론 44
합리론자 80, 119
헤겔(Georg Wilhelm Friedrich Hegel) 60, 159, 213
헤르더(Johann Gottfried von Herder) 34

현상(Erscheinung) 70, 251
현상의 4원칙 132
현상 일반 85
현상체(Phaenomenon) 145
현존/부재 93
형이상학의 싸움터 60, 61
형이상학적 해명(Erörterung) 77
호르크하이머(Max Horkheimer) 233
「활력의 참된 측정에 관한 사상들」 21
후천적(a posteriori) 64
훔볼트(Wilhelm, Freiherr von Humboldt) 29
흄(David Hume) 43, 47, 49, 120, 121, 132, 134
흄의 회의주의 121, 132